日本史探究
授業の実況中継
[原始 ～ 古代]

1

語学春秋社

授業を始めるにあたって

——新課程教科書準拠版

『日本史探究授業の実況中継 1 ～ 4』は，(1)わかりやすく，(2)ていねいに，(3)必要なことは繰り返し触れることを心がけて行ってきた，河合塾での私の日本史授業を再現したものですが，新課程への移行にともない，教科書に準じて必要な箇所を修正しました。また，なによりも(1)楽しく，(2)厳しく，(3)手抜きせずに進めてきた授業ですが，本づくりにあたっては，授業を再現するだけでなく，次のような工夫と指導方針を徹底しました。

①授業ノート（別冊）・日本史年表トーク

　この 2 つの教材を念頭に，実際の授業と同じ環境を整えることに努めました。**授業ノート**の赤字部分は，いわゆる「サブノート」で言えば空欄に該当する重要語句です。**年表**も見やすく，わかりやすくしました。

　日本史年表トークは，この年表に沿って時代の流れを整理するため，授業の要所で繰り返し指摘する重要な出来事・事項をムダなくまとめたものです。**授業音声は無料でダウンロード**できます。（ダウンロード方法は，別冊 iii ページをご参照ください）

②史料は全訳・ルビつき

　史料は，授業で話す全訳，意訳をそのまま示してあります。史料が苦手な人も，自然に史料の読解力そのものがついてくるようになっています。また，ルビもついています。

③定期テスト・模擬試験対策

　そこで，定期テスト・模試などの前には，必ず，(1)授業ノートを見直し，(2)授業音声を聴きながら年表を確認し，(3)史料部分の要点を復習してください。

④すべてのテストの前提となる基本的な授業

　中間・期末テスト，共通テスト，国公立私大といったタイプ別のテストを意識する前に，まずはしっかり基本を学ぶことを重視してください。共通テストだから，難関私大だから，二次論述だからといった区別は，基本的な勉強が終わってから考えるものです。

⑤本書が扱う範囲

　しかし，この授業は河合塾の授業ですから，**日常学習から入試までを**配慮したものとなっています。その場で暗記してしまうことは，実際に暗記の方法を示し，いっしょにその場で覚えてもらいます。読み飛ばさないで，指示を守って着実にやっていってください。**ゴロ合わせや暗唱コーナー**などで，楽しく読み進められるはずです。

　では，本書のイメージを示しておきます。**本書が扱う範囲を 100 とします。**定期テストや入試で高得点を確保するためには 80 ぐらいが必要でしょう。それでどんな問題もクリアーできます。実際には 60 〜 70 の範囲を確実に得点できれば OK です。

　入試の難問にも対応するためには，120 程度の知識が要求されます。しかし，これではあまりにも負担が重すぎます。他の教科の勉強時間を奪ってしまいます。そこで，この授業は **0 〜 100 を目指している**のです。それで共通テストは満点，難関大でも 8 割は確実に得点できます。

> **100 学んで，80 を得点に結びつければどんな試験でもクリアする**

ことを忘れないでください。そこで，

> **忘れることを前提に，100 学んで，20 は忘れても OK**

というのが本書の基本的な目標です。ここは始めにしっかり意識してください。

　なお，新課程になって教科書の記述から削除された事項でも，入試対策上，必要なものは加えてあります。

●本書第①巻の学習目標

　第①巻はもちろん「古代史」ですが，この巻は先述の本書の目標を実現し，とくに，勉強方法を確立してもらうために，ていねいに進めていきます。日本史が得意な人にとっては進度がやや遅いという感じがするかも知れませんが，単に，古代史を勉強するだけでなく，勉強方法をここで身につけるために熟読してください。

　史料の解説などが少々ていねいすぎると思っても，がまんしてください。第②巻以降の勉強が楽になります。

★本書の学習のしかた

(1)本編の授業を読む

　寝転んだままでも，電車の中でも，ともかく本編を読んでいってください。できれば１～３回分まとめて読んでください。例えば，

　　〈第１日〉……第１～２回を読む
　　〈第２日〉……第１～３回を読む
　　〈第３日〉……第２～４回を読む

　こんなふうに，かならず前回の部分を通読してから次の回へ進むこと。
　（集中すれば，約１週間で古代史をひととおり勉強することが可能です）

(2)授業ノートを参考に熟読する

　最低２回，通読したら，今度はちゃんと授業ノートを開いて本編を熟読してください。

　赤字・太字の用語はできれば鉛筆で書いてみましょう。くれぐれも思い込みで誤字を書き込むことがないように，１字１字確認してください。

(3)授業ノートを自分のノートにしよう

　授業ノートに情報を書き加えて，自分自身のノートにしていく。授業のなかでの注意事項や，自分の使っている教科書，学校での勉強などのすべての情報を書き込んでいってください。

(4)音声（日本史年表トーク）を聴く

　ある程度，学習が進んだなと思ったら，別冊の年表を見ながら授業音声を聴いてください。年表や授業ノートを開いて，私の音声が聞こえてくるようになれば，ベストです。

　（少しでも時間があったら，繰り返し聞くようにしてください）

(5)総仕上げ！

　(1)〜(4)までが一応終わったら，そこで，個別の復習を試みてください。例えば，

A　史料だけをチェックする。

　（赤字の語句の穴埋めができるかどうか試す。出典・著者などを確認する）

B　年表で主要年号をチェックする。

　（年号を見て事項が暗記できているか，事項から年号が出てくるか）

　あとは，問題集や過去問をどんどん挑戦していってください。

　本書が，単なる授業の再現ではなく，まさに日常学習から入試レベルまで，無理なくカバーする『実況中継』になったのは，語学春秋社社長の井村敦氏の陣頭指揮，藤原和則氏以下の編集スタッフの皆さんの熱意によるものです。本書が広く，日本史を学ぶ多くの高校生・受験生の力になることを信じています。

　2023 年 8 月

　　　　　　　　　　　　　　　　石川晶康

授業の内容（目次）

第1回

原始～古代 (1)

旧石器時代・縄文時代・弥生時代

こんにちは，石川です。さっそく授業を始めましょう……と言っても，人類の誕生から弥生時代。おもに，考古学（遺跡や遺物の研究）の分野から。

旧石器時代・縄文時代・弥生時代

地質学：	新 第 三 紀		第		四		紀
	中新世	鮮新世	更	新 世	完	新	世→
	猿人 →		原人 →	旧人 →	新人………	現代人	…………→
道具の素材：			旧石器		新石器	金属器（青銅器・鉄器）→	
					（北海道）	続 縄 文 文 化 →	
時代区分：			旧石器時代		縄文時代	弥生時代	古墳時代 →
					（沖縄，南西諸島）	貝 塚 後 期 文 化 →	

各時期のイメージは次のとおりです。

旧 石器時代……**寒冷**な時期＝氷 河時代。**打製石器**（旧石器）を使った狩猟。ナウマンゾウなどの大型動物を食料とする。

⬇

縄 文時代………**温暖化**で**日本列島**が形成される。**磨製石器**（新石器）も登場。弓矢などを使った狩猟が発達。**土器**の使用も始まる。

⬇

弥生時代………**水稲農耕**と**金属器**（青銅器・鉄器）の使用が始まる。集落が発達し，小国が誕生。

1

■更新世と人類の進化

まず，大きな時期区分を見ておきましょう。

> **旧石器時代（文化）➡ 縄文時代（文化）➡ 弥生時代（文化）**

　これが第1回の範囲。最初の旧石器時代は人類の誕生から，その進化が進んで我々の直接のご先祖様が現れる，何百万年というナガーイ時代です。

> **猿人 ➡ 原人 ➡ 旧人 ➡ 新人 ➡ 現代人**

　猿人が現れたのは？　なんと，650万年前！　地質学でいう新第三紀の中新世後期だそうです。道具は石を簡単に加工した**打製石器**のみ。金属はまだ知らない。

　そして，何より「**寒冷**」。要するに寒い。**日本列島もまだ形成されていない。** 更新世と呼ばれる寒冷な時代で，「氷河時代」とも言います。

　そこで，氷河が発達すると，海の水が凍って，海面が下がっていく（海退）。 陸地が今より広くなり，**日本列島がアジア大陸とつながったりする。**

　もっとも，ちょっと気候がゆるむと，氷が溶け出して海面が上昇する（海進）時期がくる。寒冷になるとまた陸地が広がる。こうして**氷期**とやや温度が上がる**間氷期**を繰り返した。教科書によって違うんですが，海面は，だいたい今より100メートルぐらいは下がっていたんだろうということです。日本列島はまだ形成されていません。

　現在の陸地
　更新世末期の推定海岸線

▲更新世のころの地形

■ナウマンゾウ

　動植物も今とは全然違う。アジア大陸から分離していないから，大型動物が北から南からやってきた。象などもウヨウヨ。代表的なものとしては**トウヨウゾウ**（東洋象）・**ナウマンゾウ**。今の北海道辺りには**マンモス**もいた。大型の鹿，**オオツノジカ**（大角鹿）・ヘラジカ。他にも試験では出ないけど，トナカイもいたことがわかっています。

■化石人骨の発見

▲港川人の復元図
製作：2010 年 5 月
　（NHK BShi の番組で使用
　のため）
画：山本耀也
所蔵（この復元画）：国立科学博物館
所蔵（実物化石）：東京大学総合研究博物館
監修：海部陽介，坂上和弘，馬場悠男

　しかし，象がいくらいたって歴史にはならない。更新世に人類が，この今の日本列島にあたる場所に生息していたことがわからなければ日本史の対象にはならない。そこで問題は，化石で残っている人骨，化石人骨が出てくるかどうかです。

　まず，兵庫県の**明石人骨**。これは戦前（1931 年）に発見されたもので，現物は第二次世界大戦の空襲で焼失し，石膏の型しか残っていません。おそらく，**新人**段階だろうと言われています。

　そこで，現在の教科書で紹介されているのは，浜名湖周辺の石灰岩層から発見された静岡県の**浜北人**。そして沖縄県の**港川人**・**山下町**（第一）洞人あたりです。港川人は「ほぼ完全な形で」発見されたことで有名です。

　進化の段階でいうと，みんな**新人**です。

化石人骨

〈沖縄県〉 ─ 港川人 ─→ みんな
　　　　　└ 山下町洞人 ─→ **新人**

〈静岡県〉 浜北人 ─→

3

■旧石器文化──ヒトは道具を使う

　さて，更新世の人々が使っていた道具が発見された遺跡は知ってるよね。石器が確認されたのは，実は第二次世界大戦後のことです。

Q 1946年，相沢忠洋によって発見された群馬県の遺跡は？

──岩宿遺跡

　熱心な考古学青年だった，素人の考古学者相沢忠洋が発見した。1949年に，専門家が同一地点を調査して**旧石器の存在**を確認しています。

　この岩宿遺跡の地層は更新世の地層でもかなり新しいほうで，とくにこの地域の名で**関東ローム層と呼ばれる赤土の地層**です。その後，次々と全国各地から**打製石器**が発見されていきます。世界史的にいうと，旧石器時代の後期にあたるものだそうです。

■打製石器

　さて，そこで，打製石器について。「打製」というのは石を打ち欠くなどして形を整えた，簡単に作れる石器という意味です。縄文時代の，表面を磨き上げた「磨製石器」を「新石器」というのに対して，打製石器を「旧石器」と呼ぶわけです。種類はそんなに多くはありません。

①　タタキ切る　　②　切断する　　③　刺突　　（石槍）

▲打製石器

4

　①**楕円形石器**，これは一番簡単に作れるやつ。多くが楕円形をしている。それから②**ナイフ形石器**，これは要するに物を切る。そして③**尖頭器**。突き刺す。ここも大事なところです。

```
① 楕円形石器　➡　「叩き切る」
② ナイフ形石器　➡　「スッと切る，切断する」
③ 尖頭器　　　　➡　「刺す，突き刺す」
```

■細石器文化

　そして，細石器が最後の段階に出てきます。

　細石器というのは「**組合せ式**」の**石器**です。長さ3〜4cm・幅5mmほどのカミソリの刃のような「**細石刃**」を，骨や牙，角などで造った軸に溝を刻み込んでおいて，そこに埋め込み，樹脂などで固定するものです。後期旧石器時代の終末に出現します。旧石器時代と新

細石刃

骨や角の台

▲細石器

石器時代の中間にあたるので，**細石器文化**の時代を「**中石器時代**」と呼ぶこともあります。

　ちょっと細かい知識ですが，北海道の**白滝遺跡**は代表的な石器の素材である黒曜石の産出地であるとともに，大量の**細石器**が出土したことで有名な遺跡です。

　そして，この細石器文化の時期には**世界でも最古級の土器**が出現しています。

■生　活

　人びとは，打製石器，**ナイフ形石器や尖頭器を棒の先につけた石槍**などを使った狩猟で大型動物を捕えたり，植物性の食料を採集（取）したりしながら，10人前後の小集団で一定範囲内を移動しました。住居は**テント式の小屋**や洞穴などに寝泊まりしていたようです。

■日本列島の誕生

　寒かった更新世（こうしんせい）が終わると完新世（かんしんせい）となり，地球は温暖化（あたた），暖かくなってきます。すると，海面が上がってきて，大陸と切り離され，**日本列島**が形成されます。そして，ここから1万年以上に及（およ）ぶ，長い長い縄文（じょうもん）時代が始まります。今から，約1万6000年前に成立し，約1万年余り続いた文化，時代です。

　旧石器文化との大きな違いを確認しておきましょう。

更　新　世	完　　新　　世	
旧石器文化	縄文文化	弥生文化　→　古墳文化
×	日本列島の誕生	
×	土器の使用	
打製石器　（細石器）磨製石器		
狩猟（大型動物）・採集経済　→　狩猟（中・小型動物）・採集経済		

　温暖化にともなって自然環境も大きく変わり，日本列島が形成される。**土器の使用**も始まります。経済的には，**旧石器時代と同じで狩猟・採集による食料獲得（かくとく）という段階**ですが，狩猟の対象は変わっています。

　気候の変化と日本列島の形成は，動植物相（そう）を変化させます。人間はシブトク生き続けたわけですが，ナウマン君などの大型動物は絶滅（ぜつめつ）。**イノシシ**とか**ニホンシカ**のような**中小型動物が栄える時代**になりました。

　そして針葉樹林（しんようじゅりん）は北の方へ移っていき，東日本の大部分はナラとかブナといった**落葉広葉樹林**（らくようこうようじゅりん），西の方ではシイなどの**照葉樹林**（しょうようじゅりん）が繁茂（はんも）し，現在の一般的な日本の森林になる。そうすると**木の実**が落ちる，木の実が食べられる。

　海面がどんどん上昇し，現在よりももっともっと陸地に海が進出してくる（**縄文海進**（じょうもんかいしん））。入江（いりえ）が発達する。魚や貝がいっぱい取れる。そこで，食料や生活環境が大きく変化するわけです。

また，丸木舟（まるきぶね）などが各地で発見されているので，遠洋航海（えんようこうかい）の技術が発達していたことも確実です。

■磨製石器（新石器）の登場

さあ次に道具，石器ですが，旧石器の**打製石器（だせい）に加えて磨製石器（ませい）**，新石器が現れます。石を打ち欠いて作っただけの打製石器に対して，表面を磨（みが）いてなめらかにしたのが磨製石器です。ここでちょっと注意してくださいよ。石斧（せきふ）も，打製石斧と磨製石斧があります。ということは，

「打製石器に<u>代わって</u>磨製石器が使用された」（✕）じゃないよ。

「打製石器に<u>加えて</u>磨製石器が使用されるようになった」（◯）です。

Q 縄文時代，中小型動物をつかまえるために発達した道具は？

――弓矢（ゆみや）

そこで，矢の先端に着ける**石鏃（せきぞく）**が発達します。ただし，**石鏃は打製石器**ですよ。また，魚をとるために発達したのが，動物の骨なんかを加工した**釣針（つりばり）**とか，突き刺す**銛（もり）などの骨角器（こっかくき）**。これは骨や角（つの），牙（きば）などから作った道具です。

また，入江などで魚をとる際の**網（あみ）を海底に沈（しず）めるための錘（おもり）**も発達します。石で作った錘を「**石錘（せきすい）**」，土で作った「**土錘（どすい）**」もありました。

▲縄文時代の道具

- ① **石鏃（せきぞく）** ➡ 矢の先端につける。
- ② **石匙（せきひ）** ➡ スプーン型の小型のナイフ。動物の皮剝（は）ぎなど。
- ③ **石皿（いしざら）** ➡ 文字通り石の皿で，「すり石」で木の実などをすりつぶした。
- ④ **石錘（せきすい）** ➡ 網（あみ）などを沈めるための石のオモリ。

▉縄文土器

さらに，「縄文」時代のネーミングのもととなっている縄文土器の使用が始まる。

Q 近代の考古学研究の発端となった，アメリカ人生物学者モースが1877（明治10）年に発見した東京都の遺跡は？　──大森貝塚

ハイ，東京都の大森貝塚。そして，土器の模様，縄目模様から「縄文土器」という名称が生まれてきたわけですね。土器の発明によって**貯蔵や煮炊き**ができるようになった。

土器の使用の始まりはいつか？　このところ，どんどん古い土器が発見されています。わかってきたことは，古い段階，「草創期」のものには縄文（縄目文様）はないということです。

縄文土器は，現在では，**6期に区分**しています。縄文土器の「6期区分」の「6期」を答えさせる問題も出題されています。一番古いのが，草創期。「無文土器」「隆起線文土器」「爪形文土器」などは世界最古級の土器です。早期以降になると縄目模様のものが出てきます。そして，**中期には装飾性に富んだ下図の④のようなもの**が登場してくる。中期に，もっとも装飾性に富むものが現れる。後期・晩期じゃないよ。中期。

①草創期　②早期　③前期　④中期　⑤後期　⑥晩期

▲縄文土器の移り変わり

■竪穴住居の形態

次に住居。縄文時代の住居は**竪穴住居**と呼ばれます。地表から少し掘りこんである**半地下式**の円形の住居に住んでいました。円形の真ん中あたりには，**炉**という煮炊きをするための場所が設けられています。

「タテアナ」ってちょっと書いてみて。まさか，「堅穴」なんて書いてないだろうな。

竪穴住居が一カ所に集中していることから集落が発達していったことがわかります。また，何でも不要なものを捨てた**貝塚**が広場を囲んでサークル状に出てくる，「**環状貝塚**」・「**馬蹄形貝塚**」なども，当然，集落のあり方を反映していると考えられます。千葉県の**加曽利貝塚**などが有名です。ついでに，環状貝塚をともなう集落を「**環状集落**」と呼びます。

カタイじゃないよ
○竪 ×堅

■三内丸山遺跡

今日では縄文文化の従来のイメージをくつがえす新しい研究が目立ってきました。全国各地で巨大集落が確認されています。中でも青森県の**亀ヶ岡遺跡**。装飾性に富んだ土器や土偶で有名ですが，

▲竪穴住居

Q 同じ青森県で発見されて話題となった，縄文時代前期から中期の巨大な木造建築物で有名な遺跡は？
——三内丸山遺跡

竪穴住居の大型のもの，集合住宅か集会場と考えられるものも確認されています。

縄文時代の巨大な集落「三内丸山遺跡」は現在の入試では絶対に外せない遺跡で，縄文の**前期から中期にかけての巨大な集落**です。縄文時代は素朴で，貧富の差のない人々がつつましく，ショボショボと生きていた時代というんじゃない。**すぐれた技術をもつ，発達した社会**というイメージが定着しつつあるんです。

ここに人が立っているのが見えますか？

◀三内丸山遺跡（青森県）
復元された巨大な建物。他にも大型の建物がある。また管理された栗の林，高度な工芸・技術も注目されている。ただし，後期・晩期ではないことに注意。前期から中期だ。

■縄文農耕──採集経済が主だった

縄文時代はまだ**本格的な生産経済が発達していません**。いわゆる**採集経済**。自然界にあるものをそのまま食料にしていた段階です。

しかし，ある程度の管理された栽培はやっていたらしい。豆とかヒョウタンなんかの栽培です。そして，**縄文時代の最後の段階では，ついに米作りも始まります**。そこで，

Q 縄文文化（晩期）の段階で，米を作っていたことがわかる遺跡をあげなさい。

というのが，最近の入試の焦点になっています。

一番よく出るのが佐賀県の**菜畑遺跡**，福岡県の**板付遺跡**などで，縄文晩期の水田が確認されています。24 ページの地図でしっかり確認しておくこと！

■墓　制

　縄文時代，墓はどうなっていたか。墓地は**共同墓地**です。人々の間に，お墓で差がつくようなことはない。支配者と被支配者，王様と奴隷みたいな身分の差があったとは考えられないということです。

Q 縄文時代の特徴的な葬法は何と呼ばれるか？　　　　　——**屈葬**です。

　これはワザワザ，**死者を折りたたんだ形で埋葬**する風習です。いろんな解釈がありますが，死者の霊に対する恐れによるものではないかと説明されることが多いようです。

■交易はどこまで及んでいたか

　縄文時代の人々が，かなり広い範囲で，交易，物のやりとりをしていたことははっきりしています。物々交換みたいな行為は広い範囲に及んでいた。

Q 縄文時代の広い交易を示す代表的なものを 2 つあげなさい。
　　　　　　　　　　　　　——**黒曜石**，**ヒスイ**（硬玉）

　黒曜石は採取できる場所が限られていて，組成の違いから，どこの黒曜石か，採取地がわかります。透明度とか，組成の分析なんかで，「これは北海道の十勝岳の周辺のものだ」，「これは長野県の和田峠のものだ」と判定できるそうです。

　黒曜石はガラスの固まりみたいな石で，うまく剝がすと，鋭利なナイフのようなものが簡単に作れる。そこで，さっき弓矢のところで言った**石鏃の素材**にピッタリなんです。

　ある特定の場所で採取された黒曜石で作った石鏃が，かなり離れた遺跡からも出てくる。それが広い範囲に分布していることから，縄文時代にはかなり**広い範囲で交易が行われていた**ことがわかるわけです。

　そこで，黒曜石は文字通り頻出ということなんですが，最近ではヒスイ（硬玉）のほうを問われることも多くなってきました。理由は簡単で，ヒスイのほうが**もっと広い範囲で出土**するからです。

新潟県の**姫川**流域で採取される「ヒスイ」だとハッキリわかるものが，半径500キロの範囲から出てくる。直径でいけば1000キロの範囲に及ぶ分布が確認されているわけです。

　ヒスイは今でも高級な緑色の宝石ですが，当時も石鏃のような実用品ではなく，アクセサリー用でした。

　黒曜石とヒスイの違い。ついでにプラスアルファとして，広い地域に分布する石器の素材として**サヌカイト**（**讃岐石**）も覚えておきましょう。

　あと，「男」と「女」の区別，**石棒**と**土偶**，さらに，役割分担。**男が狩猟・石器造り，女性が木の実などの採集や土器造り**。教科書にはそこまで書かれていますので，念のためチェックしておきます。

交 易

┌ 黒曜石…………**北海道白滝・十勝（岳）・長野県和田峠など，全国各地**

└ ヒスイ（硬玉）…**新潟県姫川流域のみ**

　 サヌカイト（讃岐石）…**二上山**（大阪府と奈良県の境目あたり）など

男 女

┌ 男 ➡ 石棒／狩猟・石器造り

└ 女 ➡ 土偶／採集・土器造り

■信仰──アニミズム

この時代の人々の信仰をアニミズムと呼びます。さまざまな生物に宗教的な意味を求める素朴な信仰です。「アニマル」＋「イズム」でアニミズム。

このアニミズムは**呪術的要素が大きい**。呪術というのは，要するにオマジナイのたぐいです。それから，土製の人形，**土偶**。

「土で造った人形」という意味だからニンベン

土 ◯ 偶 　土隈 ✕ 　土隅 ✕

これはたぶん**出産や豊かな生活を祈った**んだろう。おっぱいがありますから，女性で，出産，生産などに関わるものと考えられていますが，様々な形のものがあり，はっきりした目的はわかりません。

▲土偶

また，**石棒**と呼ばれる男性の生殖器を模した石の棒も，同じような呪術に関わるものと考えられています。

ほかに，呪術に関わるものとして**抜歯**があります。強制的に歯を抜いたことがわかる人骨，頭蓋骨が共同墓地などからいっぱい出てきます。今だって若者がピアスで穴を開ける。どうやら，一定の年齢に達すると人間というのは，自分の体に痛みを加えて，「オレはもうガキじゃねえぜ」と主張するものらしい。人間が一生の間に，成長の節目節目で行う儀式を**通過儀礼**（イニシエーション）と言いますが，抜歯もそのような行為で，今の**成人式のようなもの**だろうと考えられています。

■環状列石

これまで，有名な遺跡をいくつか挙げてきましたが，**環状列石**といって，巨大な石を組み立てた遺跡があります。その代表が秋田県の**大湯**の環状列石。

また，ほかに関東地方の土器研究の基準となった神奈川県の夏島遺跡など，このあたりはやりだすと限りがありませんが，遺跡地図で何度も確認してください。

先生，遺跡は全部覚えるの？

本文中の太字のところはゼッタイ覚えましょう。その際は，太字の語句を読みながら手で書くこと。あと，地図を見ながら覚えていく。実戦的には，**遺跡は都道府県名が一番大事**！「青森県の……」ときたら？

 「亀ヶ岡」「三内丸山」。

弥生時代で青森県なら，砂沢遺跡・垂柳遺跡。このあとすぐ出てきます（p.16）。ともかく，遺跡は絶対，**都道府県名とセット**で覚えていくこと。秋田県だったら，「大湯」の環状列石しかない。

化石人骨と旧石器・縄文文化遺跡

①兵庫県・明石人？
②静岡県・浜北人…新人
③沖縄県・港川人…新人
④沖縄県・山下町（第一）洞人…新人
⑤沖縄県・白保竿根田原洞人…新人

▲旧石器文化の遺跡
■化石人骨発見地
●縄文文化の遺跡

（沖縄）

白滝
十勝
亀ヶ岡
三内丸山
大湯
姫川
野尻湖
岩宿
尖石
加曽利
大森
夏島

さて，旧石器文化(時代)，縄文文化(時代)ときて，いよいよ弥生文化，弥生時代です。大枠を最初に見ておきましょう。

細石器と土器の出現，**縄文晩期と水稲農耕**(菜畑・板付遺跡)の始まる**時期がおのおの重なり合うことに注意**しておいてください。ここで質問。

Q 弥生文化(時代)という名称は「弥生土器」から生まれたものだが，この弥生土器研究の発端となった遺跡は？

🐱「弥生町遺跡」でしょ。

正確には「向ヶ岡貝塚」。1884(明治17)年，東京の本郷弥生町(現在の東京都文京区弥生)の向ヶ岡貝塚から**採取**された，**赤焼**の土器が「弥生土器」と呼ばれるようになったんです。

では，弥生文化の特徴を見ていきましょう。

■水稲農耕と金属器の使用

紀元前4世紀ごろ，それまで1万年以上続いていた**縄文文化**に，「**水稲農耕**」と「**金属器**」(青銅器と鉄器)の使用が始まり，**弥生文化**が成立します。中国の

秦・漢という強力な王朝の影響が朝鮮半島から日本列島にも及んできた。

　先進地域である中国，そして朝鮮半島から，九州北部に新しい文化が伝わってきた。人間もやって来ます。それまでの「東南アジア人」に，新たに「北東アジア人」が入ってきます。彼らは狩猟・漁労だけではなく，計画的な**生産経済**を営む。米を作る，**水稲農耕**が始まった。

　九州の北部からずっと東へ，どんどんどんどん米作りの技術が伝わっていくんです。**弥生時代前期の終わりごろには，青森県にまで米作り**が広がっていたことが**砂沢遺跡**などによって確認されています。中期の水田跡が発見されたのが，同じく青森県の**垂柳遺跡**。ただし，**北海道や沖縄を含む南西諸島**にはこの新要素は及びません。

　北海道には続縄文文化という独特の文化が展開していき，南西諸島，**沖縄などでは貝塚後期文化という独自の文化**が発達します。現在の日本国の領域が，**単一の文化・社会ではなく**，複数の文化で構成されていることをしっかり認識しておくことが大切です。

■水稲農耕の伝来

　水稲農耕は，雲南・アッサムあたりで成立し，それが中国の長江下流域へ，さらに山東半島から朝鮮半島西岸をへて日本の九州北部あたりに伝わったとされます。

　他にもいくつかのルートが考えられていますが，いちいち覚えておく必要はないでしょう。ただ，**伝来の時期が縄文晩期**だというところはしっかり覚えておいてください。縄文時代の終わりは「およそ2500年前」，新しい説では「約2800年前」と教科書などに紹介されていますので，だいたいのところを覚えておけばいいでしょう。

▲稲作の伝来ルート

　大事なのは，「縄文時代の終わり頃」に九州北部で水稲農耕が始まったということは，水稲農耕の開始を「弥生時代」の特徴とするなら，この時期を弥生時代の「早期」と位置づけることもできる点です。そして，紀元前4世紀の「西日本」には「水稲農耕」を基礎とする**弥生文化**が成立したとされるのです。

■水稲農耕の内容

　さて，弥生時代の水稲農耕の内容です。前期には低湿地に排水路を設けた湿田が基本だったのですが，中・後期には生産性の高い乾田が増えていきます。乾田は毎年，**灌漑・排水を繰り返す生産性の高い水田**で，田植えも始まっています。また，乾田や田植えは前期から行われていた可能性も指摘されています。

　農具は**木製農具**が基本でしたが，やがて鉄製の農具が現れます。ちょっとややこしいのは，木製農具の製作には磨製石器や鉄製の工具が使われたことです。工具ではなくて**鉄製農具**というのは，鍬や鋤の**刃の部分に鉄を使用**したものです。もちろん，鉄製のほうが作業能率がいいわけです。

　実った稲を収穫するための道具は**石包丁**で，稲の穂先をカットしていく**穂首刈り**という収穫方法でした。もちろん石器ですが，やがて鉄鎌に代わります。収穫具や鍬・鋤などは**石器から鉄器**に代わっていくのです。ここは，入試では頻出，共通テストでも問われるポイントです。

　収穫された稲穂は掘立柱の**高床倉庫**などに蓄え，食べるときには，木製の**木臼と竪杵**で脱穀しました。その様子は，後で出てくる「銅鐸」の表面に線画で描かれているので（p.19），教科書の写真や史料集などで確認しておいてください。

水稲農耕

湿田	➡	乾田
石包丁	➡	鉄鎌
木製農具	➡	鉄製工具／鉄製農具（鍬先・鋤先）

脱穀…………木臼・竪杵

収納…………高床倉庫・貯蔵穴

① 鍬 　　　② 石包丁

穴が２つあいている

▲木製農具と石包丁

Q 第二次世界大戦後，1947年からの発掘で水稲農耕の存在が確認された静岡県の遺跡は知ってるね？

登呂遺跡。

　　　はい，写真は復元された**登呂遺跡**の**高床倉庫**です。

　収穫した米はこのような高床倉庫に貯蔵されました。ネズミなどが入れないように工夫してあり，「はしご」は取り外せるようになっています。

■金属器の使用

さて，次は青銅器・鉄器の使用について。

　大陸では，青銅器時代→鉄器時代と発展するんですが，日本列島にはこれがほぼ同時にもたらされます。そこで，両方を合わせて「**金属器**」の使用と表現するわけです。もちろん朝鮮半島南部から九州北部へと伝えられたものです。

■青銅器・鉄器は何に使われたか

　青銅器と鉄器を比べると，青銅というのは銅と錫の合金で，鉄に比べてウンと柔らかい。そこで，ほぼ同時にこの2つを受け入れた日本では，硬い**鉄器は武器や農具など実用的な道具**に使い，**青銅器は祭祀**などお祭りのための飾り，**祭器として利用**するようになっていきます。

　銅矛・銅戈・銅剣などの青銅器の武器は，今風に言うと輸入品は細くて小型のものですが，国内で生産されるようになると，すぐに，どんどん**大型化**していき，実用性は無視されていきます。**銅鐸**，**銅鏡**も大型化します。銅鐸は朝鮮半島から小型の鈴が伝わって，日本で独自に巨大なものも造られるようになります。

　銅鐸の表面には色々な文様がありますが，その中に，線画と呼ばれる簡単な絵があって，木臼と竪杵で脱穀しているところが描かれています。

　さて，このような青銅製祭器の分布については，従来から，次ページの図のような各地域を中心に分布することが注目されています。

　もっとも，この分布の範囲は変動することがわかっています。

　近年，**島根県の(神庭) 荒神谷遺跡**から**大量の銅剣と銅鐸・銅矛**が発見され，その後，同県の**加茂岩倉遺跡**から**大量の銅鐸**が発見されて，大きな話題になりました。

▲銅鐸に描かれた絵

青銅製祭器の分布

銅鐸	➡	近畿地方中心に広く分布
平形銅剣	➡	瀬戸内海中部
銅矛・銅戈	➡	九州北部が中心

島根県
┌（出雲市斐川町）荒神谷遺跡……銅剣358本・銅鐸6点・
│　　　　　　　　　　　　　銅矛16本
└（雲南市）加茂岩倉遺跡………銅鐸39点

次の地図もチェックしておいてください。

青銅製祭器の分布（弥生中期ごろ）

Ⓐ銅　鐸
Ⓑ（広形）銅矛・銅戈
Ⓒ（平形）銅剣

■弥生土器の特徴

　土器は，**厚手で黒褐色**の縄文土器に比べて，もっと高い温度で焼いた，**赤褐色の薄手で硬い弥生土器**が発達します。また縄文土器の形は基本的には単純な形の器ですが，弥生土器は，**使用の目的によって形がはっきり違ってきます**。機能ごとに形に差がある。

▲弥生土器

- ① 壺（つぼ）　➡　貯蔵用，物を保存しておく。
- ② 甕（かめ）　➡　煮炊き（にたき），水を入れて火で暖めて煮たり炊いたりする。
- ③ 高杯（たかつき）　➡　盛り付け用，食物などを盛りつける。

この３つの区分が基本ですが，他に，甑（こしき）という底にいくつかの小さな穴が空いているものもあります。米などの穀物を蒸すための土器です。

底に穴

▲甑

■住居・生活

弥生時代の人々は水稲農耕に適した低地に住むのが一般的で，住居はまだ竪穴住居（たてあなじゅうきょ）ですが，形には変化が現れます。

あと生活関係で重要なのは**機織**（はたおり），布を作る道具が現れることです。関連する遺物が**紡錘車**（ぼうすいしゃ）で，糸を紡ぐためのコマのような道具です。

■生産経済と集落戦争の始まり？

さて，本格的な生産経済が開始されると，人間の社会にどのような変化が起こるか。もちろん，豊かになる。生活が安定する。そりゃそうですが，世界史的にも注目されているのが**戦争が本格的に始まった**という点です。

豊かになってくると，人が蓄えた（たくわえた）ものを狙う（ねらう），テリトリーを守る，あるいは奪う（うば）といったことから，戦争が起こる時代になる。そこで，

Q 弥生時代に，敵の攻撃から財産を守るために，周囲に深い溝（みぞ）を巡らせ（めぐ）た集落を何というか？

——環濠集落（かんごう）

Q 同じ時代，同じ目的で，防御しやすい小高い山の上などに営まれた集落を何と呼ぶか？
——高地性集落

　代表的な環濠集落としては，現在確認されている**最大規模の佐賀県の吉野ケ里遺跡**をはじめとして，福岡県**板付**，奈良県**唐古・鍵**，神奈川県**大塚**など。それから，弥生時代の集落が全て環濠集落というわけではないことにも注意すること。地域の拠点となるような集落に環濠がめぐらされるということです。

　もう１つ，軍事的な集落として瀬戸内海沿岸地域の小高い山の上などに営まれた**高地性集落**と呼ばれるものもあります。ずっと住んでいるのではなく，戦争のときに避難するための，「逃げ城」的な集落です。

　入試で問われる高地性集落は，ほぼ，香川県の**紫雲出山遺跡**だけです。

軍事的・防御的な集落

　環濠集落…前期：（福岡）板付遺跡

　　　　　中期：（奈良）唐古・鍵遺跡

　　　　　前期～後期に発達：（佐賀）吉野ケ里遺跡

　高地性集落…（香川）紫雲出山が代表的な遺跡

　　　　　戦争のときの避難用

◀**吉野ケ里遺跡**
佐賀県にある，現在，最大規模の環濠集落。右側にあるのが竪穴住居，左にあるのは敵の襲来を見張ったりするための望楼。

■地域差が明瞭な墓制

次に，墓制。墓の作り方ですが，縄文時代と同じで，**基本的には共同墓地**です。ただし，**屈葬ではなく，伸展葬が一般化**します。死体をそのままの姿で葬るようになり，土坑墓・木棺墓・箱式石棺墓などが営まれます。

ただし，共同墓地とはいえ，その中に，豊富な副葬品をともなうものなどが目立つようになります。みんながほぼ平等じゃない。**支配者が現れた，貧富の差が明確になった**，と考えられるわけです。地域に強力な指導者が現れたことが反映されていると考えるわけです。

また，墓の作り方に地域の差が出てくる。とくにマウンド，土を盛った「**墳丘墓**」が発達し，その形にも差異が出てきます。

九州北部には大きな甕に遺体を納める**甕棺墓**。これは，他地域にはありません。また，九州北部には**中国東北部や朝鮮半島と同じ支石墓**もあります。

そして，中期以降の甕棺墓のなかには豊富な副葬品をともなうものも出てくるんです。銅鏡や剣・玉製品などを遺体に副えて葬る（副葬）。

近畿地方を中心に広い地域で営まれたのが方形周溝墓です。方形（直線で囲まれた形）の墳丘の回りを溝で囲んだ形です。

瀬戸内海沿岸などでは後期になると大形の墳丘墓も現れます。入試にもよく出てくる岡山県の**楯築墳丘墓**の円形の墳丘は直径40m。方形のテラスのような突出部が両側についています。これは第3回で学習する前方後円墳との関係で注目されているもので，文字通り難関大などでよく問われる遺跡です。

▲甕棺墓

▲支石墓

▲方形周溝墓

▲四隅突出型墳丘墓

さらに，**山陰地方から北陸地方にかけて**，**中期以降**，**四隅突出型墳丘**
<ruby>よすみとっしゅつがた</ruby>
墓という，なかなかデザイン的にも面白い墳墓が現れます。方形の墳丘の四
隅が外側に突出し，斜面を石で覆うものです。

墓の分布も青銅製祭器の分布と同じ。**弥生文化の地域性**，その違いに注目
しておくこと。

以上，一挙に旧石器・縄文・弥生までやりました。授業ノートですぐに確
認しながら，復習してください。その際，**県名とともに遺跡の名を覚えること**。
県名が決め手となる問題が多いからです。縄文晩期～弥生文化の遺跡を地図
で確認しておいてください。

縄文晩期～弥生文化の遺跡

最初からハードな内容でしたが，がんばって復習してね。今回はここまで
にします。

古代 (2)

小国の誕生と邪馬台国

弥生時代になって生産経済が本格的になると，「戦争」の時代がやってくる。**「生産経済とともに戦争」**というのは，日本に限らず，多くの社会に共通するらしい。

小国の誕生と邪馬台国

	1 世紀	2 世紀	3 世紀	4 世紀
	弥 生 文 化			古 墳 文 化
前期	中期	後期	（出現期）	前期

農耕社会の成立　「クニ」(小国分立)　➡　小国連合 邪馬台国　➡　ヤマト政権
戦争・鉄製武器　環濠集落・高地性集落
　　　　　　　　『漢書』地理志　➡　『後漢書』東夷伝　➡　「魏志」倭人伝

戦争ということは，勝者と敗者が現れてくる。生き残るために集落が集まって「クニ」，小国が誕生する。さらに小国が結合して小国の連合が現れてきます。有名な**邪馬台国の卑弥呼**を盟主とする小国連合が登場します。

なぜそれがわかるのか？ まだ日本列島で文字を使う以前の話です。ところが中国の歴史書によって日本列島のようすがわかるのです。

◼中国史書でわかる倭国の状況

いよいよ，日本史で避けることのできない史料が出てきます。その最初が『漢書』，中国の「漢」の歴史が書かれた本です。まず，読んでみましょう。

1　紀元前後の倭国 /『漢書』地理志

夫れ楽浪海中に倭人有り，分れて百余国と為る。

> 楽浪郡のさらに南の海には倭人という人々がいて，百余りの小国を形成しており，

歳時を以て来り献見す……

> 彼らは定期的に朝貢してくる……

史料に強くなるには，ともかく慣れること。目だけじゃなくて，声を出す。自分の声を自分の耳で聞くこと。よし，いっしょに声を出していくよ。ハイ，

「それ，らくろうかいちゅうにわじんあり，わかれて
　ひゃくよこくとなる。さいじをもってきたり，けんけんす」
「それ，らくろうかいちゅうにわじんあり，わかれて
　ひゃくよこくとなる。さいじをもってきたり，けんけんす」
「それ，らくろうかいちゅうにわじんあり，わかれて
　ひゃくよこくとなる。さいじをもってきたり，けんけんす」

ちょっと計ってみました。1回5秒，3回続けて読んでも15秒。基本史料は50回も繰り返すとわかってくる。

■小国の分立

さて，内容です。漢の歴史書に，周辺情報として**紀元前後の日本（＝倭）の状況**が書いてある。そこでこの史料を『**漢書**』地理志と通称します。

編者，この本をまとめたのは**班固**。教科書の注などに「後漢の班固の撰」と書いてあります。**後漢の時代に書かれた**ものです。

中国では，**国家の事業として前の王朝の歴史をまとめる**という伝統があります。国家としての公的な歴史書なので，「**正史**」と呼びます。

ついでに「正史」に対して，民間の一般的な歴史書は「**野史**」と呼びます。

さて，史料の内容にいきますよ。

「夫れ楽浪海中」の「楽浪」は今の**平壌（ピョンヤン），朝鮮民主主義人民共和国の首都**のあたり（p.32，地図）。

漢（前漢）の武帝が支配地を拡大して朝鮮半島の中部から西北部に置いた「**朝鮮四郡**」の１つ。BC108 年のことです。朝鮮四郡とは「**楽浪**」「**真番**」「**臨屯**」「**玄菟**」の４郡ですが，**楽浪郡だけ覚えておけばいい**。

ついでに，この楽浪郡の南部を中心に後漢の時代に「**帯方郡**」が置かれていることも覚えておきましょう。すぐあとに出てきます（p.31）。

さて，その楽浪郡の先の「海中」，海の中に浮かぶ島には「倭人」という連中がいて，彼らは「分れて百余国と為る」——まだ統一国家といったレベルではなく，**小さな 100 余りの国に分かれている**。「小国分立」の状態だということです。

そして，「歳時を以て」——定期的に，「献見す」——土産物をもってあいさつにやってくる。このような行為を**朝貢**といいます。朝貢の「貢」は貢ぎ物。貢ぎ物を持ってごあいさつにやってきた。

■日本史で出てくる最初の年号：57 年

さて，この漢王朝は一時断絶してしまいます（AD 8 年）。しかし，**光武帝**によって漢王朝が復活。復活した後半の漢を「**後漢**」と呼びます。

さあ，今度はその『**後漢書**』。日本史に関係がある部分を『**後漢書**』東夷伝と呼んだりします。編者は宋の范曄。『後漢書』は３つのブロックに分けて読んでいきます。１〜２世紀，**弥生時代の中期から後期にかけて**の倭国の状況だよ。

史料

2-(1) 1世紀の倭国 / 『後漢書』東夷伝

建武 中 元二年，倭の奴国，奉貢 朝 賀す。使人自ら大夫と称す。

AD57年，倭の奴国が朝貢して来た。　　　　　　　その使者は自分の身分を大夫と称した。

倭国の極南界なり。　　光武，賜ふに印綬を以てす。

この倭国は南の果ての方にある。光武帝はこの朝貢に対してひも付きの印を与えた。

　「建武 中 元二年」は西暦で57 年。出たヨ！ 年号。イヤダイヤダ，小学校以来これが苦手……でしょうが，いっしょに頑張っていけばだいじょうぶです。それから，史料はここでも声に出して読むことを忘れないように。

　さて57 年に，「倭の奴国」──倭人の中の小さな国のうちの奴国が，「奉貢 朝 賀」──「貢ぎ物」を「奉」ってあいさつにきた，朝貢してきた。「使人 自ら大夫と称す」──その使者は自分の身分を「大夫」と称した。

　「倭国の極南界なり」──朝鮮半島の植民地から見れば，倭＝日本列島は南の方の外れにあるということです。「光武，賜ふに印綬を以てす」──光武帝はこの使者に託して「印綬」──ハンコ，綬はひも，要するにハンコにひもをつけてくれた。武帝じゃない，光武帝だよ。

武帝と光武帝

```
┌ 漢(前漢)…武帝　　➡　（朝鮮四郡）楽浪郡などの設置
│
└ 後漢………光武帝　➡　倭の奴国王に金印（漢委奴国王）

　＊「金」印は「光」っているから　➡　光武帝
```

■金印（「漢委奴国王」印）の発見

さて，ここで有名な話。この光武帝が57年の**奴国**の遣使に対して奴国の王に与えた印が，江戸時代になって，福岡県の志賀島から偶然発見された。いわゆる**金印**。

▲金印

すごい偶然ですよ。これは。中国の後漢の歴史書の中に書かれていた，金のハンコの現物！

Q 金印に彫られている文字（印文）を正しく記しなさい。

—— 漢委奴国王

印文には「漢委奴国王」とあった。いいですか，「倭」の国王ですが，印文は「倭」ではなくて「委」になっています。日本史のすべての教師が強調する定番。

ニンベンをつけないように！

漢 **委** ×（倭）奴国王

「ニンベンをつけるなよ！」と大声をあげる。年号も暗記してしまいましょう。どうしても暗記が必要な年号ですから，ゴロ合わせでも何でもあり。

「『後（**ご**）漢書』に奴（**な**）国の遣使」

ゴロ ⋙ ➡ 57年，奴国王，後漢に遣使

さて，次のパートにいきますよ。

2-(2)　帥升らの遣使／『後漢書』東夷伝

安帝の永初元年，倭国王帥升等　生口百六十人を献じ，
AD107年，倭の国王帥升らが，　　　生きた人間（奴隷）160人を貢ぎ物として

請見を願ふ。
朝貢して来た。

皇帝は代わって「安帝」。「永初元年」は，57年からちょうど半世紀たって107年。「倭国王帥升等」だから，帥升1人じゃなくて，他の小国の王もいっしょに使いを送ったんでしょう。

$$57 + 50 = 107$$

↑ ごかんじょになこく
↑ 半世紀後に
↑ 安帝の永初元年

「生口」——奴隷，生きた人間というスゴイ貢ぎ物です。戦争で捕まえといた奴隷かもしれませんが，「生口百六十人」，160人をおみやげにしてあいさつにきた。帥升の○帥は「師匠」の「×師」じゃないよ。これも倭の小国の王による朝貢ですネ。

次にいきますよ。

——ヨコボウは不要！

○帥 ×(師)升

2-(3)　倭国大乱／『後漢書』東夷伝

桓・霊の間，倭国大いに乱れ，更々相攻伐し，歴年主無し。

桓帝・霊帝の頃，倭国では平和が乱れ，互いに攻撃を繰り返し，長い間これを統制する者がいなかった。

「桓・霊」——これは桓帝・霊帝という2人の皇帝，**2世紀後半**の後漢の皇帝です。150年代のことですよ。たいした皇帝じゃない。後漢はこのころからガタガタになっていきますが，「倭国」——倭人の社会も「大いに乱れ」——**倭国大乱**，要するに大戦争が起こっていた。まさに，戦争の時代ダ。

「更々相攻伐し，歴年主無し」——戦争でもう泥沼状態，長い間，主導権をにぎる人がいないということです。

2 邪馬台国

授業ノートp.7 参照

■大陸の情勢はどうなっていたか

さて，220年，後漢が滅亡し，中国は三国時代です。魏・呉・蜀の3つの国に分かれてしまう。

魏・呉・蜀の位置を確認しておくこと。九州北岸から朝鮮半島を通って中国大陸に行くとすると，一番近いのは魏。この三国時代の正史が『三国志』。そのうち魏の歴史について書いてある「魏書」の中に，当時の日本のことが記

▲3世紀の東アジア

されている。それが「魏志」倭人伝と呼ばれる史料です。編者は**陳寿**，3世紀ですが，晋の時代です。陳寿は覚えておこう。

■「魏志」倭人伝

魏の都は**洛陽**。すなわち，**邪馬台国の女王卑弥呼**はここに向かって使いを送った。

後漢の時代に，**楽浪郡**の南側に，新しい中国の植民地ができています。これを**帯方郡**といいます。もちろん魏の支配が及んでいる地域。**帯方郡の中心は，現在のソウル（漢城）**。今の韓国の首都。

朝鮮半島もだいたい3つの地域に分かれていますね。朝鮮半島南部の西半分が**馬韓**，これは小国の連合した地域。そして，**弁韓**，**辰韓**と呼ばれる地域も同じです。そして，北の方でギューッと中国に抑え込まれているのが**高句麗**です。

〈朝鮮民主主義人民共和国〉

ピョンヤン（平壌）

　　➡　楽浪郡　『漢書』

〈大韓民国〉

ソウル（漢城）

　　➡　帯方郡　「魏志」倭人伝

では，「魏志（ぎし）」倭人伝（わじんでん）の主要部分をチェックしていきます。

🔍 史料

3-(1)　小国家連合 /「魏志」倭人伝

倭人（わじん）は帯方（たいほう）の東南大海（とうなんだいかい）の中（なか）に在（あ）り，山島（さんとう）に依（よ）りて国邑（こくゆう）を為（な）す。

倭人は帯方郡の東南の海の中の山ばかりの島に住み，小国を形成している。

旧百余国（もとひゃくよこく），漢（かん）の時朝見（ときちょうけん）する者有（ものあ）り。今使訳通（いましやくつう）ずる所（ところ）三十国（こく）。

漢の時代には百余りの小国があり朝貢して来た。現在，魏と通交関係にあるのは 30 か国。

　倭人は「**帯方**」の東南の海の中に住んでいる。ここを「**楽浪**」（**×**）にしちゃだめよ。山や島によって「**国邑を為す**」。ほとんど平野がない。中国へ行って日本へ帰ってくると，確かに日本には平野なんかない。人間は山と海との間の狭（せま）いところにへばりついているというのが印象で，これは非常に正確な表現です。

　「旧百余国（もとひゃくよこく），漢の時朝見（ちょうけん）する者有り」──これはさっきの『**漢書**』地理志のことを言ってるわけよ。いま魏の国と「**使訳（しやく）通ずる所**」──要するに国交があるのは「**三十国**」。この三十の国が連帯を組んでいる。

3-(2) 邪馬台国への道程／「魏志」倭人伝

郡より倭に至るには，海岸に循って水行し，韓国をへて，
帯方郡から倭へ行くには，朝鮮半島に沿って船で，　韓国を経て，

乍は南し乍は東しその北岸狗邪韓国に到る七千余里。始めて一海
南へ東へと進み，狗邪韓国に着く。ここまで7000余里である。　そして，初めて

を度る千余里，対馬国に至る。……一大（支）国……末盧国……伊都国
海を渡り，1000余里行くと対馬国に着く。……一大（支）国……末盧国……伊都国

……奴国……不弥国……投馬国……南，邪馬台国に至る。女王の
奴国……不弥国……投馬国……　　　南へ進むと，邪馬台国に着く。ここが

都する所なり。　　　……郡より女王国に至る万二千余里。……
女王（卑弥呼）の都のある国である。帯方郡からこの女王国まで1万2000余里である。

邪馬台国の卑弥呼はみんな知ってるよね。ちょっと書いてみて。念のため，
「やまたいこく」「ひみこ」。

□□□□□の女王□□□

邪馬台国　卑弥呼

■邪馬台国論争

ここからがいよいよやっかいなところです。「郡より倭に至る」――「この郡は何ですか」と聞かれて，楽浪郡（×）を選んだらブー。帯方郡（○）。

帯方郡から倭への道筋，邪馬台国への道程が書いてある。

朝鮮半島の西側の海岸をずっと南下して，狗邪韓国に至る七千余里。狗邪韓国は朝鮮半島の南端。さっきの地図（p.31）の「弁韓（弁辰）」と呼ばれる地域にあった小国。4世紀以後の「加耶（加羅）」などと呼ばれる地域です。

そして海を渡って対馬国。次は「一大（支）国」，今の壱岐（長崎県）です。「大」は「支」の誤りだろうとされています。そこで「一支国」が正しい。ここの「原

邪馬台国への道程

帯方郡
↓
狗邪韓国 （朝鮮半島南岸）
↓ ←ここで海を渡る
対馬国ⓐ ←今の対馬
↓
一支国ⓑ ←原ノ辻遺跡で注目！
↓
末盧国ⓒ ←いよいよ九州に上陸
↓
伊都国ⓓ　奴国ⓔ
↑　　　　 ？
外交の拠点　不弥国ⓕ
　　　　　　 ？
　　　　　　投馬国ⓖ
　　　　　　 ？
　　　　　　邪馬台国

近畿説 ⓕⓖ

ⓕⓖ

九州説

ノ辻遺跡」は「一支国」の中心部ではないかというので注目されています。

　次に九州に上陸して「末盧国」（佐賀県唐津市あたり），そして，「伊都国」（福岡県糸島市）。ここは重要な拠点です。

　次に，「奴国」（福岡市），『後漢書』の「奴国」，「金印」の「奴国」です。

　さらに，「奴国」の次が「不弥国」。そして「投馬国」があって，やっと「邪馬台国」に着きます。

　ところが，この「不弥国」・「投馬国」がどのあたりにあったのかがわからない。当然，「邪馬台国」の位置もわからない。様々な説があって，江戸時代以来，論争が続いている。

　狗邪韓国から邪馬台国までで９か国。そのあとに，21か国が続いて出てくる。しかし，国名をザーッと並べただけです。もちろん，どのあたりにどんな国があったかはわからない。

■ 近畿説・九州説

「邪馬台国は〜にあった」という説は文字通り多種多様ですが，若干のニュアンスの違いはあっても，主要な説は，九州にあったとする「九州説」と，大和などの近畿地方にあったとする「近畿説」に分かれます。

九州北部沿岸の「伊都国」・「奴国」から近畿地方までの広い地域に分布するのか，それとも九州の中に納まってしまうのか。**どちらの見方をとるかで，小国家連合の分布が大きく違ってしまう**わけです。

Q 邪馬台国はどこにあったか？ 主要な説は？

|九州説 ➡ ヤマト政権の範囲よりずっと狭い。
|近畿説 ➡ ヤマト政権の範囲に近い（あと少しで全国制覇）。

すなわち，この時期の**小国家連合のレベル**が，このあとのヤマト政権の支配地域よりズーッと狭いものか（九州説），かなり近いか（近畿説），という大きな違いが出てしまうわけです。

近畿説・九州説

九州説

近畿説

九州説なら，ヤマト政権の成立は4世紀前後。近畿説ならもう少し早く，ひょっとしたら3世紀後半の早い段階に成立したとしても無理はなかろう，ということになるわけです。

　ヤマト政権の成立の時期を推定するに際して，約半世紀ぐらいのズレが出る。これが邪馬台国論争が重要な意味をもつ理由です。

　もし，九州説だとすると，その後，邪馬台国連合はどうなったんですか？

　近畿地方に起こった勢力に征服されてしまったのかもしれないし，そうじゃなければ，九州にあった**邪馬台国**が東に勢力をのばして，本拠地を近畿地方に移した（「邪馬台国東遷説」）と考えることもできますが，みんなが納得するような説はまだない。

　それと，近畿説については，最近，注目されてる奈良県の**纏向遺跡**があります。ここは次回に出てきます(p.49)。では，次に進みましょう。

■習　俗

3-(3)　習　俗／「魏志」倭人伝

　男子は大小となく，皆黥面文身す。……諸国の文身各
　　男子は，さまざまな入れ墨などで身体を飾っている。その入れ墨は国によって

各異り，……尊卑差有り。……男子は皆露紛し，木縣を
さまざまである。身分の差がある。　　　男子は髪をみづらに結い，頭に綿布をかけ，

もって頭に招け，其の衣は横幅，ただ結束して相連ね，略々
　　　　　　　　　　　袈裟衣のような服を着ている。

縫ふこと無し。婦人は被髪屈紛し，衣を作ること単被の如く，
　　　　　　　　女性は髪をまとめ，　　着ている服は1枚の布に穴をあけ，

其の中央を穿ち，頭を貫きて之を衣る。
その穴から頭を通している。

ここは難関私大向き。いろんなことがわかる。男子，男は「大小となく」
——大きい，小さい，いろいろの「黥面文身」——これは入れ墨（刺青），男は
皆タトゥーをしている。「諸国の文身各各異り」——地域ごとにデザインが違
い，「尊卑差有り」——身分によっても違っている。

男子は髪の毛を結い，木綿を頭にかけ，�)襲衣のような服を着ている。こ
のあたりはザーッと見ておけば OK。女性は「単被」——1 枚の布の「中央を穿
つ」——穴を開けて「頭」を「貫」く。1 枚の布に穴を開けて被っている。いわ
ゆる「貫頭衣」です。

3-(4) 占　い／「魏志」倭人伝

> その俗，挙事行来に，云為する所あれば，すなわち骨を灼きて
> その習俗は，何か判断に迷うことがあると，　　　　　骨を火で焼いて占いをして，
>
> 卜し，もって吉凶を占い，先ず卜する所を告ぐ。……
> 吉凶を判断し，その結果で行動を決めるのである。

「その俗，挙事行来に，云為する所あれば，すなわち骨を灼きて卜し」——
何かをしようとして迷ったときには，占いで決める。「骨を灼く」というのは，
鹿の肩甲骨など，動物の骨に筋を入れておいて，これを火で焼く。その
ひび割れの状態から占う。

Q 鹿の骨を焼き，そのヒビ割れの具合で占う方法は何と呼ばれたか？
——太占の法

読み方はいいですか。

「ふとまに，ふとまに，ふとまに，ふとまに
　ふとまに，ふとまに，ふとまに，ふとまに……」

■刑罰と税制は？

3-(5)　制　度／「魏志」倭人伝

其の法を犯すや軽き者はその妻子を没し，重き者はその門戸
犯罪者は，軽い罪の場合は妻子までを殺し，　　　　重罪の場合は犯人の一族を

及び宗族を滅す。尊卑各々差序あり。　……租賦を収むるに
処刑する。　　　　身分の差は明確に区別されている。租税を徴収し，これを納め

邸閣あり。　国々に市有り，　　有無を交易し，
ておく倉もある。国々には市場が存在し，欲しい物を手に入れることができる。

大倭をして之を監せしむ。
この市場は大倭と呼ばれる役人によって監理されている。

　その次。「其の法を犯すや軽き者はその妻子を没し」——私が泥棒したら，妻も子供も死刑。重い場合は違う。「重き者はその門戸及び宗族を滅す」——石川一族皆殺し。これはかなり乱暴ですが，今でいう**刑法**。窃盗だったら罰金いくらとか，そういうやつだね。刑法のようなものもあった。そして，さっき出てきたように，尊卑，**身分の差**がある。

　次，「租賦を収むるに邸閣あり」——租税を徴収し，それを納めておく建物もあった。要するに**税制**もあったらしい。

　さらに，「国々」には「市」，マーケットがあり，「大倭」と呼ばれる監督官もいた。これはしっかり，書いて覚えておく。次，

3-(6) 統 治 /「魏志」倭人伝

女王国より以北には，特に一大率を置き，諸国を検察せしむ。

女王国より北側の同盟国には一大率という役人が派遣され，その国を監視している。

諸国之を畏憚す。　　　　　　常に伊都国に治す。

諸国はこの一大率を非常に恐れている。(その一大率は)伊都国に常駐している。

……下戸，大人と道路に相逢へば，逡巡して草に入り，

下戸と呼ばれる一般の人々が，支配者階級の大人と道で出会うと，道の横の草の中に入って道を空け，

辞を伝え事を説くには，あるいは蹲りあるいは跪き，

言葉をかける場合は地面にひざまずき，

両手地に拠り之が恭敬をなす。

両手を地につけて大人を敬う姿勢をとらなければならない。

さあ，次は入試で頻出のところ。「女王国」より「北」側の連合国には，監視のために，「一大率」という役人が派遣され，「諸国を検察せしむ」──連合を乱さないように監視していた。「諸国之を畏憚す」──諸国はこの一大率を非常に怖がった。一大率は伊都国に常駐していた。

また，その社会には「下戸」と「大人」という**厳しい身分の差**があった。今だと，下戸というのは酒の飲めない人をいいますが，ここでは「身分の低い人」。大人はその反対で「支配者階級」でしょう。下戸を「一般の人」，あるいは「奴隷」などいろいろ解釈しますが，ハッキリはしません。大人も，「支配者」，「裕福な貴族階級」などいろいろに解釈しています。

下戸が大人と道で出会うと，そのまますれ違ってはいけないんです。下戸のほうは「逡巡して草に入り」──遠慮がちな態度で道を開け，横の草むらに入って通してあげなきゃいけない。

下戸が大人に「辞を伝え事を説く」──ものを言う場合には，立ったままでしゃべっちゃいけない。うずくまり，ひざまずいて，低い姿勢で両手を地に

ついて，土下座のような形でものを言う。

　要するに，単に裕福な者と一般の人が分かれていただけでなく，厳しい身分差があったということです。

┌─支配者階級………………………大人
├─非支配者階級………………………下戸
├─同盟国に派遣された監督官…一大率
└─市場の監督官………………………大倭

■卑弥呼の支配

　次は邪馬台国の歴史，卑弥呼の登場。

3-(7)　卑弥呼／「魏志」倭人伝

　其の国，本亦男子を以て王と為し，住まること七，八十年。
　邪馬台国連合の盟主は，かつては男の王であったが7, 80年経って国が乱れ，

　倭国乱れ，相攻伐して年を歴たり。乃ち共に一女子を立てて
　戦争状態が長く続いた。　　　　　　　　　　そこで，女性の盟主を立てた。

　王と為す。名を卑弥呼と曰ふ。鬼道を事とし，能く衆を惑はす。
　　　　　その女王が卑弥呼である。呪術にすぐれ，人々をよく統率した。

　年已に長大なるも，夫壻無く，男弟有り，佐けて国を治む。……
　年をとっており，夫などもいなかったが，弟がいて，その弟が卑弥呼の統治を補佐していた。

　邪馬台国はもと男の「王」様で，70〜80年の間過ごしたが，国が乱れ，抗争が絶えなかった。男の王では抗争がおさまらないので，この際，女性を代表に立てようということになった。その結果，擁立されたのが卑弥呼だというんです。

　卑弥呼は「鬼道」——宗教的な能力，呪術にすぐれており，人々を統

率することにすぐれ，よく連合国を統制した。世俗的な支配者ではなくて，宗教的な権威で統治した。ここも入試でよく問われるところです。

「年已に長大」だから，要するにもうお婆さんで，「夫壻」——夫や婿さんもいないが，「男弟」——弟がおり，**実際の政治は，この弟が卑弥呼を補佐する形で行った**といった意味でしょう。名目的には卑弥呼というお婆さんの霊能者，要するに宗教的権威者を立てて，弟が補佐して実際の統治を行っていたんだと書いてある。いいですね。

3-(8)　卑弥呼の遣使／「魏志」倭人伝

景初二年六月，倭の女王，大夫難升米等を遣はし郡に詣り，
AD239年，倭の女王(卑弥呼)は大夫の難升米を使者とし，帯方郡に派遣してきた。

天子に詣りて朝献せんことを求む。……其の年十二月，詔書して
使者は魏の皇帝に朝貢したいと望んだ。　　　　　（この朝貢に対して，）その年，

倭の女王に報じて曰く，……今汝を以て親魏倭王と為し，
魏の皇帝は卑弥呼に対して，親魏倭王の称号を与え，

金印紫綬を仮し，装封して帯方の太守に付し仮授せしむ。……
金印に紫のヒモをつけ，帯方郡の役人を通してこれを与えた。

■卑弥呼，魏に遣使（239年）

さあ，久しぶりに年号が出てきました。「景初二年」——これがやっかいです。「魏志」倭人伝が何人もの手で書写され，今日に伝えられてくる過程で，「三」だったのが「二」になっちゃったらしい。他の史料などから，これは**景初三年**とわかっているので，それだと西暦239年にあたります。

さて，この使者も自分の身分を「大夫」と名乗っています。名前はいろいろな読み方がありますが，「難升米」でいいです。

Q 大夫難升米が遣わされた「郡」とは何郡？　　　　——帯方郡

もちろん帯方郡。そして洛陽にいる魏の皇帝に貢ぎ物をすることを申し出

41

てきたんだと。「其の年」は，もちろん239年。「詔書」——魏の皇帝の手紙が倭の女王に対して送られます。

Q このとき（239年），魏の皇帝が卑弥呼に与えた称号は？　ハイ，書いてみよう。

親魏倭王

　その手紙には，卑弥呼を「親魏倭王」に任命するとあった。この「親魏倭王」の「倭」はちゃんとニンベンがありますよ。「漢委奴国王」の「委」にはニンベンがなかったんだね。このときも，金印。卑弥呼に送られたのも金の印なので，混乱しないこと。

ニンベンがつくよ！

親魏 **倭** ×（委）王

　「金印紫綬を仮し」——紫のひもつきの金のハンコをくれた。帯方郡の係官がこれを伝達したんだと。

２３９
「卑弥呼に**ふみくる**」

➡ 239年，卑弥呼，魏に遣使

　卑弥呼に手紙が来たんだね。手紙は「文」とも言いますから，「**卑弥呼に文（が）来る**」で，239年です。

42

さあ，あと一息。

3-(9)　狗奴国との戦争 / 「魏志」倭人伝

その八年，……倭の女王卑弥呼，狗奴国の男王卑弥弓呼と素より
247年，　　　　倭の女王卑弥呼は，もともと狗奴国の男王卑弥弓呼と仲が悪かった。

和せず。倭の載斯烏越等を遣はして郡に詣り，相攻撃する
倭の……らを帯方郡に派遣して来て，　　　　狗奴国との戦争について

状を説く。塞曹掾史張政等を遣はし，因って詔書・黄幢を
報告してきた。(魏の皇帝は)……らを派遣し，　　詔書などを

齎し，難升米に拝仮せしめ，檄を為りてこれを告喩す。
難升米に託し，　　　　檄文を与えて卑弥呼を励ました。

■ 強国・「狗奴国」との戦い

「その八年」は247年。**卑弥呼の使者は，邪馬台国が戦争状態になっている**ことを帯方郡に報告しに行きます。

邪馬台国連合の南側には**狗奴国**という強国があり，対立していた。邪馬台国の位置がわからないので，この狗奴国のあった場所もわかりません。

また，この国の支配者が，ややこしいことに卑弥弓呼というオジサン(「ヒコミコ」の誤りだろうという説が多い)。

卑弥呼は**狗奴国との戦争で苦しい**と報告した。使者はさっきの難升米です。そこで魏の皇帝は，激励の手紙や軍旗などをくれたんです。

しかし，卑弥呼はその年，247年かその直後に死んでしまったらしい。

3-(10)　壱与の擁立 /「魏志」倭人伝

卑弥呼死するを以って大いに冢を作る。径百余歩，徇葬する
卑弥呼が死ぬと大きな墓が築造された。　　　　　　長さは百余歩もあり，徇葬され

者，奴婢百余人。　　更に男王を立てしも，国中服せず。更に
た奴婢は100人余りであった。その後，男の王が立ったが，これに従う者がなく，戦争

相誅殺し，当時千余人を殺す。復卑弥呼の宗女壹（臺）与年十三
状態となり，死者が1000人余り出た。　そこで卑弥呼一族の中から壱与という13歳の

なるを立てて王と為す。国中遂に定まる。
娘を選んで王とした。　　すると，また連合が回復した。

■卑弥呼の死

　狗奴国との戦争がどうなったのかはわかりません。卑弥呼が死に，「大いに
冢を作る」──大きな墓が造られた。

　これが，出現期の前方後円墳の中で最大級の規模をもつ奈良県の箸墓古墳
だったら，一挙に邪馬台国は「近畿説」で決定ということになるんですが，こ
こは次回でもう一度やります。

　とにかく「径百余歩」──大きな墓が造られた。あの世で仕えるためでしょ
う，生きたままで「奴婢百余人」が「徇葬（殉葬）」──いっしょに葬られた。

　さて，卑弥呼が死んだので，今度は男の王が立ったら，またしてもイザコ
ザが起こり，戦争状態に戻っちゃって，千余人の死者が出た。そこで，やっ
ぱり女性のほうがいいということになった。

　Q 卑弥呼の死後，王となり，争乱を収めた女王の名は？　──壱与（台与）

　「卑弥呼の宗女」──これは卑弥呼の娘じゃなくて，卑弥呼一族の娘で壱与
（台与），13歳の娘を盟主に立てることになった。そしてようやく対立が収
まったというんです。

「壱与」なのか「台与」なのか，どちらを覚えればイイのですか？

　教科書では「壱与（台与か）」などとしています。両方とも覚えておきましょう。「壹」を略すと「壱」，「一」。「いよ」。「臺」だとすると，略字は「台」。そうすると「とよ」というわけです。どちらとも決められないので，どっちでもイーヨ（笑）。

■ 4世紀，「謎の時代」へ

　さて，壱与（台与）の擁立までで「魏志」倭人伝の倭に関する記事は終わり。

　中国では3世紀後半に晋（西晋）という王朝が現れ，蜀，魏，さらに呉を滅ぽして中国を統一します。この晋に対して，**266年，「倭が使いを送ってきた」**という記事が『晋書』に出てきます。266年ですから，これは倭の女王壱与（台与）の遣使と考えられています。『日本書紀』の引用では「倭の女王」が朝貢したとされています。しかし，簡単な記事で，それ以上のことは書いてありません。

　その晋も長続きせず4世紀初めには滅亡。代わって中国南部（華南）に東晋が起こりますが，北の方，華北は「五胡十六国」と呼ばれる混乱の時代となってしまいます。そこで，「倭の女王」の遣使以後，約150年間，**中国の歴史書から倭国の情報は姿を消してしまう**のです。

　こうして，4世紀は**「謎の4世紀」**「空白の4世紀」と呼ばれる，文字情報が欠けた時代となる。そして，その文字情報の「空白」の時期に**ヤマト政権**が姿を現します。

　では，今回はここまで。史料がたくさん出てきましたが，徐々に慣れていってください。赤字になっている語句は私大なんかの史料問題で空欄で問われるところ，穴埋め用の重要語句だから，注意すること。できれば，メモ用紙にその語句を書いてください。

　次回はヤマト政権の成立と古墳文化です。「魏志」倭人伝ほど長い史料は，今後はほとんどありませんから，がまんして，なんとかがんばってください。

ヤマト政権の成立と古墳

　4世紀を「謎の4世紀」，「空白の4世紀」などと呼ぶことがあります。ところが，3世紀後半から4世紀にかけて**前方後円墳**が出現し，広くこれが分布します。そしてこれが，**ヤマト政権**の成立を示すのです。

📎 ヤマト政権の成立と古墳

3世紀	4世紀	5世紀	6世紀	7世紀
ヤマト政権成立	→	倭の五王	→ 継体・欽明朝 →	飛鳥時代
（出現期）	前期 →	中期 →	後期	（終末期）

墳　形：　前方後円墳　（大型化）前方後円墳　前方後円墳　方墳→八角墳
　　　　　円墳・方墳・前方後方墳　　　　　　円墳　群集墳

埋葬施設：　竪穴式石室　　　　竪穴式石室　　横穴式石室　横穴（墓）

◀大仙陵古墳
おなじみ大仙陵古墳は，平面積で世界第1位。墳丘の全長は486m。周囲は三重の濠（周濠）で囲まれている。
第2位以下，全長200mを超えるものは，ほぼ奈良県・大阪府に集中している。例外は，第4位の岡山県・造山古墳などわずか。箸墓古墳は11位。

■謎の4世紀

3世紀後半から4世紀にかけて，**ヤマト政権**が成立します。ただし，文字の史料がほとんどない。**卑弥呼の死（247年ごろ）**，**壱与（台与）の遣使（266年）**のあと，4世紀にかけて，参考となる**中国の正史がナイ**ので，「謎」，「空白」。

■前方後円墳の出現

ところが，3世紀後半，前方後円墳が出現し，広い地域に広がっていく。その**分布の範囲をヤマト政権の支配の範囲，ヤマト政権の成立**と考えるわけです。そして，その中心が現在の奈良県＝ヤマト（大和）にあるので「ヤマト政権」というわけです。

ハイ，復習！ 弥生時代の特徴のある墓や大型の墳丘墓を思い出しましょう。

```
┌─────────────────────────────────────────────────┐
│        弥生文化              古墳文化            │
│                                                 │
│ 〈九州北部〉 甕棺墓・支石墓      前方後円墳       │
│                          ⇨      の分布         │
│ 〈近畿地方〜〉    方形周溝墓                     │
│                              ⬇                  │
│ 〈瀬戸内海沿岸〉（大型）墳丘墓                    │
│                          ヤマト政権の成立        │
│ 〈山陰地方〉 四隅突出型墳丘墓                     │
└─────────────────────────────────────────────────┘
```

地域によって違った形をもつ弥生時代の墓に対して，3世紀後半から4世紀にかけて，ヤマトから西日本に**前方後円墳が一挙に広がる**。同じ形の，大型の墓が，4世紀の中ごろには東北地方中部まで広がっていく。

円部に遺体（被葬者）を埋葬する。前方部で「祭祀」，今で言うと葬式が行われたらしい。前期には全長200m，中期には400mを超えるものまで現れます。

（前）　（後）

方部　　円部

横から見た図

上から見た図

▲前方後円墳

大王にならって，各地の豪族も同様の前方後円墳を造り出した。ただし，大王よりは**小さ目の前方後円墳**を造る……ということは，そのような豪族連合をヤマトの大王が統率する広域の政治体制（**ヤマト政権**）が成立していたに違いないと推定されるわけです。

■ 箸墓古墳

　このような前方後円墳が出現したのが３世紀の後半。古墳文化（時代）の前期，その最初の時期なので「出現期」と呼ぶこともあります。その出現期で最大級の古墳が奈良県（律令制のもとでの「大和国」）の箸墓古墳です。

出現期最大級！

　これは頻出！ **「出現期最大級」ときたら箸墓古墳！**

ハイ，１回書こう。

箸墓 古墳

　そこで，これをヤマト政権のトップ，「大王」＝「おおきみ」「だいおう」と呼ばれる人物の墓と推定する。教科書をチェックすると，前方後円墳は，「各地の首長たちの**共通の意識**のもとにつくり出された墓制」で，その分布，広がりは「**広域の政治連合**」である「ヤマト政権」が成立したことを示している，なんて書いてあります。

　たぶん，ヤマト政権に参加した地方のボスたちは，同じプランの墓を，ただし，大王よりも小さ目の前方後円墳を造ったということです。

　ただ問題は，箸墓古墳が築造されたのは「３世紀の後半」ですが，５年単位，10年単位で何年ごろとは確定できない。だから，早ければ，**卑弥呼・壱与（台与）**の時代とダブるということになります。

◀箸墓古墳

近くに行くと，ただの森だ。古墳はほとんど，現在ではそうなっているが，初めから木が植えられていたわけではない。

箸墓古墳は全長280mあまり，出現期最大級の前方後円墳である。現在，確認されている古墳全体の中でも11位。

（国土地理院ホームページより）

■纒向遺跡

　これと関連して，最近，注目されている３世紀後半，**弥生文化の終末期**の遺跡があります。それは奈良県桜井市の**纒向遺跡**ですが，**箸墓古墳**もこの遺跡に含まれています。出現期の**前方後円墳**もいくつかある。そして，王宮を思わせるような大型建物跡。幅約５ｍの水路。関東から九州にまで及ぶ**他の地域から運び込まれた大量の土器**などが次々に出てきた。都市的性格をもった場所です。

　そこで，このあたりを，**邪馬台国**の中心と考えれば，箸墓古墳は**卑弥呼**，あるいは壱与の墓か……？　ということにもなる。要するに，完全に近畿説ということですが，もちろんそれを認めない学者もいます(p.35)。

さて，3世紀後半に出現した**前方後円墳**（ぜんぼうこうえんふん）は5世紀になると巨大化します。そして，6世紀になると多数の**円墳**が現れ，終末期，7世紀になると**八角墳**（はっかくふん）という**大王**(天皇)の墓も登場します。

そこで，3世紀後半から7世紀までの古墳の変化を見ていきましょう。

3世紀	4世紀	5世紀	6世紀	7世紀
（出現期）	前期 →	中期 →	後期	（終末期）

墳　形：　前方後円墳　　（大型化）前方後円墳　　前方後円墳　　方墳→八角墳
　　　　　円墳・方墳・前方後方墳　　　　　　　円墳　群集墳

埋葬施設：竪穴式石室　　　　　竪穴式石室　　横穴式石室

副葬品：　銅鏡・剣・玉　　　　馬具・鉄製武器

被葬者：　司祭者的性格　　　　武人的性格　　家族墓　　　　　大王(天皇)？

埴　輪：　円筒埴輪
　　　　　形象埴輪(家形・器財)　形象埴輪(人物・動物)

その他：　　　　　葺石・濠　　　　　　石人・石馬　装飾古墳

■時期区分と形態

まず，時期区分。

> （出現期）➡ 前期 ➡ 中期 ➡ 後期 ➡ （終末期）

前期の最初，**箸墓古墳**など3世紀後半の段階を「**出現期**」。さらに，後期の次の7世紀を「**終末期**」と呼ぶこともあります。

形，デザインは前方後円墳が中心ですが，前期だと東日本には**前方後方墳**（こうほうふん）も多い。数からいけば6世紀に爆発的に増加する**円墳**が一番多い。他に，方墳，**八角墳**など。

■埋葬部分

次に，古墳の埋葬部分の構造。ここは，入試では頻出！

▼竪穴式石室

タテ方向

葺石で覆われている

前方後円墳

▼横穴式石室（大陸系）

追葬が可能

玄室

ヨコ方向

円墳

とくに，遺体を安置する石室の構造は完全に理解しておいてください。

前期・中期の竪穴式石室は「個人」を埋葬するためのものですが，これに対して6世紀にメインとなる横穴式石室はワンルームマンションのようなものです。

例えば，お父さんが死んで息子たちが円墳を築き，遺体を石棺に納めて「玄室」に安置したとする。その何年後かに，その妻，お母さんが死ぬと，息子たちは，閉塞石と呼ばれる，玄室を封鎖してあった石を外したりして，玄室のお父さんの石棺の横にお母さんの石棺を安置する。よく，「追葬が可能」と表現します。

要するに，原則として1回きりの，個人のための竪穴式石室と違って，**追加して葬る**ことができるということです。

◀石舞台古墳（奈良県）
巨大な石を用いた横穴式石室が露出している。蘇我馬子の墓と伝えられる。実際，その可能性も高いとされている。

そこで横穴式石室をともなうこのような円墳などを「家族墓」などと呼ぶ場合もあります。蘇我馬子の墓だという伝承のある石舞台古墳は，巨大な横穴

式石室が露出したものとして有名です。遺体を安置するところを「玄室」, 通路にあたる部分を「羨道」と言います。

▼横穴式石室

封土

羨道　　石棺

前方後円墳	⟺	円墳
竪穴式石室		横穴式石室
（個人墓）		（家族墓）

■副葬品

副葬品とは, 遺体に「副えて葬る品物」。死者が生前大事にしていたものを一緒に葬る。古墳時代に限ったことではないでしょう。

この副葬品については, 前期は, 鏡・剣・玉といった宗教色の濃いもの。被葬者の宗教的な権威, 祭祀に関わるものと言われています。

銅鏡では三角縁神獣鏡が近畿を中心に広く分布しています。卑弥呼の遣使に対して, 魏の皇帝が「銅鏡」を与えたという記事が「魏志」倭人伝にあり, 三角縁神獣鏡がこれにあたるという説があります。もちろん異論もあるんですが。卑弥呼に与えられたものではないにしても, その分布は**ヤマト政権の成立**を示していることは間違いないでしょう。

次に, **中期は巨大前方後円墳**が象徴する強大な権力者にふさわしい**馬具**や**鉄製武器**, 金銀の豪華な装飾品の相違にまず注目しておくこと。**世俗的・軍事的**な印象の強いものに代わっていきます。高句麗の「広開土王（好太王）碑文」によれば, ヤマト政権の軍隊が朝鮮半島で戦っているのですが（p.61）, その戦闘を通して**騎馬の習慣**が取り入れられたらしい。そこで, 副葬品に「**馬具**」が現れるんです。騎馬の習慣が大陸・朝鮮半島から伝わった。いいですね。

そして, 後期になると, **小型の円墳**が中心となり, **横穴式石室**が発達しますが, 副葬品は死後の生活に関わるような日常的なもの, 大量の土器などが中心になります。

■葺石・埴輪

　今では小さな森のようになっている古墳がほとんどですが，造られたとき
は，表面を小さな石で覆ってあります。この石を「葺石」と呼びます。

◀**五色塚古墳（兵庫県）**
神戸市垂水区にある復原された前方後円墳
（中期）。写真はその方部から円部を見たとこ
ろ。全長194m。円筒埴輪が並び，葺石でお
おわれているのがよくわかる。

　円部の頂上に並んでいるのは土製の焼き物ですが，何と言いますか？漢字
で書いてみましょう。

　　　「はにわ」でしょ。　　**植輪**（×）　　**埴輪**（○）

　「はにわ」ですね。ただし，漢字の「輪」に注意。「輪」は×。あと「植」，キヘ
ンじゃなくてツチヘン，「埴」。

■埴輪の種類

〈弥生時代・吉備地方〉

　　特殊器台形土器　　➡　　円筒埴輪

　　　　　　　　　　　　　　形象埴輪…家形埴輪・器財埴輪

　　　　　　　　　　　　　　動物埴輪・人物埴輪

　円筒埴輪は弥生時代の終末期に「吉備地方」（岡山県から広島県東部）に現れ
た特殊器台形土器から生まれたもので，単純な円筒形のものと口縁部が大き
く広がる朝顔形埴輪があります。まあ，ここまで暗記する必要はありません

が。大事なのは，**円筒埴輪**と**形象 埴輪**の区別です。

▲特殊器台　▲円筒埴輪　▲家形埴輪　▲人物埴輪

形象埴輪には，住居や倉庫をかたどった**家形埴輪**，盾，甲冑などの武器・武具などの道具をかたどった**器財埴輪**，そして，馬，犬，猪，鶏，水鳥などの**動物埴輪**，巫女（女性の宗教者），武人などを表した**人物埴輪**などの区別があります。

4世紀には，家形・器財埴輪が主体ですが，5〜6世紀には動物・人物埴輪が発達します。

ついでに，「周濠」。46ページの**大仙陵古墳**の航空写真などで確認しておきましょう。古墳の周囲にめぐらされた濠（**周濠**）があるね。

■主要な古墳

さて，次が悩みの種だ。具体的に個々の古墳をどこまで覚えるか？

まず，**前期**で絶対に落とせないのが，

　◎**箸墓古墳**（奈良県）…出現期最大（級）の前方後円墳

これはまさに焦点。ついでに，三角縁神獣鏡がまとまって副葬されている奈良県の**黒塚古墳**や京都府の**椿井大塚山古墳**。

次に**中期**の巨大前方後円墳。これは有名だから，細かいところまでしっかり覚えておくこと。

Q 5世紀に築かれた世界最大の平面積を持つ古墳は？

 大仙陵古墳。

OK！ **大阪府堺市の大仙陵古墳**（伝 **仁徳天皇陵** 古墳）です。墳丘の長さはなんと“486m”。箸墓古墳は“280m”。それを遥かに上回る。

　墳墓の規模からいくと，1〜46位までが前方後円墳ですが，そのほとんどは大阪府と奈良県に集中しています。古墳が集中している古墳群で覚えておかなければならないのは，大阪府 **堺市の百舌鳥古墳群**と**羽曳野市の古市古墳群**。

　百舌鳥古墳群の「**盟主**」，要するにその中心が，平面積では No.1 の大仙陵古墳（伝 仁徳天皇陵）。

　古市古墳群のメイン，盟主が，No.2 の誉田御廟山古墳（伝 **応神天皇陵** 古墳）です。

　以上２つは奈良県じゃないよ。**大阪府**，「**河内**」です。同じ大阪府でも，

◎「**堺市**」ときたら，

➡「**百舌鳥古墳群**」の中の「**大仙陵古墳**」‼

◎「**羽曳野市**」ときたら，

➡「**古市古墳群**」の中の「**誉田御廟山古墳**」‼

と明確に区別できるようにしておく。そして難関大で問われることが多いのが**第４位**の造山古墳です。

◎造山古墳（岡山県）…全国**第４位**の規模をもつ。

大阪府	堺市……百舌鳥古墳群	大仙陵古墳 （伝 仁徳天皇陵）	全国第１位
	羽曳野…古市古墳群	誉田御廟山古墳 （伝 応神天皇陵）	全国第２位
岡山県	……………………	造山古墳	全国第４位

　それから，第４回に出てくる埼玉県の**稲荷山古墳**と熊本県の**江田船山古墳**は，**金石文**が有名ですが，古墳そのものとして覚えることはありません。

　近畿，岡山の他にも，大型の前方後円墳が集中する地域としては，群馬県

（上毛野）・京都府北部（丹後）・宮崎県（日向）などがあります。これらの地域
の支配者，豪族は**ヤマト政権**という豪族連合政権の有力者だったと推定され
ます。

■ 後 期

さて次，6世紀になると「**後期**」。**竪穴式石室**に代わって，朝鮮半島と共通
の**横穴式石室**が一般化し，**副葬品**も葬送儀礼にともなう多量の土器が中心と
なり，**埴輪**も人物・動物埴輪が多くなる。そして何よりも小型の円墳・横穴
などが爆発的に増加します。支配者たちだけではなく，**有力農民も古墳を
営むようになった。**
　群集墳とくれば，

群集墳 ➡ 有力農民の墓

ですよ。
　具体例として入試で問われるのは，**奈良県橿原市**の**新沢千塚古墳群**。約
500基も集中している。それと，**和歌山県**の**岩橋千塚古墳群**。また，横穴
が蜂の巣のように山の斜面に広がっている，**埼玉県**の**吉見百穴**も有名です。
　前方後円墳も造られていますが，大型のものは近畿中央部だけ，地方では
造られなくなっていきます。

◀**吉見百穴（埼玉県）**
山腹に穴を掘って造った横穴墓。ハチの巣の
ように穴だらけ。

◾石人・石馬

さらに，後期には**地域ごとの差違**がはっきり出てきます。

九州北部の古墳には土製の埴輪ではなく，**石人・石馬**が並べられます。第5回で学習する筑紫の国造磐井の墓とされる**岩戸山古墳**にも石人・石馬が置かれている。

▲石人 　　　　　　　　　　▲石馬

◾装飾古墳

また，九州各地や茨城県，福島県では**装飾古墳**が営まれます。**石室内部に線刻や彩色の壁画**が描かれる。福岡県の**竹原古墳石室壁画**などが教科書にも紹介されています。

◾終末期と八角墳

次に7世紀。「**終末期**」。7世紀は**ヤマト政権**が律令国家に転換していく時期です。

終末期の古墳の特徴。ここは，過去問がほとんどない部分です。これから出題例が増えてきそうなところだから注意してください。

まず，7世紀初頭には地方有力豪族は**前方後円墳**を造営しなくなります。そして，**東国の首長層**（「国造」など）は大型の**方墳・円墳**を造営するようになります。難関私大受験者なら，終末期最大級の**千葉県**の**龍角寺岩屋古墳（方墳）**や栃木県の**壬生車塚古墳（円墳）**を覚えておきましょう。

そして，7世紀中ごろには**大王の墓として八角墳**が登場します。

墳丘の平面が八角形を積み重ねた，独特の形

▲八角墳

態の墳墓です。大王（天皇）だけに許された墓です。八角墳を造営することによって「大王が一般豪族層を超越した存在であることを墳墓の上でも示そうとしたものであろう」と教科書などは位置づけています。

　豪族による連合政権として出発した**ヤマト政権**は，5世紀には**大王**の地位，支配力が強化され，巨大な**前方後円墳**がそれを示した。そして，6世紀以降，地方豪族による前方後円墳の造営を制限，あるいは禁止し，やがて7世紀になり，大王（天皇）の支配者の地位が確立したのでしょう。

　最後に，主要な古墳の位置を地図で見ておきましょう。

覚えておくおもな古墳

壬生車塚古墳

稲荷山古墳

椿井大塚山古墳

造山古墳

吉見百穴

龍角寺岩屋古墳

〈畿内〉

岩戸山古墳

箸墓古墳

石舞台古墳

新沢千塚古墳群

誉田御廟山古墳（応神陵古墳）

大仙陵古墳（仁徳陵古墳）

岩橋千塚古墳群

江田船山古墳

　はい，お疲れさまでした。

第4回

古代 (4)

ヤマト政権と古墳文化

　ヤマト政権の政治・経済，そしてこの時代の社会について学習します。第3回と同じ時代です。今回は文字史料中心に見ていきます。

ヤマト政権と古墳文化

古墳文化： **4世紀(前期)**　　**5世紀(中期)**　　**6世紀(後期)**　　**7世紀(終末期)**

　　　　　ヤマト政権の成立　応神朝・倭の五王　継体・欽明天皇　推古天皇

史　料：　（謎の4世紀）→　『宋書』倭国伝→　　磐井の乱

　　　　　(高句麗)広開土王碑文　稲荷山鉄剣銘　　仏教公伝

　東アジアの中でのヤマト政権の歴史です。

　略地図で東アジアの状況を確認しておきます。**高句麗**（こうくり）に注目！

▲ 3世紀の東アジア

▲ 4〜5世紀の東アジア

■ 4世紀の東アジア

　地図をよく見てください。左は3世紀，卑弥呼の時代。右はヤマト政権の成立した4世紀。どこが，どう変わってますか？

 中国も朝鮮半島も，国の名前がぜんぶ変わってる！ ナニ，これ？

　そうだね。3世紀の中国は魏・呉・蜀の三国時代。晋が統一に成功しますが，4世紀の初めには北方の匈奴の侵入を防げず，南に逃げ出す。中国北部（華北）は「五胡十六国」と呼ばれる混乱期です。ここは覚えてるね。

　周辺地域も弱肉強食の激動期。そのような状況のなかで国家形成が進む。

　そして，4世紀後半から5世紀になると，南北朝時代になります。北に北魏，南に宋（南宋）ですね。

　日本列島ではヤマト政権が成立し，朝鮮半島では百済・新羅が登場します。

東アジアの変化

　① 高句麗の強大化

　② 馬韓　➡　百済　　　　ばかん → くだら

　③ 辰韓　➡　新羅　　　　しんかん → しらぎ

　④ 弁韓　➡　加耶（加羅）　「任那」（日本書紀）　＊鉄資源の供給地

　ただし，4世紀になっても変わっていないところもありますね。どこ？

　……高句麗が同じ？ というか，高句麗は領土が広くなってる。

　そう。そこがポイントです。

高句麗が強大化。領土を拡大してる。高句麗は313年に楽浪郡を滅ぼし，領土を朝鮮半島北部に拡大していますね。

　そして，朝鮮半島の南部に百済・新羅が登場してくる。緩い小国連合が形成されていた「馬韓」地域から百済。辰韓では新羅という国家が成立。まず，百済・新羅から覚えてしまう。

> 「ばかんからくだら」「しんかんからしらぎ」
> 「ばかんからくだら」「しんかんからしらぎ」
> 「ばかんからくだら」「しんかんからしらぎ」

と，繰り返し，声を出して覚えていく。

　そして，焦点は「弁韓」です。弁韓では国家形成が進まない。4世紀には，この地域は加耶（加羅）などと呼ばれるようになっています。8世紀に書かれた『日本書紀』ではこのあたりを「任那」と呼んでいます。ヤマト政権の支配が及んでいる地域です。しかし，この地域でははっきりした国家が成立していない。

　大事なのは，この地域（加耶・任那）は鉄資源の供給地であったことです。ヤマト政権はこのあたりを抑えて鉄を導入したんでしょう。大王はその鉄の力を背景に全国政権をまとめあげたのでしょう。

■広開土王碑の碑文

　ところが，4世紀後半以降，**高句麗が南下**してくる。百済や新羅は圧迫され，加耶に領土を広げようとする。そのような状況のなかでヤマト政権が軍隊を朝鮮半島に送り，高句麗と戦ったらしい。それを示すのが**広開土王碑（好太王碑）**の碑文で，文字史料がほとんどない4世紀を知る上での貴重な史料です。

　この石碑は**高句麗のかつての首都，丸都の近郊（現在の中国の吉林省）の広開土王の墓地に，その子の長寿王によって建てられたものです。

　その高句麗最盛期の王である広開土王（好太王）の墓の入口に建っている，石で作った大きな碑に文章が刻まれているんです。

4-(1)　朝鮮半島への出兵 / 高句麗広開土王碑文

百残(ひゃくざん)，新羅(しんら)は，旧(もと)これ属民(ぞくみん)にして，由来朝貢(ゆらいちょうこう)す。而(しか)るに倭(わ)，

百済や新羅は，もとは高句麗の支配下にあって，朝貢してきていた。ところが

辛卯(しんぼう)の年(とし)を以(もっ)て，来(きた)りて海(うみ)を渡(わた)り，百残(ひゃくざん)□□□羅(ら)を破(やぶ)り以(もっ)て

391年，倭が海を渡って半島に攻め込み，　百済などを支配下においてしまった。

臣民(しんみん)と為(な)す。……

「百残，新羅は，旧これ属民にして，由来朝貢す」——「百残」は**百済**のことでしょう。**百済や新羅は高句麗の支配下**にあり，朝貢して来ていた。ところが，「倭，辛卯の年を以て」——この辛卯の年は，西暦ではたぶん**391年**，ヤマト政権の軍が海を渡って攻めてきて，百済あたりを軍事的に制圧して子分にした。つづいて，

4-(2)　ヤマト政権軍の敗北 / 高句麗広開土王碑文

九年己亥(きがい)，百残誓(ひゃくざんちかい)に違(たが)ひ，倭(わ)と和通(わつう)す。……十四年甲辰(こうしん)，

己亥の年には百済は倭と手を結び，　　　　　　14年には倭の軍隊は

倭不軌(わふき)にして帯方界(たいほうかい)に侵入(しんにゅう)す。……倭寇潰敗(わこうかいはい)，斬殺(ざんさつ)無数(むすう)なり。

帯方まで侵入してきた。　　　　　　（しかし，広開土王に）倭の侵略軍は敗北し，
　　　　　　　　　　　　　　　　　多くの死者を出したのだ。

そして，百済は倭と結び，ついに「**帯方**」のあたりまで攻め込んで来た。しかし，高句麗の広開土王という大英雄は，侵入してきた日本軍，ヤマト政権軍をやっつけて，高句麗の独立を守った。「倭寇潰敗」——倭寇というのは日本の侵略という意味ですから，これを打破した広開土王は偉かったということです。

考えてみれば変な話だね。日本国内では何が起こったかは文字史料ではわ

からないんだけれど，いまの中国に碑が立っていて，**ヤマト政権の軍が攻め**てきたことが記録されているわけですからね。

この碑文は，以前，「ひょっとしたら，日本の陸軍などによって語句が変えられているんじゃないか？」という意見がありましたが，現在ではそのような**作為はなかった**ということになっています。そこで，

> ３９１
> 「**作為(さくい)**はなかった広開土王碑文」
>
> ≫ → 391 年，広開土王碑文

ところで，このように金属とか石に文字を書き込む——一番わかりやすいのでいうと，お墓。「〜家の墓」なんて書いてある，あの墓石の文字のように，石に刻んだり，金属に埋め込んだりした文字史料を**金石文**といいます。

■ヤマト政権の発展（５世紀）

５世紀に入ると，ふたたび中国に安定した王朝が生まれます。ただ，統一国家にはならない。南北に分かれて，**南には宋という王朝**が現れます。その宋の歴史書『宋書』が手がかりになります。正史である『宋書』にヤマト政権の**大王**が**朝貢**したという記事が出てくるんです。**南朝の宋（南宋）**に遣使した。北朝じゃないですよ。だから，５世紀になると，中国の正史から**ふたたび文字で日本の歴史がわかる。**『宋書』を編纂したのは**沈約**という人物です。

その『宋書』に登場するのが，いわゆる「**倭の五王**」。倭の５人の王様です。ここは，単純に丸暗記からいこう。5，6 回，口に出して唱えてみよう。

◎**倭の五王**……**讃・珍・済・興・武**

「さん・ちん・せい・こう・ぶ」
「さん・ちん・せい・こう・ぶ」
「さん・ちん・せい・こう・ぶ」

全部 1 文字です。讃と珍と済がだれかとか，興はだれかとか，いろいろ説がありますが，有名なのは 5 番目の武です。倭王武。中国風の「諡号」で雄

略
<ruby>略<rt>りゃく</rt></ruby>天皇と呼ばれるのが，この「武」にあたると考えられています。「雄略天皇」というのは死後，8世紀になってからおくられた名で，実名は**<ruby>大泊瀬幼武<rt>おおはつせのわかたけ</rt></ruby>**といいます。

　それでは，倭の五王のほかの大王たちはどうか。『<ruby>日本書紀<rt>にほんしょき</rt></ruby>』あるいは『<ruby>古事記<rt>こじき</rt></ruby>』に記されたどの天皇に該当するか，いろいろと推定されていますが，済と興については，それぞれ，<ruby>允恭<rt>いんぎょう</rt></ruby>・<ruby>安康<rt>あんこう</rt></ruby>という2人の天皇だろうということはほぼ確実だとされています。

　それでは，その『<ruby>宋書<rt>そうじょ</rt></ruby>』<ruby>倭国伝<rt>わこくでん</rt></ruby>を見てみましょう。

🔍 史料

5-(1)　倭王武（雄略天皇）/『宋書』倭国伝

<ruby>興死<rt>こうし</rt></ruby>して <ruby>弟<rt>おとうと</rt></ruby> <ruby>武<rt>ぶ</rt></ruby><ruby>立<rt>た</rt></ruby>ち，<ruby>自<rt>みずか</rt></ruby>ら <ruby>使持節都督倭<rt>しじせつととくわ</rt></ruby>・<ruby>百済<rt>くだら</rt></ruby>・<ruby>新羅<rt>しらぎ</rt></ruby>・<ruby>任那<rt>みまな</rt></ruby>・

安康天皇が死んで，弟の雄略天皇が位についた。雄略は自分を…………と名乗った。

<ruby>加羅<rt>から</rt></ruby>・<ruby>秦韓<rt>しんかん</rt></ruby>・<ruby>慕韓七国諸軍事<rt>ぼかんしちこくしょぐんじ</rt></ruby>・<ruby>安東大将軍<rt>あんとんだいしょうぐん</rt></ruby>・<ruby>倭国王<rt>わこくおう</rt></ruby>と称す。

■倭王武（雄略天皇）の事跡

興＝安康天皇が死んで、「弟」の武＝雄略天皇が大王となった。そして武は自ら、自称だね、自分のことをこう呼んだ。「使持節都督倭・百済・新羅・任那・加羅・秦韓・慕韓七国諸軍事・安東大将軍・倭国王」。これはこれから1週間、毎日、朝起きたら、口に出して唱える。

使持節都督倭・百済・新羅・任那・加羅・秦韓・慕韓七国諸軍事・安東大将軍・倭国王

「しじせつととく・わ・くだら・しらぎ・みまな・から・しんかん・ほかん・しちこくしょぐんじ・あんとんだいしょうぐん・わこくおう」

「使持節都督」、「安東大将軍」などは、地域的、軍事的な権限にかかわるものと考えておいてください。また、「倭」はもちろん地域的名称ですが、他は朝鮮半島の南の方の地名を全部あげていると考えておけばOK。細かいことはわかりませんから気にしない。雄略天皇は、**ともかくこの地域は全部、自分の支配が及んでいると主張した**ということです。

5-(2)　武の遣使／『宋書』倭国伝

順帝の昇明二年、使を遣はして表を上る。曰く「封国は偏遠
順帝の478年、（武は）使者を送ってきて上表した。　　その上表文にはこう

にして、藩を外に作す。　　　　　　昔より祖禰躬ら甲冑を
書いてあった。私の支配する国は遠いところにあります。かつて、私の先祖は自ら武装

擐き山川を跋渉し、寧処に遑あらず。　東は毛人を征すること
して、山や川を越え、　ゆっくり休むこともなく、東の方の毛人の国、

五十五国、西は衆夷を服すること六十六国、渡りて海北を平ぐること
55か国を、　西では衆夷たちの66か国を、　さらに海を渡って、北の方、

九十五国。……」。
朝鮮半島の95か国（を平定しました）。

◣倭王武の上表文——ヤマト政権確立！

　倭王武は，宋の順帝の昇明二年（478年），朝貢の使を遣わしてきた。そのときに宋の皇帝順帝に対する倭王武，雄略天皇の手紙が，この「上表文」です。下から上にものを言うときに「上表する」といいます。

　「曰く」——そこにはこう書いてあった。

　私の国は中国から遠い辺鄙な田舎にあって，国を作っております。私の先祖は，自ら武装し，山や川を乗り越えて，ゆっくり休むひまもなく，「東は毛人」——東日本の毛人と呼ばれる連中を征服し，55国を支配下においた。「西は衆夷を服すること六十六国」——西の方は66の国を平定した。さらに朝鮮半島に渡ったんだ。「渡りて海北」——さっきやった朝鮮半島の南部の「平ぐること九十五国」——95国を平定した。

　いかに自分の先祖以来の**ヤマト政権の国家統一**が大変で，そしてこの地域を征服していったかということが述べられている。すなわちこの『宋書』倭国伝が5世紀になってはじめてヤマト政権の成立の様子を直接示した史料ということになります。いいですね。

5-(3)　武の称号／『宋書』倭国伝

　　詔して，武を使持節都督倭・新羅・任那・加羅・秦韓・

　　（そこで順帝は）詔を発して，武＝雄略天皇に…………という地位を与えた。

慕韓六国諸軍事・安東大将軍・倭王に除す。

　そこで，宋の順帝は，雄略天皇，武に対してこのような称号を認めて与えてくれたんです。

　　「使持節都督倭・新羅・任那・加羅・秦韓・慕韓六国諸軍事・安東大将軍・倭王」

　ここで，史料の一番はじめのくだりと比較してみると……（p.64），

　　「使持節都督倭・百済・新羅・任那・加羅・秦韓・慕韓七国諸軍事・安

東大将軍・倭国王」

「七国諸軍事・安東大将軍・倭国王」が「六国諸軍事・安東大将軍・倭王」となってる。つまり，「七国」が「六国」に，また，「倭国王」も「倭王」となっています。**6国に減ったのは百済が抜けているから**なんだ。そこでメモしなさい。

$$7 - 6 = 百済$$

さてそこで，なぜ「百済」が入っていないかが問題です。それは，**百済はすでに宋に朝貢し，国として認められていたから**です。

■ワカタケル大王

さて，この「武」という名は『宋書』での呼び名です。「大泊瀬幼武（おおはつせのわかたけ）」，「ワカタケル大王」，後に「雄略天皇」と呼ばれる大王（天皇）ですが，この「**ワカタケル大王**」という名のほうは**金石文**で確認されています。

これは有名だから知っている？

埼玉県の稲荷山古墳鉄剣銘。たいていの教科書に写真版がのってます。もう１つ，**熊本県**の江田船山古墳鉄刀銘。ここにも「ワカタケル」と読める部分があります。発見されたのは**江田船山古墳鉄刀銘**のほうが早くて，明治時代の初め。**稲荷山古墳鉄剣銘**が確認されたのは昭和50年代のことです。

細かく言うと，稲荷山のほうは「鉄**剣**」で江田船山古墳の方は「鉄**刀**」。剣は両刃，刀は片刃。そこに埋め込まれた文字は，稲荷山古墳鉄剣銘は**金**でつくった文字（**金象眼**）。江田船山古墳鉄刀銘は**銀**でつくった文字（**銀象眼**）です。

まず，江田船山古墳鉄刀銘から。

🔍 史料

6　ワカタケル大王（1）/ 江田船山古墳出土鉄刀銘

天の下治しめす獲□□□鹵大王の世……三寸の好き□刀を上る。

天下を治めていたワ（カタケ）ルの大王の時，　　　三寸の好い刀を作った。

「天の下治しめす獲□□□鹵大王」と読むんだろうと言われています。「□□

□」の部分，一番大事なところが欠けてしまっているので，実はこれは長い間読めなかったんです。これが「獲加多支鹵（わかたける）」と読めるようになったのは，稲荷山古墳鉄剣銘が発見されてからのことです。

　稲荷山のほうは全部で115文字もあるので，ポイントとなる部分だけ確認しておきます。

🔍📢 史料

7　ワカタケル大王（2）/ 稲荷山古墳出土鉄剣銘

(表)辛亥（しんがい）の年（とし）七月中（がつちゅう），記す（しる）。乎獲居臣（おわけのおみ），……
471年7月これを記す。　　　　　(私)オワケノオミは……

(裏)……世々（よよ），杖刀人（じゅとうにん）の首（おびと）と為（な）り，奉事（ほうじ）し来（きた）りて今（いま）に至（いた）る。
先祖以来，大王に奉仕する杖刀人の代表をつとめて現在に至っている。

獲加多支鹵（わかたけるのおおきみ）大王の寺（てら），斯鬼宮（しきのみや）に在（あ）る時（とき），吾（われ），天下（てんか）を左治（さじ）し，
ワカタケル大王の寺が斯鬼宮にあった時，　　　　私も大王の統治を助けた。

此（こ）の百錬（ひゃくれん）の利刀（りとう）を作（つく）らしめ，吾が奉事（ほうじ）の根原（こんげん）を記す（しる）也（なり）。
(その記念に)この百錬の利刀を作製し，自分の業績を文字で残すこととした。

　この鉄剣は「**辛亥の年**」，西暦471年に，「**乎獲居臣**」（オワケのオミ）が作った。──そこでこの史料を「**辛亥の鉄剣銘**」といいます。「辛卯の年を以て」は広開土王碑文だよ。ちょっとややこしい。干支（かんし）をしっかり確認する。

　辛亥の年は西暦で471年ですよ。剣道のけいこのときに使う，竹で作った竹刀（しない）って知ってる？　あれじゃなくて鉄剣なんです。ということにして，

471
「竹刀（**しない**）じゃないよ，鉄剣だよ」

ゴロ合わ 》》》　➡ **471年，辛亥の鉄剣銘**

　5世紀後半。いまの関東地方の豪族が自分の墓に副葬（ふくそう）された記念品の剣に，金で文字を埋めこんだということです。そして代々，「**杖刀人（じゅとうにん）の首（おびと）と為（な）り**」

――たぶんオワケの臣（おみ）の先祖たちは大王の護衛隊（こえいたい）の隊長のような任務（にんむ）を果た（は）してきたと言ってるんでしょう。

　そして，「獲加多支鹵」，ワカタケル大王のときに，「吾」＝オワケの臣はワカタケル大王を助けてがんばった。そこでその功績（こうせき）を記念してこの「刀」を作らせたのだというわけです。そこで，江田船山（えたふなやま）のほうも「ワカタケル」と読めるということになったわけです。いいですね。

　というわけで，熊本県と埼玉県，**九州から関東にまで「武」＝雄略天皇，ヤマト政権の勢力が及んでいた**ことが，その地域の有力者の残した金石文によってわかるというわけです。そして，そこに登場するのが中国の正史『宋書』にくわしく記された武である。その意味で，これは古代史の画期的な人物とその史料ということになります。

　さらに，文化史的にいうと，**漢字を使って人名や地名が表記された実例**としても貴重なものということになります。

　5世紀は世界的に見ても巨大な墓，前方後円墳が築かれた時期。『宋書』倭国伝に出てくる，「武」の積極的な軍事活動。「東は毛人……，西は衆夷……海北を平ぐる」という部分ですよ。そこで，この時期から6世紀にかけて，ヤマト政権は「各地の豪族が**連合**」したものから「大王を中心とした近畿地方の勢力に各地の豪族が**服属**する」形に転換したと考えられます。

　当然，入試でここを問わない大学はない！

武＝ワカタケル大王＝大泊瀬幼武＝雄略天皇

| ┌熊本県 | 江田船山古墳鉄刀銘 | 銀象眼 | 獲□□□鹵大王 |
| └埼玉県 | 稲荷山古墳鉄剣銘 | 金象眼 | 獲加多支鹵大王 |

乎獲居（オワケ）「辛亥年」「杖刀人」
斯鬼宮（しきのみや）　　　471

さて，**ヤマト政権**というのは一体どういうシステムの国家だったんだろうか。

一般的にヤマト政権の国家的な構造を支える政治的・社会的なシステムを**氏姓制度**と呼んでいます。

氏というのは**血縁的な集団**です。氏の代表者，トップを「**氏上**」，血縁関係者を「**氏人**」と呼びます。もっとも，「氏上」という言葉で明確に出てくるのは7世紀の後半です。

大事なのは，**大王**(天皇)はこの「氏」に対して「**姓**」を与えていったというところ。氏に対して姓，そこで**氏姓制度**と呼ぶわけです。氏の名には，「**蘇我**」とか「**中臣**」といった名前があるのですが，その「氏」に対して大王(天皇)が「姓」を与えていく。代表的な**姓**だけは覚えておこう。

中央，畿内の有力豪族のうち，その**支配地の地名**(葛城・蘇我など)を氏の名としている，要するに，葛城氏・蘇我氏などには「**臣**」。同じく，中央の有力豪族でも，大王に奉仕する，その**職掌**，軍事で奉仕する物部氏，祭祀で奉仕する中臣氏などには「**連**」の姓が与えられた。

地方豪族はもっと大雑把で，とくに有力な氏には「**君**」，一般的な氏には「**直**」。

〈中央〉 (地名) 葛城・平群・蘇我 … 臣 ➡ (代表) 大臣
　　　　 (職掌) 大伴・物部・中臣 … 連 ➡ (代表) 大連

〈地方〉 (有力) 君
　　　　 (一般) 直

いいですか。「**中臣**」は祭祀で大王を支えた有力豪族ですから，「**中臣 連**」。中臣の「臣」にひっぱられて中臣氏の姓を「臣」だと思ってはいけない。

■大臣・大連

「臣」姓を与えられた有力豪族の中の代表者が大臣，「連」姓の代表者が大連で，ともに大王を補佐する。「ともに」というのは「いっしょに」という意味ですよ。大臣と大連に上下関係はありません。

■伴造・品部

次に，大王に奉仕する人間集団を「伴」とか「部」などと呼びます。まとめて「品部」とも言います。さまざまなタイプの部がありますが，この部を率いて大王に奉仕するのが伴造です。代表的なものとしては，ヤマト政権によって組織された，渡来系の技術者集団があります。

からかぬちべ…鉄器の生産	➡	韓鍛冶部
すえつくりべ…須恵器の生産	➡	陶作部
にしごりべ……高級絹織物の生産	➡	錦織部

○冶 ×治

ニスイに注意！

これはしっかり覚える。読み方から，声をだして。

「からかぬちべ」「すえつくりべ」「にしごりべ」
「からかぬちべ」「すえつくりべ」「にしごりべ」
「からかぬちべ」「すえつくりべ」「にしごりべ」

韓鍛冶部の「冶」。「治」ではない，冫（にすい）ですよ。

■経済基盤

次，氏姓制度を支えた経済的な体制。大王も，中央・地方の豪族も，おのおのが土地とそこに住んでる人間をそれぞれ支配しているんです。

	〈土地〉	〈人〉
大王（ヤマト政権）…	屯倉	名代・子代
有力豪族 …………	田荘	部曲

有力豪族の私有地が「田荘」，私有民が「部曲」。また，氏や氏を構成する家に所有された「ヤツコ（奴婢）」と呼ばれる奴隷的な人びともいました。

ヤマト政権の直轄地は「屯倉」，ここを耕作した人びとは**田部**と呼ばれます。同じく，大王（ヤマト政権）が各地に設定していった**直轄民**は**名代・子代**と呼ばれます。ただし，このような語が現れるのは6世紀以降のことです。次回，学習する**磐井の乱**の後，九州北部に初めて屯倉が設定されています。

■ 国 造

屯倉の管理を任された地方豪族が与えられた称号が**国 造**です。国造は屯倉を管理するだけでなく，特産物を貢ぎ物として大王に納入したり，さらにはその息子や娘を「**舎人**」・「**采女**」としてヤマトの大王のもとに出仕させたりしました。もちろん，大王の軍事活動にも従うようになっていきます。

国造の役割はヤマト政権だけでなく，律令体制にもかかわるものなので，しっかり理解しておく必要がありますから，ちょっとまとめておきましょう。暗記しようとしなくてもイイけど，復習のときにも必ず見ておいてください。

国 造

① 地方支配（自己の支配地）をヤマト政権から認められる。

② 屯倉や名代・子代の管理。

③ （大王のもとに）舎人・采女を出仕させる。

④ 地方の特産物を「貢進」する。

⑤ （大王の）軍事活動に参加。

■ 渡来人と文字の受容

さて，ここで，古墳時代の文化，社会などをチェックしておきましょう。

まずは，先ほど出てきた韓鍛冶部（からかぬちべ）ほか，先進技術などをもたらした渡来人（とらいじん）の役割。そして，文字の受容（じゅよう）とその使用が始まったことから。

4世紀（369年）に百済王から倭王に贈られた「石上神宮七支刀（いそのかみじんぐうしちしとう）」という特殊な形をした刀には漢文が記されています。金象眼です。また，『宋書』倭国伝に見える倭王武の上表文（p.66）などは，大王のもとで文章を扱った渡来人が書いたものでしょう。

しかし，5世紀に稲荷山古墳出土鉄剣銘（p.68）のように，漢字の音を借りて日本の人名や地名を表記することも始まります。

そこで，まずは漢字。文字を伝えたとされる渡来人を覚えてください。

┌ 西文氏…かわちのふみうじ
└ 東漢氏…やまとのあやうじ

読み方を聞いてきますからね。まずこの区別をつける。ヤマト政権，大王の根拠地は，律令制でいう大和（やまと）・河内（かわち）あたりです。

▲七支刀

河内は大和に対して西側にあたるね。大和は東側です。だから大和と河内の地理上の位置関係を覚えておいて，「東」側を大和と読んで，**東 漢氏**，「西」側は **西 文氏** となる。

渡来人の祖（応神朝）

┌ 西文氏：王仁………『論語』『千字文』をもたらしたという。
└ 東漢氏：阿知使主
　　秦　氏：弓月君…… 古代の有力氏族。

　ついでに，古代の有力氏族となる秦氏の祖，「弓月君」もいっしょに覚えておきましょう。

　それから，**文字使用の例**として「**隅田八幡神社人物画像 鏡 銘**」（和歌山県）も覚えておこう。「意柴沙加宮」などの文字が確認されます。

文字使用の例

熊本県	➡	江田船山古墳鉄刀銘
埼玉県	➡	稲荷山古墳鉄剣銘　辛亥　乎獲居臣　杖刀人　斯鬼宮
和歌山県	➡	隅田八幡神社人物画像鏡銘　意柴沙加宮

百済で書かれた漢文

| 奈良県 | ➡ | 石上神宮七支刀（銘文） |

■ **仏教伝来**

　次に仏教の伝来。その後の日本の歴史にきわめて大きな影響を与えることは言うまでもありません。

　まず，**仏教公伝**といわれるものですが，百済の聖明王がヤマト政権の大王

（欽明天皇）へ一種のプレゼントとして，仏教そのものを贈ったとされる。これについては，史料が複数あります。

史料

8　仏教公伝 (1)/『上宮聖徳法王帝説』

志癸嶋 天 皇の御世の戊午の年十月十二日，百済国主の明王，
欽明天皇の時代の戊午の年の 10 月 12 日，　　　　　　百済の(聖)明王が

始めて仏像経教並びに僧等を度し奉る。勅して蘇我稲目宿祢大臣
初めて仏像・経典，僧侶を贈ってきた。　　　　天皇は蘇我稲目にこれを託して

に授けて興隆せしむる也。
仏教を興すよう命じた。

■戊午説——538 年

　厩戸王(聖徳太子)の伝記が，『上宮聖徳法王帝説』。
「志癸嶋 天 皇の御世の戊午の年 (538 年)十月十二日，百済国主の明王」，すなわち聖明王が初めて「仏像」と「経教」と「僧」などをプレゼントしてくれた。
　そこで蘇我稲目にこれを預けたんだ。使ってみなさいよといって，お坊さんと仏像と教典という百済から贈られた仏教セットを大王(欽明天皇)は稲目に与え，その受容を託したというわけです。これが『上宮聖徳法王帝説』や『元興寺縁起』による「戊午説」，西暦でいうと 538 年とする説です。
　『元興寺縁起』にも仏教公伝を「戊午」の年としているので，注意しておこう。こちらは，史料本文は覚えなくてもいい。

■壬申説——552 年

　もう 1 つあります。これは 8 世紀にできた『日本書紀』。欽明天皇の十三年(552 年)冬十月，百済の聖明王が「釈迦仏の金銅像一軀，幡蓋若干，経論若干巻を献」ったと。こちらを「壬申説」と呼びます。西暦でいうと 552 年。

9 仏教公伝 (2)/『日本書紀』

（欽明天皇十三年）冬十月，百済の聖明王……釈迦仏の金銅像
> 百済の聖明王が，……釈迦の金剛像 1 体と幡蓋，

一躯，幡蓋 若干，経論若干巻を 献 る。……
> 経典などを献上してきた。

「ゴミは，午後に捨てること」

```
538    552
```

➡ 538 年，552 年，仏教公伝 2 説

ゴロ合わせは，「ゴミは，午後に捨てること」で，戊午説（538 年）・壬申説（552 年）。出典もしっかり覚えておきましょう。もっとも，実際には何年のことか，いろいろな説があり，どちらが正しいというわけにはいきません。

あと，仏教公伝ではなくて，「**仏教私伝**」にも注意。公的な，国家間のルートではなくて，民間レベル，私的に伝わった仏教の例。『扶桑略記』という本に，**司馬達等**（鞍作氏の祖）という渡来人が仏像などを持ってやってきて，私的に仏教信仰を行っていたという記事があるのです。そのような，私的レベルでの仏教の伝来があったことは十分考えられるところでしょう。

仏教公伝と仏教私伝について，黒板にまとめておきました（次ページ）。

■ 儒教

仏教だけではありません。6 世紀には百済から儒教の先生である「五経博士」がやって来る。そして「帝紀」・「旧辞」などの史書も成立したといいます。

- 「**帝紀**」……大王の系譜を記した書物
- 「**旧辞**」……朝廷に伝わる神話・伝承を集めたもの

これらは 8 世紀の『古事記』・『日本書紀』の編纂の材料となった歴史書です

```
┌─────────┐
│ 仏教公伝 │
└─────────┘
        百済の聖明王から欽明天皇へ
       ┌ 戊午説…538 年　『上宮聖徳法王帝説』『元興寺縁起』
       └ 壬申説…552 年　『日本書紀』

┌─────────┐
│ 仏教私伝 │
└─────────┘
        （継体朝）司馬達等（鞍作氏の祖）←鞍作鳥の祖父
        522 年 大和国高市郡坂田原にて仏像を礼拝
              『扶桑略記』（院政期・皇円の著とされる）
```

が，残ってはいません。

■土師器・須恵器

　次に古墳時代の土器。基本は弥生土器の系統の土師器ですが，5 世紀以降，朝鮮半島から須恵器が伝わります。高温で焼かれた陶質の土器です。

　ちょっと，土器の区別を確認しておきます。

```
〈縄文文化〉　　　〈弥生文化〉　　　〈古墳文化〉

黒（黒褐色）　➡　赤（赤褐色）　＝　赤　➡　灰（灰青色）

縄文土器　　➡　弥生土器　➡　土師器

　　　　　　　　　　　　　➡　須恵器
```

　焼くときの温度によってその色も違ってきますので，色と一緒に，単純に，黒（色）→赤（色）→灰（色）と覚えておけばだいじょうぶ。

■住居・生活

　古墳時代の住居ですが，まず，豪族と民衆の分離が明確になります。豪族は**集落から離れた場所**に「環濠」や柵列をめぐらした**居館**を営み，倉庫群が立ち並ぶ。遺跡としては群馬県高崎市の三ッ寺遺跡などがあります。「集落の中心には豪族の居館が……」なんて文章は，×。集落から離れたところですよ。

　民衆が住む，一般的な集落は，「**環濠**」**はともなわない**集落になります。弥生時代のような軍事的な要素は消える。正誤問題で「古墳時代の集落は環濠をめぐらした……」（×）なんてあったら，これも誤文ですよ。

　住居は**竪穴住居**・平地住居，そして**高床倉庫**。このあたりは弥生時代と変わりませんが，竪穴住居には，それまでの炉に代わって「**カマド（竈）**」が置かれるようになります。

　衣服については人物埴輪などがその史料となります。男性は**衣**に**袴**。女性は**衣**に**裳**。

〈縄文・弥生〉炉　➡　〈古墳〉カマド

男性……衣・袴

女性……衣・裳

▲人物（武人）埴輪（男）　▲人物埴輪（女）

■信　仰

　次に信仰。古墳時代からというより，**弥生時代の水稲農耕**にともなって起こったものでしょうが，春に，その年の豊作を願って行う「**祈年の祭**」（祈年祭）。秋には収穫に感謝する「**新嘗の祭**」（新嘗祭）。「新嘗」の「嘗」の字は1回，大きく書いておきましょう。

　また，死とか血とか，汚い話だけど糞尿など，「**穢れ**」，不浄をきらって，

これを除去しようとする禊（みそぎ）・祓（はらえ）なども始まっていたと考えられます。水で穢れを洗い流すのが禊。布などで拭き取るのが祓です。

また，占いや裁判のときに，神の意思を確認しようとすることも始まっていた。「魏志」倭人伝にも出てくる太占の法（p.37）。熱湯に手を入れて，火傷の具合から真偽を判断する盟神探湯。神の判定を仰ぐので，「神判」などと呼ばれるものです。嘘つきだと手がひどい火傷になるんでしょう。

このあたりは，ともかく，まず，読み方を覚えよう。そして，書いて覚える。黒板を写して，それから声を出し，書いてみること。

農耕儀礼

├ 春…きねんさい（としごいのまつり）　➡ 祈年（の）祭
└ 秋…しんじょうさい（にいなめのまつり）　➡ 新嘗（の）祭

穢れの除去

├ 水で洗い流す……………………みそぎ ➡ 禊
└ 布・葉（後には紙）などでぬぐう…はらえ ➡ 祓

占い・神判

├ 鹿の骨を焼いて吉凶を占う…ふとまにのほう ➡ 太占の法
└ 熱湯に手を入れる…………くかたち　➡ 盟神探湯

■ 神　社

さて，あとひと息。ここも試験で差がつくところなので，がんばって！

古代の人たちは，円錐形の整った，美しい形の山や高い樹木，巨大な岩，絶海の孤島などには神が宿ると考えた。そして，やがて重要な神を拝むための施設＝拝殿や，神様の住む建物＝本殿を造るようになったと考えられています。

その古い形が今でも残っているのが，奈良県の**大神神社**や福岡県の**宗像大**

社(神社)です。大神神社は，三輪山を神体＝神そのものとして，本殿は造らず，拝殿のみ。

福岡県の宗像大社は**玄界灘に浮かぶ孤島を沖津宮**としてまつっています。

起源が古く，しかも現在も信仰が続いている大きな神社としては，島根県の**出雲大社**，大阪府の**住吉大社**なども試験で問われることがありますから，県名と神社名をしっかり覚えるようにしておきましょう。地図を使っての出題例もありますから，しっかりチェックしてください。

おもな神社

①大神神社(奈良県桜井市)　②宗像大社(福岡県宗像市)　③出雲大社(島根県出雲市)
④住吉大社(大阪府大阪市)　⑤伊勢神宮(三重県伊勢市)

今回はここまでです。お疲れさまでした。

第5回 古代（5）

飛鳥の朝廷と蘇我氏

いよいよ6世紀。古墳文化でいくと後期から終末期にかけて，という時期ですよ。

継体天皇の擁立，磐井の乱から，欽明天皇のときに，前回やった仏教公伝。そして，589年，隋が中国を統一。久しぶりに中華帝国が現れる。

推古天皇のもとでの蘇我馬子・厩戸王（聖徳太子）による国政改革と遣隋使の派遣までをしっかり学習しましょう。

飛鳥の朝廷と蘇我氏

天皇：	武烈 →	継体天皇 →	欽明天皇 →	敏達・用明・崇峻天皇 →	推古天皇
大臣：			蘇我稲目	蘇我馬子	
大連：		大伴金村	物部尾輿	●物部守屋	
内政・外交：		磐井の乱	仏教公伝	崇峻暗殺　遣隋使	

〈注〉●印は殺害された人物。

主要な天皇は継体・欽明・推古，そして厩戸王を確認してください。

〈注〉丸数字はこの系図内の即位順序。

81

■応神王朝から継体王朝へ

　5世紀は応神天皇の系統の天皇が続きます。応神・仁徳・履中・反正・允恭・安康・雄略から武烈天皇まで，ずっとつながるんですが，武烈であとがつながらなくなります。次の継体天皇は応神天皇の「五世孫」だといいます。ほとんど他人？　男大迹王という人物です。

　継体天皇は，大王になる前は北陸方面にいたらしい。それを大連の大伴金村がかつぎ出し，長い戦争を勝ち抜いて大王の地位についたとされています。

■東アジア情勢の変化

　さて，この時代，朝鮮半島の情勢がキビシくなっています。高句麗が南下し，新羅・百済を圧迫しているんです。

　そこで大伴金村は百済を援助するために，ヤマト政権が支配していたこの地域のうち，地図で斜線が引いてあるあたり，「加耶」西部を百済にあげちゃう。割譲した。「任那四県割譲」と呼ばれる出来事です。

　百済の国力を補強して，朝鮮半島におけるヤマト政権の利権を確保しようとしたんでしょう。

　百済からは，言わば日本との友好関係の印として仏教が伝えられる。あるいは五経博士が送られてくる。

　「五経博士」というのは百済の官職名です。「五経」というのは儒教の大事な教典で，

大伴金村が百済に割譲したという「任那」の4県とされる地域

加耶
（加羅）

▲6世紀の朝鮮半島

の５つを指します。五経博士というのは国立大学の哲学の先生といったところ。その先生が，日本に交代でやって来て儒教を教えた。その最初が513年で，段楊爾という人。仏教伝来と同じパターンです。**新羅・高句麗**に対抗するために，**ヤマト政権**にサービスして，その援助を引き出そうとしたんでしょうね。

■磐井の乱

しかし，新羅の加耶への進出は結局，防げなかった。

ヤマト政権は軍隊を派遣して情勢を何とか回復しよう，新羅をやっつけようと，近江毛野という人物が兵を率いて九州まで行った。そして海を渡って朝鮮へ行こうと思ったら，527年，地元の豪族が反乱を起こしちゃった。

Q ヤマト政権の軍隊の朝鮮半島への進出を阻止した，九州北部の豪族の反乱を何というか？
　　　　　　　　　　　　　　　　　　　——磐井の乱

『日本書紀』によれば，筑紫国造磐井が，あろうことか，**新羅**からワイロをもらって乱を起こした。朝鮮半島に渡って戦争をする前に，地元の豪族が新羅と手を結んでいたんだね。

ここは，正誤問題の定番！

　（×）　磐井は<u>百済</u>と結んでヤマト政権軍の……

　（○）　磐井は<u>新羅</u>と結んでヤマト政権軍の……

ひっかからないようにね。

さて，『日本書紀』は8世紀にできた史書で，どこまで正確かは疑問ですが，九州北部で反乱が起こった。

あわてた**ヤマト政権**は，**大伴金村・物部麁鹿火**に軍隊を率いさせて鎮圧に向かわせた。そして翌年，なんとか磐井をやっつけます。

この磐井の乱は何といっても大事件だ。そこで文字通り頻出。まず年号をしっかり覚える。**527年**。さらに，この事件は考古学にも関係があります。

Q 磐井の墓とされる，福岡県八女市にある古墳は？

——岩戸山古墳です。

この地域の後期の古墳には，**石人・石馬**，つまり石で作った人間や馬が並んでいるんでしたよね(p.57)。

しかも，この岩戸山古墳は，『風土記』などの文献から磐井の墓だと推定できる。大事件の中心人物だから，入試で出ないはずがない。そこで，今でも石人はがんばってる（？）ので，こう覚える。

5 2 7
「石人は**いつにな**っても石のまま」

 ➡ 527 年，磐井の乱

さて，磐井の息子は，お父さんが反逆者として殺されたので，「ごめんちゃい」と言って，自分の支配地の一部を**屯倉**として**大王**に献上したと言います。

教科書では「2 年がかりで制圧し，九州北部に**屯倉**を設けた。……直轄領としての屯倉や，直轄民としての**名代・子代**の部を設けていった」と書かれています。このような地方豪族の反乱などを鎮圧しつつ，6 世紀には大王の直轄地が各地に設定されていったというわけです。

■加耶（任那）の滅亡

一方，朝鮮半島の情勢はその後どうなったか？

大伴金村の**加耶**西部（任那四県）**割譲**という施策は何の効果もなかった。新羅の進出を止めることもできず，責任を追及されて**金村は失脚**したとされています。

そして，残った加耶の東部は **562 年**までに新羅の支配下に入ってしまった。要するに，ヤマト政権の利権は消滅してしまったのです。

ここで，朝鮮半島の情勢について，ちょっと先まで，新羅が半島統一するまでの流れを示しておきましょう（7 世紀以降は次回のテーマです）。

4～7世紀の朝鮮半島

	4世紀	5世紀	6世紀	7世紀
（中国）		南北朝 ➡ 589 隋 ➡ 618 唐 ➡ （907 滅亡）		
高句麗（南下）			➡	668 滅亡
		527 磐井の乱		
馬韓 ➡ 百済 ➡		西部 ➡ 百済	660 滅亡	663 白村江の戦い
弁韓 ➡ 加耶（加羅）			（× 562 ヤマト政権）	
		東部 ➡		
辰韓 ➡ 新羅 ➡		新羅	➡	676 新羅の半島統一

■蘇我氏の台頭

　大伴金村の失脚後，物部氏が大連として登場してきます。この大伴氏，物部氏というのは，大王を支える軍団，親衛隊の代表みたいなものですね。

Q これら連の系統に対して，6世紀に入って臣の系統から台頭してきた氏族は何か？　　　　　　　——蘇我氏です。

　蘇我氏はやがてヤマト政権の「三蔵」，「斎蔵」・「内蔵」・「大蔵」の3つの蔵，要するに財政をにぎり，渡来人たちと結びつくとともに，稲目，馬子などは積極的に仏教を受容しています。

　というわけで，蘇我氏は大連の物部氏と並んでヤマト政権を支える大臣となり，**両者が勢力を争う**という構図になっていく。

　さて，欽明天皇のときに百済の聖明王から仏像や経巻をもらって伝わった仏教を，「試しにちょっとお前信仰してみろ」と大王に言われたのが蘇我稲目（p.75）。その稲目に対して，「ヘンなわけのわからないものを広めるのはやめましょう。日本の神様が怒りますよ」と言って対抗したのが**物部尾輿**です。蘇我氏は崇仏派，物部氏・中臣氏は排仏派と呼ばれますが，この対立は，両

者の子の代で決着を見ます。

Q 仏教を排斥_{はいせき}しようとした物部守屋と戦い，勝利をおさめたのは蘇我氏のだれか？
——蘇我馬子

崇仏派の蘇我氏が勝って，物部氏は力を失います。馬子とともに物部氏をやっつけたのが厩戸王_{うまやとおう}（聖徳太子）です。この結果，蘇我氏は大王を完全にコントロールする力を得て，全権をにぎってしまう。これが**蘇我氏の専横**_{せんおう}というやつです。このへんはいいよね。そして最後には，なんと自分たちで立てた天皇を殺しちゃう。

Q 蘇我馬子によって擁立_{ようりつ}され，やがて殺されてしまった天皇の名は？
——崇峻_{すしゅん}天皇

蘇我馬子による崇峻天皇の暗殺事件です。馬子は自分の娘の夫で稲目の孫にあたる崇峻天皇を殺してしまった。そのあと，さすがに蘇我氏も困ったんでしょう。男たちでは争いが絶_たえないから，女帝でいこうというので，次は欽明天皇_{きんめい}の娘，敏達天皇_{びだつ}の皇后だった**推古天皇**_{すいこ}を立てた。

次ページの系図で確かめておこう。

欽明天皇の子，用明・推古天皇の母は蘇我稲目の娘（堅塩媛_{きたしひめ}）。崇峻天皇の母も蘇我稲目の娘（小姉君_{おあねぎみ}）です。稲目は用明・崇峻・推古の外祖父_{がいそふ}（母方の祖父）ということになります。そして，用明天皇の子，厩戸王の母は蘇我稲目の孫（穴穂部皇女_{あなほべのひめみこ}）です。厩戸王の子，山背大兄王_{やましろのおおえのおう}の母は蘇我馬子の娘ですよ。

天皇と蘇我氏

大連，物部守屋とともに
仏教を弾圧。
馬子と対立。

蝦夷に支援され，
山背大兄王を抑えて即位。

〈注〉数字は天皇即位の順。×印は殺害されたり自殺したりした人物。

推古天皇の政治を支えたのは，蘇我馬子と厩戸王(聖徳太子)です。

■ 冠位十二階の制

国制の改革にあたって，新しい制度が導入されます。それまでは，朝廷の役人たちは豪族単位で職務が限定された世襲制がとられてきましたが，それでは限界があるということで，大王(天皇)から見て，豪族の個人にランクをつけていく。氏を単位とするのではなく，**個人個人を大王から見て順位づけしようとしたのが**，冠位十二階ですね。冠位十二階は，上から，

$$徳・仁・礼・信・義・智$$

の6段階。おのおのに大・小，大・小をつけて大徳・小徳・大仁・小仁……と，6×2で計12ランクです。これが律令制の位階への第一歩となります。

徳・仁・礼・信・義・智
「とく・じん・れい・しん・ぎ・ち」
「とく・じん・れい・しん・ぎ・ち」

ともかく，繰り返して，音で覚えてしまう。

Q 『日本書紀』では遣隋使で有名な小野妹子の冠位を「大礼」としているが，「冠位十二階」ではこの「大礼」は上から何番目？ ──5番目

大徳・小徳・大仁・小仁・大礼で，5番目。

■ 憲法十七条を制定

さらに604年，「これから国はこうやっていくよ」という基本方針を示します。これが**憲法十七条**。これは法律とはいえ，義務とか罰則とかは何も書いてありません。ちょっと史料を見てみましょう。

史料

10 憲法十七条 /『日本書紀』

皇太子，親ら肇めて憲法十七条を作る。

聖徳太子が自分で憲法十七条を作られた。

一に曰く，和を以て貴しと為し，忤らふこと無きを宗と為よ。……

第1条は， 和をだいじにし， 争うことがないようにせよ。

二に曰く，篤く三宝を敬へ。三宝とは仏・法・僧なり。……

第2条， 仏教を尊重せよ。 三宝とは仏と法と僧である。

三に曰く， 詔 を 承 はりては必ず謹しめ。 君をば則ち天とす，

第3条， 天皇の命令が出たらこれを謹んで尊重せよ。 天皇は天であり，

臣をば則ち地とす。……

臣下は地である。

憲法十七条。「皇太子，親ら肇めて憲法十七条を作る」と。これが「憲法」という言葉の語源です。日本国憲法とかね。そして17という数字は後に聖なる数字として扱われ，×3で北条泰時，「御成敗式目」の五十一か条。足利尊氏の「建武式目」も十七か条です。

さて，十七条を全部覚える必要はありません。「一に曰く，和を以て貴しと為し」——ケンカしないで仲良くしろよ。こんなの小学校の生活目標だよ。

「二に曰く，篤く三宝を敬え」——三宝というのは仏・法・僧。**仏教**をちゃんと敬いなさい。

「三に曰く，詔を承はりては必ず謹しめ」——「詔」，天皇の命令が出たら，みんなでちゃんと守りなさい。と，こういうふうになっています。史料としてはこのあたりまででイイ。

他には，国司や国造といった地方の支配者は，百姓をいじめるな。「国に二の君」なし——国には支配者は2人いない。「民に両の主なし」——天皇が一番偉いんだよ，と。要するに，**動揺してしまった大王，天皇の地位を確立していこう**という姿勢が一貫して出てきます。

それから，仏教を取り入れていくことが示されている。**権利や義務とか，刑罰を決めたものではない。**これが憲法十七条の特徴です。

ゴロゴロ 》》》

604
「**群れ寄**（むれよ）る民に17条」
＊17×3＝51…御成敗式目は51ヵ条

➡ 604年，憲法十七条

ついでに，前年，603年が冠位十二階。これはゴロなしで，憲法十七条の前年で覚えてしまうこと。

もう一度，冠位十二階と憲法十七条の意味を確認しておきましょう。

ヤマト政権（氏姓制度） ➡ 律令国家（官僚制度）

大王 　　　　　　　　　　　天皇

＊豪族が氏を単位として大王に奉仕。 ＊豪族が個人として，官僚として
　　　　　　　　　　　　　　　　天皇の支配を支える。

「冠位十二階」➡ 位階制
　　　　　　　（「官僚」とは位階を有する者）

「憲法十七条」➡ 官僚としての心構え

冠位は律令制の位階制度，最終的には30段階への第一歩です。個人の功績・能力に応じて天皇から与えられるもので，その人が属する「氏」の大小，ランクによるものではありません。憲法十七条は，氏としてではなく，官僚としての心構えを具体的に指示するものだったということです。

■歴史書の編纂

Q 厩戸王（聖徳太子）が馬子とともに編纂したとされる歴史書を2つあげなさい。
　　　　　　　　　　　　　　　　　　　──『天皇記』，『国記』

欽明朝ごろ成立していた歴史書は「帝紀」・「旧辞」ですが，あらためて2人

が編纂した歴史書がこの2つです。ただ，この『天皇記』・『国記』は645年の大化改新のクーデターのときに焼けてしまったと言われており，まったく残っていません。

■遣隋使

さて次に推古朝の外交。もちろん遣隋使がメインテーマ。589年に中国を統一した隋にどう対処するか。

このころ，隋は，かつて漢の時代の支配地であり，その後失われた朝鮮半島のつけ根の領域を取り戻そうというので，高句麗との大戦争を始めています。そこで再び東アジアに緊張が走っている。

中国の正史，『隋書』によれば，日本政府は早速，**600年に遣隋使を派遣**しています。『隋書』ですよ。当然，日本側にも派遣の記事があるのがフツーでしょうが，『日本書紀』には記事がナイ！　そこでくわしくはわからないのが600年の遣隋使です。

🔍 史料

11-(1)　遣隋使(1)/『隋書』倭国伝

開皇二十年，倭王姓は阿毎，　　　字は多利思比孤，阿輩鶏彌
西暦600年，　倭の王，姓は阿毎(アメ)，字は多利思比孤が使者を皇帝のもとに

と号す。使を遣して闕に詣る。　上　，所司をして其の風俗を
派遣してきた。　　　　　　　　　文帝は役人に命じて，倭の風俗などに

訪はしむ。……
ついて尋ねさせた。

「開皇二十年」，つまり600年に，「倭王姓は阿毎，字は多利思比孤」——倭王が使いを送って来た。「阿毎」，「多利思比孤」は天皇(**大王**)と考えておくしかない。

「闕」は日本で言えば皇居。隋の都，皇帝のもとへ，ということです。隋の初代文帝のもとに使いが派遣された。

「上」は皇帝，すなわちその文帝です。文帝は役人に日本の様子を尋ねさせた。日本からの使いはまともに答えられなかったらしい。

　日本側にはその記録がないので，くわしくはわかりません。このときの倭王，倭の支配者は推古天皇ですけどね。使者の名もよくわからないし，書いてあるのはただこれだけ。

　次が，607年の遣隋使です。

Q 607年，遣隋使として中国に渡ったのはだれか？

——小野妹子

11-(2)　遣隋使(2)/『隋書』倭国伝

大業三年，其の王多利思比孤，使を遣して朝貢す。……
607年，　　　　倭の王，多利思比孤が使者を派遣し，朝貢してきた。

其の国書に曰く，「日出づる処の天子，書を日没する処の天子に
その国書には，「太陽の出る所に住む天子から，太陽の沈む所に住む天子に手紙を出します。

致す，恙無きや云々」と。帝，之を覧て悦ばず，鴻臚卿に謂ひて曰く，
お元気ですか」とあった。　　　煬帝はこれを見て不快になった。外交の担当者に，

「蛮夷の書，無礼なる者有り，復た以て聞する勿れ」と。明年，
蛮夷のこの手紙は無礼だ，二度とこんな手紙を受けとるなと命じた。　（しかし）翌年，

上，文林郎裴清を遣して倭国に使せしむ。
煬帝は文林郎裴世清を使者として倭国に派遣した。

　「大業三年，其の王多利思比孤，使を遣して朝貢す」——これまた「たりしひこ」ですが，倭の王が朝貢してきた。ところが，「其の国書に曰く」——小野妹子が持って行った日本側からの手紙に，「日出づる処の**天子**，書を日没する処の**天子**」——「日出づる処」というのは東側だから，日本の天子が手紙を「日没する」，西側の天子すなわち隋の皇帝にあてると書いてあった。さて，ここで，

Q 「日没する処の天子」と書かれている隋の皇帝はだれか？　　——煬帝

　この天子は文帝じゃなくて，文帝から皇帝の位を奪った**煬帝**です。問題は，私が「天子」ならあんたも「天子」という，いわゆるため口をきいたというやつです。要するに，それまでは奴隷を献上したり，ものを持っていったり，朝貢外交だったのに，対等の姿勢を示した。

　そこで「帝，之を覧て悦ばず」——怒った，「オノレ，野蛮人が」と。「鴻臚卿」，すなわち隋の外交担当者に「謂ひて曰く」——こう煬帝は言った。「蛮夷の書，無礼」——野蛮人が，えらい無礼な，**対等**のため口をききやがったと。「復た以て聞する勿れ」——二度とこんな手紙を受け取るんじゃない，と怒った。そこで怒って，小野妹子が殺されれば，チャン・チャン！と終わるところです。

　ところが隋は当時，**高句麗**との戦争で大変苦しんでいる。高句麗は強い。「ちきしょう，次は見ていろ」といって，全力をあげて高句麗との次の戦争に備えているところへ，倭から「よう，元気？」なんていう対等の手紙がきちゃったもんだから，カッとなって怒ったんだけれど，ここで日本まで敵に回して，高句麗，日本，**新羅**，**百済**がみんな一致して，「隋は許さん」なんて言い出すとやっかいなので，翌608年，とりあえずちゃんとお返事のために，答礼使（答えをするための使節）を小野妹子につけて日本に派遣してきました。

Q 608年，答礼使として小野妹子にともなって来日した隋の使者の名は？　　——裴世清

×斐　　○**裴**　　史料には「裴清」と書いてありますが，裴世清です。字を間違えないように。

　さて，小野妹子にくっついてきた裴世清が帰ることになったとき，小野妹子にもう1回行ってこいということになりました。そこで再び小野妹子は隋に行きます。そこで，もう1つ史料。

12 遣隋使 (3)/『日本書紀』

（推古天皇十六年）九月辛巳。唐客裴世清罷り帰る。則ち復た
608年9月、中国から来た裴世清が帰国した。　　　　　そこでもう一度、

小野妹子臣を以て大使と為し……唐客に副へて遣す。……
小野妹子を大使として、これにそえて派遣することとなった。

其の辞に曰く、「東の天皇敬して西の皇帝に白す……」と。
妹子の持っていった国書には、「東の天皇から西の皇帝に手紙を差し上げます」とあった。

是の時に、唐の国に遣はすは学生倭漢直福因・奈羅訳語
この時に、…………ら8人が留学生、学問僧として隋に渡った。

恵明・高向漢人玄理・新漢人大圀、学問僧新漢人日文・南淵漢人

請安・志賀漢人慧隠・新漢人広済等、幷て八人なり。

　　こちらは『日本書紀』ですが、608年、「唐客裴世清罷り帰る」——要するに日本へ来た裴世清が帰る。また、小野妹子がそれを送っていくことになった。

　　「唐客に副へて遣す」——「唐」とありますが、『日本書紀』の記事ですから、イイカゲン。この場合は"唐＝中国"と考えてください。もちろん王朝は隋ですよ。

　　さて、またここで「日出づる処の天子」とやると、今度は本当に小野妹子の命が危ないね。また、ため口をききやがったということになる。しょうがないから、今度は「東の天皇敬して西の皇帝に」お手紙を差し上げます、ということにした。

Q このとき、小野妹子とともに留学生として隋に渡り、のちに国政改革に影響を与えた人物を3名あげなさい。

——高向玄理、旻、南淵請安

このとき、留学生、学問僧として8人が隋に向かいますが、ここで大化改

新の前後に活躍する3人の名前が重要です。

　まず, 高向玄理, 次に「日文」というのは, 日と文をいっしょにすると旻という字になるので, 旻, それから南淵請安。彼らが行った後, まもなく隋が滅んでしまって唐がおこります。その後, 彼らは日本へ帰ってきて, 中大兄皇子たちに中国情勢を教えることになります。

　なお, 難関私大だと, 「留学生」が高向玄理, 「留学僧」が旻と南淵請安という区別まで聞いてくる場合があります。

　さて, 遣隋使としてもう1人名前を覚えておいてください。小野妹子で終わりじゃない。614年にも遣隋使が送られています。

❓614年に遣隋使として隋に派遣されたのはだれか?
――犬上御田鍬

　犬上御田鍬は, のちに630年, 第1回遣唐使も務めることになります。隋は高句麗遠征に失敗して農民反乱が起こり, 煬帝は殺され, 618年, **隋は滅んで唐がおこります。**

古代（6）

律令体制の成立

　今回は，ヤマト政権から律令国家への転換について学習します。
　おなじみの大化改新から白村江の戦い，そして壬申の乱。天武・持統朝。
中国，唐に対抗して，日本にも律令法と都城制が導入されていきます。694
年の藤原京遷都，701 年の大宝律令の成立までの過程です。

律令体制の成立

629	642	645	655	668	673	690	697
舒明 →	皇極 →	孝徳 →	斉明 →	天智 →	天武 →	持統 →	文武

　　　　　　　　　乙巳の変　　　　　　近江令　八色の姓　飛鳥浄御原令 大宝律令

　　　　　　　　　　　　　　　　　　　　　　　　　　　　　　　　藤原京

　　　　　　大化改新　　　　　　壬申の乱

　　630 遣唐使　　　　　　白村江の戦い

隋 ➡ 618 唐　　　　　　　　　660 百済滅亡　　676 新羅半島統一

　　　　　　　　　　　668 高句麗滅亡

　東アジア，中国に久しぶりに強力な統一王朝が現れ，新羅が朝鮮半島統一
を成し遂げる。まさに激動期です。

　さて，7世紀。推古朝，厩戸王と蘇我馬子がこれを支えて国政改革が進む。一方，**大陸では隋が滅亡し，618年，唐が登場。**

　そんな中で，政府中枢があいついで死んでしまいます。厩戸王，蘇我馬子，そして推古天皇が死んじゃう。さて，次の天皇をどうするか？

　厩戸王(聖徳太子・上宮太子)一族を「上宮王家」と呼びますが，その後継者，息子の山背大兄王は有力な天皇候補です。しかし，蘇我蝦夷は自分だけに権力を集中させるために，629年，敏達天皇の孫にあたる田村皇子を擁立した。それが舒明天皇です。

Q 舒明天皇が翌630年に送った第1回の遣唐使は？

——犬上御田鍬

　ついでに，この舒明天皇の皇后が，次の天皇，皇極天皇です。皇極天皇は敏達天皇の曾孫にあたります。このあたり，系図で確かめておく(p.110)。ついでに，蘇我氏の主流(本宗家)の順番，稲目→馬子→蝦夷→入鹿もしっかり復習しておこう。

■乙巳の変

　さて，そんな状況のところへ**留学生・学問僧たちが帰ってきます。**高

向 玄理・南淵 請安・旻など，隋の滅亡や唐の国力の充実を実感してきた連中です。制度が整い，軍事組織もしっかりしている中国の具体的情報を，留学生や学問僧が日本に伝えることになります。日本も「このままじゃだめだ」ということになる。

国政改革を進めて，強い中央集権国家にしよう，「行け」といったら国全体がザッと動くような，強い国家にしよう。そのためにはどうしても**蘇我氏の本家はつぶしておかなきゃ抜本的な改革はできない**。蘇我氏が天皇をコントロールする古い体制を打破するために，王族，天皇を中心とする政権を確立しようということになる。

その結果起こったのが，645年の「乙巳の変」と呼ばれるクーデター。中大兄皇子，中臣 鎌足たちが起こした「大化改新」と呼ばれる国政改革の出発点となった政変です。

Q 乙巳の変で中大兄皇子，中臣鎌足らが暗殺したのはだれか？

——蘇我入鹿

これが当時の大臣。さらに引退していたその父親の蝦夷も自殺に追い込んだ。父親は自宅をとり囲まれ，その後で自殺しています。

■大化改新

このときの天皇は女帝，皇極天皇ですが，中大兄皇子らは新しい天皇を立てます。それが**孝徳天皇**です。孝徳は軽皇子といって皇極天皇の弟。中大兄皇子らに協力的だったので，とりあえず天皇として立て，中大兄皇子本人は皇太子ということになります。では，

Q 大化改新で左大臣となったのはだれか？

——阿倍 内 麻呂

さあ，この阿倍内麻呂の"倍"の字を○で囲っておいてください。

98

阿部と書いたら×だよ。いいですか。これはニンベンだからね。

そこで続き。左大臣の次に偉いのが右大臣。では,

Q 右大臣に任ぜられたのはだれか？　　　　——蘇我倉山田石川麻呂

すなわち**蘇我氏が全部いなくなったわけじゃない**。本家がいなくなる。蘇我氏の中でも**中大兄皇子たちに協力的な連中**は,この倉山田石川麻呂のように,新政府に入ってきます。

ただし,蘇我倉山田石川麻呂は,その後まもなく謀叛の疑い,つまり国をひっくりかえそうとしているという疑いをかけられて,死んでしまいます。後で,無実の罪だったということになって,名誉は回復するんですが,死んだ後だから手遅れでした。

その蘇我倉山田石川麻呂が建てた寺が**山田寺**です。大事ですよ。

この山田寺の本尊はその後,興福寺に移り,頭部だけが現存します。この「興福寺仏頭」は入試でも頻出です。

次が**内臣**,これが**中臣鎌足**です。では,最後に,

Q 政府の顧問にあたる国博士になったのはだれとだれか？
　　　　——高向玄理,旻

これが先ほど言った,隋・唐を見て帰ってきた高向玄理,それから僧の旻。やったね,史料のチェックで(p.95)。日文と書いてあった人だね。

ただしやっかいなのは,中大兄皇子たちに新知識を教えた中心人物である**南淵請安**は,このとき**政府の中には入っていません**。

大化改新の新政府

皇極天皇 ➡ 孝徳天皇　　飛鳥（板蓋）宮 ➡ 難波宮
　　皇太子…中大兄皇子
　　左大臣…阿倍内麻呂　　×阿部　×安倍
　　右大臣…蘇我倉山田石川麻呂　　649 謀叛の疑いで死 → 無実 → 山田寺
　　内　臣…中臣鎌足
　　国博士…旻・高向玄理　←南淵請安は入っていない！

■元号の採用と遷都

　こうやって発足した政府は，「大化」という元号を採用します。元号というのは，天子の統治の徳を讃えるためのめでたい言葉で年を数えようというもの。現在でいうと，「令和」にあたる。中国にある元号を日本でも使おうというので，はじめて大化元年という年の数え方をした。

　そして大王の宮も移します。いまの大阪城のすぐ横のあたり。難波宮です。ていねいに言うと，難波長柄豊碕宮。入試で書かされた場合は「難波宮」と略称で書いておけば〇です。

大阪城

◀難波宮跡（大阪府）
大化改新で孝徳天皇が遷都した都。大阪城の南隣にあり，1954 年から発掘調査中。

■改新の詔

　ここまでは 645 年。翌年正月，政府の基本的な方針を発表します。天皇の言葉を「詔」とか「勅」とかいいますが，これが有名な「改新の詔」。これは基本史料中の基本史料。4 項目から成っています。

■公地公民制の実施

 史料

13-(1)　改新の詔(1)/『日本書紀』

其の一に曰く，昔在の天皇等の立てたまへる子代の民，処々の屯倉
第1条，以前から天皇（大王）が設けていた子代の民や屯倉，

及び別には臣・連・伴造・国造・村首の所有る部曲の民，処々
そして豪族である臣・連……………たちの所有する部曲，田荘を廃止する。

の田荘を罷めよ。仍りて食封を大夫より以上に賜ふこと各差あらむ。
その代わりに食封をその地位に応じて大夫たちに与える。

　「其の一に曰く」，まず第一条。「子代」・「名代」──大王家の私有民，そして「屯倉」──大王家が持っている私有地，そういう土地や人間を私有する体制をやめましょう。あるいは豪族たちの私有民である「部曲」，私有地である「田荘」，これをやめましょう，と。

　そして代わりに「食封」，これは要するに，いまでいうと給料。その代わりにちゃんと給料は支給しますよ。ということで，私地私民制をやめて公地公民制に移行しようとするものです。

13-(2)　改新の詔(2)/『日本書紀』

其の二に曰く，初めて京師を修め，畿内・国司・郡司・関塞・
第2条，都城制を採用する。　　畿内，国司，郡司……………

斥候・防人・駅馬・伝馬を置き，及び鈴契を造り，山河を定めよ。
などの制度を整え，交通制度を創設し鈴契を造れ。

■中央集権的行政組織の整備

　次に，「其の二に曰く，初めて京師を修め」──これはちゃんとした首都を

作ろう，都を作りましょう。これも中国にはそういうちゃんとした首都があるから。それまで，大王（おおきみ）は転々と住居を替（か）えていた。

そして「畿内（きない）・国司（くにのみこともち）・郡司（こおりのみやつこ）・関塞（せきそこ）・斥候（うかみ）・防人（さきもり）・駅馬（はゆま）・伝馬（つたわりうま）を置（お）き，及び鈴契（すずしるし）を造（つく）り，山河（やまかわ）を定（さだ）めよ」──これは**地方行政区画を整えていきましょう**ということ。

■評から郡へ

ところで，いま見たように，
「其（そ）の二に曰（いわ）く，初（はじ）めて京師（みさと）を修（おさ）め，畿内（きない）・国司（くにのみこともち）・郡司（こおりのみやつこ）・関塞（せきそこ）……」
とありますが，ここの「郡司」の「郡」はおかしい。誤りじゃないかという疑問がもたれています。

あとでやりますが，中国の都城に対して，日本で最初に成立した都城（とじょう）は，694年の藤原京（ふじわらきょう）です。その藤原京から，710年には平城京（へいじょうきょう）に移ります。

694 藤原京……………701（大宝律令）……710 平城京

| 646 改新の詔 | 国・評・里 ➡ 国・郡・里 | 720 日本書紀 |

そこで，藤原京は694年から710年に平城京に移るまで都城，都だったのだけれども，その発掘調査で大量の木簡（もっかん）が出てきた。木簡の中に荷札（にふだ）のようなものが多くあって，**701年以前は「評」，以後は「郡」の字が使われていたことがわかった。**

すなわち，701年の大宝律令（たいほうりつりょう）での地方行政区画は「国・郡・里」なんですが，それ以前は「国・評・里」だった。だから，『日本書紀』に載っている「改新の詔」（646年）の条文の「国司・郡司」はおかしい，「国司・評司」とあるべきで，これは原文そのものではない可能性が高いんじゃないかと考えられているわけです。

さて，次にいきましょう。

13-(3)　改新の詔 (3)/『日本書紀』

其の三に日く，初めて戸籍・計帳・班田 収 授の法を造れ。……
第3条，　　　　戸籍・計帳を整えて班田収授の法を確立せよ。

■戸籍・計帳・班田収授法

　続き。「其の三に日く」，初めて「戸籍」を作って，一体，この日本に人間が何人いるかをちゃんと把握しよう，と。で，戸籍を作って，まず，近代的にいうと**国民1人1人をちゃんと国家が把握しよう。**

　ということは，それ以前は，**ヤマト政権**は一体この国土に人間が何人いるか，何もわからなかったんだ。戦争だというときに，国全体から兵士を何人集めることができるかもわからない。

　そこで戸籍を作り，それに基づいて「計帳」を作ろう。国民が一定の年齢に達したら「班田」，つまり田んぼをあげる。死んだらその田んぼはまた国のものに戻す。「収授」することにせよ。

　ちょっと注意しておくのは，「……の法を造れ」だから，できたんじゃない。**方針を示した**ということ。

13-(4)　改新の詔 (4)/『日本書紀』

其の四に日く，旧の賦役を罷めて，田の調を行へ。……
第4条，　　　　旧来の税制を廃止し，田の調を徴収することとせよ。

■新税制の施行

　「其の四」。「旧の賦役」，豪族や大王が個々バラバラにとっていたような古い税はやめて，国民に**一定の基準**で与えた**田に対して統一した税を国として徴収しよう。**

　「田の調」，**田地に対する一定の税をちゃんと課していこう**ということ

です。もちろん，これも目標を示したものです。すぐに税制が一新されたわけではありません。

■東北経営（蝦夷征討）

さて改新政府は「改新の詔」の翌年，647年から東北地方に軍人を派遣し，支配地を広げていきます。いわゆる東北経営に着手します。そこで，

Q 東北経営のために，647年，648年に築かれた軍事的な拠点の名を2つあげなさい。 ——淳足柵（647年），磐舟柵（648年）

これらはいずれも新潟あたりに築いた城柵です。

地図を1つ見てもらいましょう。

東北経営図

まず，ここだけ覚えよう。
孝徳天皇
- 645 乙巳の変
- 646 改新の詔
- 647 淳足柵
- 648 磐舟柵

斉明天皇
658
〜 阿倍比羅夫東北遠征
660 ←——百済滅亡

佐渡島　磐舟柵　淳足柵

まずランドマークというか，地図で絶対覚えておくのが，佐渡島。向かい側は新潟だよ。**ヤマト政権**あるいは中央政府が，その支配下に置くための拠点を築いていきます。淳足柵・磐舟柵。まず覚えちゃおうね。年号も，647，648年と。

東京の生徒だと，大化改新についてはみんな小学校や中学校で"**大化改新，ムシゴはん**"といったゴロ合せで覚えます。その翌年に「**改新の 詔** 」が出ま

す。さらに続いて647年，648年が渟足柵，磐舟柵。

　政府はこの渟足柵などの周辺に，関東地方などの農民を移住させます。このような人々を柵戸（さくこ）と呼びます。また，中央政府の支配下に入った現地の人々，帰順した人たちを俘囚（ふしゅう）と呼びました。ここは第13回でくわしくやりましょう（p.232）。

■斉明天皇即位

　こうして，積極的な施策（しさく）を進めていった改新政府ですが，やがて仲間割れ。孝徳天皇と中大兄皇子らが対立し，前天皇の皇極や中大兄皇子らは難波を去って飛鳥に戻ってしまいます。そして，孝徳が654年に没すると，皇極が再び天皇となり，斉明天皇と呼ばれます。

　このように天皇をやめた人，いわゆる**上皇がもう一度天皇になることを**，「重」ねて践「祚（せんそ）」（正式に天皇の位に就（つ）くこと）するという意味で，「**重祚（ちょうそ）**」といいます。

　斉明はなかなか積極的な女帝です。658年には水軍を率いた**阿倍比羅夫（あべのひらふ）**という武将が秋田地方に派遣（はけん）され，**東北経営はさらに北方に及（およ）んでいきます**。この阿倍も「倍」ですよ。阿部（×）じゃないよ。

■白村江の戦い

　さて，この阿倍比羅夫の東北地方への派遣は660年に打ち切られて，比羅夫は呼び戻されます。なぜか？　大事件が起こった！
660年，唐と新羅（しらぎ）のはさみ打ちにあって，ついに百済（くだら）が滅んじゃったんです。新羅が唐の子分になっちゃった。

　友好国の百済の滅亡。乙巳（いっし）の変から渟足柵・磐舟柵，阿倍比羅夫の派遣というこの時期は，唐の高句麗攻撃が本格化していたんです。中国東北部から朝鮮半島が戦争の時代になった。日本政府が日本海沿岸への支配を強化しようとしたのも，このような情勢に対応したものと考えるべきでしょう。そしてついに，唐は新羅と結ぶことでまず百済をやっつけた。

　隋（ずい）みたいにむりやり1国で軍事的な勝利を求めるのは危ないので，新羅を味方に引き入れてしまったんです。そこで，高句麗じゃなくて，まず百済を

滅ぼしてしまった。

　百済の人たちは，なんとか百済王朝を再建しようとします。百済の武将，鬼室福信らは，当時，日本に滞在していた王子，豊璋（余豊璋）を百済に呼び戻して新国王としたい。そこで，斉明天皇に，豊璋を送り返してくれと頼んできます。斉明天皇は早速，送り返し，鬼室福信らの計画は実現したんです。

　もちろん，百済が唐・新羅をやっつけて独立を回復するというところまではいかないものの，一応，百済再建の形はできあがったのですが，内部分裂も起こり，唐・新羅の攻撃を受けて窮地に立ってしまった。

　661年，斉明天皇は百済再建のため，自ら船団を率いて，軍隊を集めつつ九州に向かい，筑紫の朝倉宮に入ったのですが，なんと，急死してしまった。それでも，百済再建だけは実現しなければならないというので，中大兄皇子たちは軍隊を朝鮮に派遣することにしたんです。

　中大兄皇子は即位したわけではないのですが，実際上は天皇の役割を果たします。このように，正式の，**即位の儀式を行わないまま天皇の役割を果たすこと**を「称制」と呼びます。

Q 663年，百済救援のため唐・新羅の連合軍と戦い，大敗した戦いを何というか？
——白村江の戦い

　これは小学生も知っているね。

　阿倍比羅夫なども行ったが，ボロ負けしてしまった。情報が発達してないからしょうがないけど，まさか唐・新羅の連合軍に寄せ集めの日本の水軍が勝てるわけはなかった。やっぱり戦争をやるときには，よく情勢を判断してからにしよう，ということにして年号暗記ダ。

「ろくろく見（み）ないで白村江」

　➡ 663年，白村江の戦い

■日本敗北→国防強化の必要

さあ，この**白村江の戦い**で敗れると，今度は逆に日本が攻められる可能性が出てきた。「ヤバイ！」というので，**防衛体制を整えなきゃならない。**ここは入試のポイント。

翌664年には，早速，対馬・壱岐・筑紫に敵軍の来襲を知らせるために**烽**を，また，防衛のための兵隊，**防人**を設置します。

烽というのは煙（狼煙）を上げて急を報せる通信手段です。一定距離ごとに煙を上げる台を設置していく。

防人は文字通り国土の「防」衛のための軍隊です。

さらに，九州の要地（後に**大宰府**が置かれるあたり）の防衛のために，**水城**や**大野城・基肄城**を築きます。

水城というのは，濠をともなう全長1.4km，幅80ｍ，高さ約10ｍの大規模な土塁です。

大野城・基肄城は「**古代山城（朝鮮式山城）**」と呼ばれる，山の稜線にそって土塁・石塁をめぐらした城で，**百済**からの亡命者の技術が活かされたものです。この古代山城はその後も，対馬から大和にかけて築かれていきました。

国防の強化

```
＊亡命百済人の技術
 664（対馬・壱岐・筑紫）烽・防人
  （九州の要地＝大宰府）の防衛
   水城
   大野城・基肄城（665）……古代山城
   （対馬から大和にかけて）……古代山城
```

▲水城の横断面

◀水城の現状（福岡県）
白村江の戦いに敗れた後，大宰府防衛のため，その北に築かれた。今は高速道路で分断されている。

■新羅の朝鮮半島統一

ところが，結局，唐・新羅は日本には攻めてきません。まあ，考えてみれば，そりゃそうだ。後から考えれば，唐の次の目標は高句麗の打倒だった。それが実現したのは668年。

唐・新羅に攻められて**668年，高句麗は滅亡**。

これで朝鮮半島に残ったのは新羅だけということですね。しかし，唐と新羅が対等というわけではない。事実上，朝鮮半島は唐の植民地のような状態です。そこで，今度は，独立を目指して**新羅が唐と戦う**ことになるんです。もちろん，唐も新羅も日本に攻めてくるわけではない。唐が新羅の半島支配を認めたのは**676年**でした。

ここはしっかり，年号も暗記！

> 660 百済滅亡 ➡ 663 白村江の戦い
> ➡ 668 高句麗の滅亡 ➡ 676 新羅の朝鮮半島統一

いいですか。百済が滅亡し，高句麗も滅び，**それですぐに新羅が朝鮮半島を支配したんじゃない**んですよ。半島統一は，次の天武天皇のときになります。

そして，7世紀末には旧高句麗の地域に渤海という国が登場してきます。これもちょっと覚えておいてください。

■天智朝の政治

国内に話をもどしましょう。天智朝の政治です。

108

　664 年，有力豪族に対して，**氏の代表者である「氏上」を確定**し，氏にランクをつけるとともに二十六階の冠位制を定め，また，各氏の領有民である部曲を確認しています。この部曲はやがて**天武天皇**によって廃止され（675 年），有力豪族の氏上らは高い位階を与えられて上級貴族，官僚となっていきます。天皇を頂点とする中央集権体制に移行するための一段階ということになります。ただし，この時点で，**中大兄皇子はまだ即位していません**。天智称制ですよ。

　中大兄皇子は称制のまま，667 年に**近江大津宮**に都を遷します。琵琶湖の周辺あたりまで都を移動した。万が一，西日本が大戦争になったときに，難波，大和が戦場になるかもしれないので，移転したんでしょう。

　そして中大兄皇子は翌 668 年に**正式に天皇**となります。**天智天皇**ですね。661 年の斉明天皇の急死以後は「**称制**」。「**中大兄称制**」「**天智称制**」などと呼びます。さらに，この即位の年，668 年には**近江令**ができたと言われています。

　670 年には，国内にどれぐらい人間がいるかを把握するために，はじめて**全国を対象とする戸籍の作成**を命じた。

Q 670 年，天智天皇の下で作成された，最初の全国的戸籍を何というか？
　　　　　　　　　　　　　　　　　　　　──**庚午年籍**

　それ以前にも，部分的な戸籍の作成はあったと言われているので，庚午の年のこの戸籍は全国を対象にしたことに意味があるわけです。失われてしまって内容はわかりませんが，これによって**氏や姓をちゃんと把握し，根本台帳として永久保存しよう**としたものとされています。しかし，天智天皇は 671 年の末に死んでしまいます。

天智天皇のあとはどうするかということになった。さあ, もう一度, 系図だ。

天皇家系図

〈注〉数字はこの系図内の即位順序。マルつき数字は女帝。
※大友皇子は, 怨霊を恐れた朝廷によって, 天皇の地位を短い間ですが継いだと考えて, 死後, 「弘文」天皇と呼ばれた。

◼️ 壬申の乱

息子なら**大友皇子**。あるいは弟として兄天智を支えてきた**大海人皇子**か。671年10月, 天智の死が近づくと, 大海人皇子は対立を避けるためか, あるいは天皇の位を狙うための準備のためか真相はわかりませんが, 近江大津宮を出て, 奈良の山奥の吉野に行ってしまいました。そして, 年末に天智が亡くなります。

大友側, 近江の朝廷は, 大海人皇子は吉野にこもって全国から軍隊を集め, そのうち近江を攻めてくるつもりだろうと疑います。この間の経緯はイロイロありますが, 結局は**戦争によって天皇の位を争わざるをえなくなった。**

これが壬申の乱，672年です。

　大海人皇子，吉野軍。672年の6月，吉野から出発して，いまの岐阜，名古屋，美濃のあたりまでやってきて，**軍隊を東国から集めた**。

Q 壬申の乱で勝利をおさめたのは，大友皇子と大海人皇子のどちらか？

——大海人皇子

　結局は，大海人皇子側が大友皇子の近江朝廷軍を破った。勝った大海人皇子は飛鳥へ戻ります。

　翌673年，大海人皇子は即位して**天武天皇**となる。

Q 大海人皇子（天武）が即位した宮は？

——飛鳥浄御原宮

■天皇の政治権力強化

　天武天皇は戦争で勝って成立した政権なので，非常に強い。多くの有力豪族が大友側となって没落していますし，とくに大海人が東日本から軍隊を集めて，大津に攻めこんで勝ったという軍事力が大きい。

　そこでよく入試に出るのは，**天武天皇の段階で，天皇の権威が非常に高まった**というテーマです。

Q 史料

14　天皇権威の確立／『万葉集』

大君は　神にし坐せば　赤駒の
　　葡萄ふ田井を　都となしつ

大伴御行

大君は　神にし坐せば　天雲の
　　雷の上に　いほりせるかも

柿本人麻呂

　この史料は『万葉集』にある歌です。「大君は　神にし坐せば」——この句が冒頭に出てくる歌は他にもいっぱいあります。大君は神だ。そして「赤駒」，

赤毛の馬が腹這って，要するに，馬が砂あびなどしているような何もないところを，あっという間に，都にしてしまわれた，という意味。大伴御行の歌です。

　もう1つ，こちらは有名人，柿本人麻呂の歌。大君は神だ。「天雲の」——あの雲の上，「雷の上」——雷様の上に，「いほりせる」——家を構えて住んでおられる。もう大君は普通の人間じゃない。天上に住む神だと讃美しています。

　学説はいろいろありますが，ヤマト政権時代のトップの名称は，5世紀ごろから**大王（または大君）と呼ばれていたのが，この天武天皇のころから天皇に変わっていく**とする説もあります。ともかく，「**大君は神にし坐せば**」ときたら，**大王は天武天皇を指す**と思ってよろしい。あとは大伴御行と柿本人麻呂の違いを「赤駒の」と「天雲の」の違いからわかるようにしておくこと。

■天武朝の政治

　さあ，天武は675年，豪族の私有する部曲を全廃する。これはさっき言ったよね。また，新たな律令法典の編纂，史書の編纂を命じます。そしてたくさんあった姓，姓って覚えてるね。名字の下にくっつけるやつ，石川連とかね。

Q 684年，天武天皇は旧来のさまざまな姓を一新して，8つに整理し，序列をつけた。これを何と呼ぶか？　　　　　　——八色の姓

真人・朝臣・宿禰・忌寸・道師・臣・連・稲置

の8つです。これは暗記。

真人・朝臣・宿禰・忌寸・道師・臣・連・稲置
「まひと・あそん・すくね・いみき・みちのし・おみ・むらじ・いなぎ」

出題されるのは，一番上の「真人」が最も多い。そして「朝臣」。

姓（かばね）については，それまで，これといった秩序（ちつじょ）はなかったのを，**天皇に近いものから順番に8ランクに整理した**ものです。ちなみに，厩戸王（聖徳太子）のときの冠位十二階は，豪族，**氏を単位とするのではなく，個人に対して与えられたもの**ですよ。混同しないように。共通点は，大王・天皇を頂点として豪族たちを組織し，序列をつけていこうとするものだというところ。

次に，天武朝は仏教を国家事業とし，寺院建立に着手した時期です。いわゆる「国家仏教」，国家の安定と平和を図るための仏教です。皇后の病気平癒（へいゆ）を願って薬師寺（やくしじ）の建立が始まります。

また，**大官大寺**（だいかんだいじ）の建立も始まっています。大官大寺は平城京に移って**大安寺**（だいあんじ）となるとされる寺院です。このあたりは，第12回の白鳳文化のところで，もう一度確認しましょう（p.205）。

他にも，**天武天皇の始めたものとして通貨の発行**も知られています。従来（じゅうらい），日本で一番古いお金は708年の和同開珎（わどうかいちん）だということになっていましたが，天武天皇が683年に銭の使用を命じたという記事が『**日本書紀**』にあり，これが奈良県の飛鳥池遺跡（あすかいけいせき）から大量に出土した**富本銭**（ふほんせん）に関するものらしいということになりました。

▲富本銭

▲和同開珎

■ 持統朝の政治

天武天皇はしかし，事業なかばで早死にしてしまいます。そこで，皇后ががんばってしばらく称制（しょうせい）となります。やがて即位し，持統天皇となる。

持統天皇は，夫が着手した事業を次々に完成させていきます。では，

Q 689年，持統天皇のとき施行（しこう）され，大宝律令（たいほうりつりょう）まで続いた令（りょう）は？

——**飛鳥浄御原令**（あすかきよみはらりょう）

113

Q 690年，持統天皇が作成させた全国レベルの本格的な戸籍^{こせき}を何というか？

――庚寅年 籍^{こういんねんじゃく}

班田 収 授^{はんでんしゅうじゅ}の前提となる農民支配の根本台帳ができた。天智のときは庚午年籍^{こうごねんじゃく}。今度のは庚寅^{こういん}の年の戸籍。この戸籍は浄御原令^{きよみはらりょう}に対応し，班田を実施するためのものでしょう。

そして 694 年，藤原京^{ふじわらきょう}の造営がついに成^なった。ついに中国風の首都も一応できた。

いずれ第8回でゆっくりやるけどね，天皇は北を背にし，南に向かって立ちます。だから，「天子南面^{てんしなんめん}」なんて言います。もちろん中国の皇帝のあり方をまねたものでしょう。

そこで，とりあえず，

「北を背に南を向(**む**)くよ藤原京」
694

➡ 694 年，藤原京遷都

これで，天皇・王族のもとに有力豪族たちが官僚として集住する都城^{とじょう}，首都もできたというわけです。

藤原京は，中央に宮があるのが特徴^{とくちょう}です。後の平城京，平安京との違いを確認しておきましょう。

◼ 大宝律令

持統天皇は697年，譲位，天皇の位を孫の文武天皇に譲ります。天武天皇の孫でもありますね。そして，701年＝大宝元年，ついに**大宝律令**が制定されたんです。

近江令➡飛鳥浄御原令➡大宝律令

「令」だけではなく，「律」も成立した。まさに「律令体制」の基本となる律・令が揃ったんです。西暦701年，8世紀最初の年です。**大化改新**のときの「大化」という元号の使用はその後は続かなかったのですが，この**「大宝」以降は，現在の「令和」まで元号が使われ続けています。**

今回は，ここまで。律令制度の内容は第8回以降で学習していきます。

飛鳥文化

いよいよ，受験生の悩みの種，文化史です。

　古代の文化は，考古学を軸に，旧石器文化 ➡ 縄文文化 ➡ 弥生文化 ➡ 古墳文化と移り変わる。これは，今まで学習した時期区分でした。ところが，「文化史」の時代区分というと，

> 飛鳥文化 ➡ 白鳳文化 ➡ 天平文化 ➡ 弘仁・貞観文化 ➡ 国風文化

と区分するのが一般的です。時期的には，最初の「飛鳥文化」の時代は古墳文化の最後の時期と重なることになります。

　まず飛鳥文化から白鳳文化，そして天平文化までの時期——中心となる天皇，外国の影響，中心的な寺院，美術などの傾向をざっと見ておきましょう。

飛鳥文化

	第7回	第12回	
	飛鳥文化	白鳳文化	天平文化
時　期：	推古朝（厩戸王・馬子）	天武・持統朝	聖武朝
外国の影響：	（中国）南北朝・朝鮮	初唐	盛唐
中心寺院：	法隆寺	薬師寺	東大寺・興福寺
特徴・傾向：	厳しい・柔和	清新	豊満優美

■ 特　徴

さて，飛鳥文化。まず，その特徴，ポイントの確認から。

> ## 飛鳥文化の特徴
>
> ① 最初の仏教文化。
> ② 飛鳥・斑鳩(法隆寺)が中心。
> ③ 中国南北朝文化を朝鮮半島経由で受容。➡(北)厳しい (南)柔和
> ④ 世界性(西アジア・インド・ギリシアなどの影響)

　文化のメインテーマは仏教ですが，仏教文化が最初に開花したのが奈良盆地の南部の飛鳥地方，そして厩戸王(聖徳太子)の斑鳩宮，法隆寺のあるあたり。

　仏教とともに，中国の(魏晋)南北朝文化が朝鮮半島経由で入ってきます。その中国の南北朝文化は西アジアやインド，ギリシアなどの影響を受けたものだったので，飛鳥文化にもそれが伝わった……といったところです。

　美術，文化財などの作風・特徴では，板書にもあるように「厳しい」・「柔和」というところに注意。この時期の中国大陸は，南北朝の時期ですよ。

　南半分の王朝を南朝と呼びます。覚えなくてもいいですが，宋・斉・梁・陳などの南京を中心とする漢人王朝。北朝，華北は北魏・北周・北斉などの王朝です。

　そして隋が現れて，この北朝の隋が589年に陳を併合して中国は統一されるんです。そして，日本は遣隋使を派遣するというわけです(p.91)。

　文化でいうと，南北朝の仏教や美術は朝鮮諸国経由で日本に伝わる。そこで，飛鳥文化の美術などには南朝の要素と北朝の要素が大きな影響を与えるということになり，次のような違いが出てきます。

北朝（北魏系）	➡	厳しい・整った
南朝（梁）	➡	柔和・やわらか

■ 渡来僧

さて，中国・朝鮮からの文化の流入について，入試で差がつく**百済（くだら）・高句麗（こうくり）**からやって来たお坊さん（渡来僧（とらいそう））と伝えられた文化，技術の内容からいきましょう。

渡来僧

高句麗・恵慈（えじ）（慧慈） ➡ 厩戸王（聖徳太子）に仏教を教えた。

高句麗・曇徴（どんちょう） ➡ 紙・墨・彩色（絵の具）などの技術を伝えた。

百　済・観勒（かんろく） ➡ 暦法（れきほう）を伝えた。

「こうくりのえじ，太子（たいし）（聖徳太子）の師（し），
こうくりのどんちょう，かみ・すみ・えのぐ，
くだらのかんろく，こよみ」

いいですか，「（✕）百済の曇徴……」とか「（✕）高句麗の観勒……」と出てきたら，誤文ですよ。必ず国名といっしょに「くだらの……」「こうくりの……」と覚える。それと，「かんろく」は，観勒の「勒」の字に注意。曇徴の「徴」を「微」と間違わないこと。

○　　　　○

観 **勒**　　曇 **徴**　　 ✕ 微

高句麗の**恵慈**（えじ）（慧慈）は厩戸王に仏教を教え，『三経義疏（さんぎょうのぎしょ）』の著述（ちょじゅつ）を助け，法興寺（ほうこうじ）に住んだという僧侶ですが，その後，帰国しています。

高句麗の**曇徴**（どんちょう）は高句麗王が送ってきた僧で，紙・墨・彩色（絵の具）などの

技術を伝えたとされます。そして，**百済の観勤**は天文地理書などを伝えた。
天文学とは，具体的には**暦の作成のための学問**です。

▌仏教の伝来と固有の信仰

さて，次は仏教の伝来。これはやりましたよ。

Q 欽明天皇に仏教をプレゼントしたのは，どこの国のだれか？

——百済の**聖明王**

Q じゃあ，**戊午説**（538 年）の根拠となった厩戸王の伝記は？

 ……？

ハイ，75 ページに戻って，『上宮聖徳法王帝説』。
「戊午説」は**仏教公伝**でしたね。ついでに，「**私伝**」についても覚えておいて
ください。第 4 回でも触れましたよ（p.76）。国から国へ，王から王へという
公のプレゼントではなくて，「私」的な「伝」来です。
では，史料を見てみましょう。

🔍 史料

15 仏教私伝／『扶桑略記』

第 廿 七代継体天皇即位十六年壬寅，大唐の漢人案 部 村主司馬達止
継体天皇の 16 年，　　　　　　　　　　中国からやって来た司馬達止がヤマト政

（等），此の年春二月に入 朝す。即ち草堂を大和国高市郡坂田原に結び
権に仕えることとなり，　　　　　小さな堂を大和国高市郡の坂田原に建て，

て，本尊を安置し，帰依礼拝す。世を挙げて皆云ふ，「是れ大唐の神な
仏像を安置して礼拝した。　　　これを見た人々は　　　「あれは中国の神」を拝

り」と。
んでいるのだと言った。

『扶桑略記』という書物は，平安末期に皇円という僧侶が書いた仏教史中心の歴史書です。かなり不正確なところがあると言われますが，その中に，渡来人の司馬達等(止)が，簡単なお堂(草堂)を建てて，仏像を安置し，これを拝んでいたという記載があるわけです。

この司馬達等は，あとで出てくる飛鳥文化を代表する法隆寺金堂の釈迦三尊像の作者，鞍作鳥(止利仏師)の祖父に当たるという人物です。

公伝も私伝も6世紀ということですから，これは古墳文化の「後期」に該当します。日本にあった固有の信仰も仏教に刺激を受けたんでしょう，具体的な形をとるようになります。「社」と呼ばれる建物が現れる。

では質問。

Q 「大神神社」の読み方は？ 「おおがみじんじゃ」(×)じゃないよ。

 おおみわじんじゃ。

はい。ほかに宗像神社，出雲大社など，もう一度しっかり確認しておこう(p.79)。

■寺院の建立

さて，積極的に仏教を受け入れていったのが蘇我氏ですが，蘇我馬子は6世紀末には最初の本格的な寺院，飛鳥寺(法興寺)を建立したといいます。「本格的」というのは，掘立柱といって，地面に掘った穴に直接柱を立てる簡単な方法ではなくて，礎石の上に柱を立て，屋根に瓦を葺いたという意味です。この飛鳥寺の発掘調査によって，塔の中心である心礎という一番大事なところから，古墳の副葬品と同種類の物が発見されて注目されました。

そこに日本固有の信仰と仏教の重なり合いが象徴されているわけです。同じような祖先崇拝の意義があったと見られ，**豪族の権威の象徴が「古墳から氏寺に」代わった**，「古墳から寺院へ」転換していったとも言えるでしょう。

さて，この最初の本格的な寺院，飛鳥寺(法興寺)をはじめとするこの時期の主要寺院をチェックしておきましょう。

飛鳥文化の主要寺院

蘇我氏（馬子）　➡　飛鳥寺（法興寺）

　　　　　　　　　596 最初の本格的寺院, 礎石・瓦葺

厩戸王（聖徳太子）➡　四天王寺（大阪府）

　　　　　　　　➡　法隆寺（斑鳩寺）

　　　　　　　　　＊法隆寺再建・非再建論争 ➡ 再建説

　　　　　　　　➡　中宮寺

　　　　　　　　➡　広隆寺（京都府）

舒明天皇　　　　➡　639 百済大寺

飛鳥寺はその後, 平城京に移って「元興寺」と寺号, 名称が変わります。
厩戸王建立とされる寺院はたくさんありますが, その代表が四天王寺と法隆寺です。四天王寺, それと秦氏が厩戸王から賜った仏像を安置したことに始まるという広隆寺。厩戸王が母親の住居を, その死後に寺としたのが法隆寺に隣接する中宮寺です。ちょっと注意しておくのは, 広隆寺が現在の京都府, 四天王寺が大阪府であること。他はみんな奈良県ですよ。

舒明天皇と言えば, 630年の第1回遣唐使ですが, 寺院でいうと百済大寺。この百済大寺はその後, 天武天皇のときには高市大寺, さらに大官大寺, 持統天皇のときに大安寺というふうに移動し, 名称も変わります。さらに, 元正天皇のときに平城京に移り, 最終的に平城京の大安寺となります。

あと, 舒明天皇の百済大寺は, 時期からすると白鳳文化に近いことにも注意しておくこと。

◾厩戸王（聖徳太子）と法隆寺

さて, いきなり質問ですが,

Q 厩戸王が書いたと言われている仏教の経典の解説書は？

　　　　　　　　　　　　　　　　　　——『三経義疏』

これは「伝」聖徳太子著という，伝説に近いものですが，法華経・勝鬘経・維摩経という3つの経典の注釈書の総称です。

おのおののタイトルは，『法華経義疏』，『勝鬘経義疏』，『維摩経義疏』といいます。これから「〜経」「〜経」がいっぱい出てくるので，まずここからしっかり暗記していきましょう。

三経義疏
 └──→ 法華経・勝鬘経・維摩経

■飛鳥文化の作品と文化財

さあ，そこでいよいよ，そのような飛鳥文化の今日に残された文化財，作品。なんといっても法隆寺に伝わる文化財がメインです。

■建　築

▶法隆寺金堂・五重塔

まず建築では，何といってもいちばん有名なのが法隆寺。金堂・五重塔です。これはもう写真を見て，すぐわからなきゃいけない国宝中の国宝。法隆寺金堂，キーワードはこれ。

法隆寺金堂・五重塔…{ ①世界最古の木造建築物
　　　　　　　　　　 ②重厚，どっしり

「世界最古」，「重厚」でどっしりとした「安定感」がポイントです。だから今でも建っているんだということですね。

ところで，法隆寺は，『日本書紀』によれば，**670年に焼失**，火事で焼けてしまったとされています。ところが，その後，再建されたという記事がない。これは変な話で，「じゃあ，今建っている法隆寺は何？」ってことになる。

ところが，発掘調査の結果，今の位置から少しずれたところ，「若草伽藍」と呼ばれる場所を発掘した結果，現在の法隆寺より古い伽藍の跡が確認された。伽藍配置も現在のとは違って**四天王寺式伽藍配置**だった。これが「若草

伽藍」と呼ばれる厩戸王のときに建てられた最初のものと推定されています。ただ，その後，現在の法隆寺の伽藍が再建された時期は明確ではありません。

「伽藍」というのはお寺の建築物のことです。本堂とか塔などで，その配置については後でやりましょう（p.221）。

■ 彫 刻

▶法隆寺金堂釈迦三尊像

次に彫刻。中国の南北朝の影響を受けたと言いましたが，とくに日本に近い北朝系統の影響が強くて，「北魏様式（ほくぎようしき）」と呼ばれるものです。飛鳥文化の特徴である，整った，「キビシイ」表情をしているわけですが，その代表中の代表が法隆寺金堂釈迦三尊像（ほうりゅうじこんどうしゃかさんぞんぞう）です。「金銅像（こんどう）」といって，銅製で表面に鍍金（ときん）してある。要するに一種の金メッキ。光っている。

▲法隆寺金堂
釈迦三尊像

Q 法隆寺金堂釈迦三尊像の製作者は？ ——鞍作鳥（くらつくりのとり）（止利仏師（とりぶっし））

Q その鞍作鳥の祖父は？ ——司馬達等（しばたっと）

厩戸王の没（ぼっ）した翌年，623年に造られたものですが，**正面観，しっかりと真正面から見られることを重視**している。あまり横から見たり，後ろから見たりすることは考えられていない。立体感というものはない。教科書に必ず写真がのっていますから，しっかり確認しましょう。

真ん中の釈迦は座っているので，座像（しゃかすわざぞう）と言います。左右の「脇侍（わきじ）」のほうは立っているので，立像（りつぞう）と呼びます。

▶法隆寺：夢殿救世観音像 vs 百済観音像

次に法隆寺夢殿の救世観音像（ゆめどのくぜかんのんぞう）。スラーッと立っている立像。それと法隆寺の百済観音像（くだら）があります。

この救世観音と百済観音は両方ともスラーッとした立像で非常に紛（まぎ）らわしい。しっかり区別をしてもらわなきゃいけません。もちろん「夢殿に」と書いてあれば，**救世観音像**でいいわけですが。写真を見てひと目でわかるようにしておく必要がある。

きびしい顔

宝珠を
持っている

▲法隆寺夢殿救世観音像
（木像・北魏様式）

やわらかな顔

水瓶を
持っている

▲法隆寺百済観音像
（木像・南梁様式）

　そこで，まず最初の入試的なポイントは，救世観音と百済観音の区別です。ただし，両方とも「木像」。金属製ではなく素材は木です。

　はい，上のイラストを見てください。これはイメージですが，法隆寺夢殿の救世観音はスラーッとした立像，立っていますが，手を前で合わせて，宝珠という玉を持っています。一方，百済観音のほうは片方の手を上げ，片方の手を下ろして，下ろしたほうの手で水瓶という，簡単に言うと水差しのような瓶を持っています。

　次に顔を見ると，**救世観音は「キビシイ」表情の北魏系**ですが，**百済観音はむしろ柔和**，やわらかな感じです。

▶中宮寺半跏思惟像 vs 広隆寺半跏思惟像

　さらにもう１つあります。中宮寺の半跏思惟像と広隆寺の半跏思惟像の区別です。両方とも木像です。形態も同じ。座像でも立像でもなく，足を組んでいる。片方の足を組んでいる「半跏」像。そして「思惟」というのは「ものを考えること」です。足を組んで頬に指を当てている。ここまではまったくいっしょ。区別がつきません。

　違いは，頭の上。「宝珠」という野球のボールのようなものが２個載っていると**中宮寺**で，ベレー帽のような王様の冠みたいなもの，「宝冠」をかぶっていると，**広隆寺**の半跏思惟像ということになります。

宝珠を
のせている

宝冠を
かぶっている

▲中宮寺半跏思惟像　　　▲広隆寺半跏思惟像

▶飛鳥寺釈迦如来像

　彫刻であと１つ。**現存最古の仏像**とくれば，**飛鳥寺の釈迦如来像**。いわゆる**飛鳥大仏**です。大部分は後に補修を繰り返しているので，最初からの部分はほんの一部ですが，何と言っても「最古」の仏像ということですから，覚えておくこと。金銅像です。

▲飛鳥大仏
素人写真ですが，ちょっと
見てください。

■絵画・工芸

▶法隆寺玉虫厨子須弥座絵

　続いて絵画・工芸ということになりますと，やっぱりこれも法隆寺ですが，**法隆寺玉虫厨子須弥座絵**。「厨子」というのは仏壇といったような意味ですが，その玉虫厨子およびそれをのせている須弥座という台に描かれた絵です。

　そこには釈迦の前世の物語，お釈迦様の逸話を絵画化したもの，中でも，釈迦が自分の体を捨てて，飢えたトラの親子の餌となってこれを救ったという説話を描いた「**捨身飼虎図**」という有名な絵が描かれています。

▶中宮寺天寿国繡帳（曼荼羅）

次，**現存最古の刺繡**。だいたい日本史でほかに刺繡なんか入試に出ませんから，刺繡が出ればこれなんですが，**中宮寺天寿国繡帳**。

厩戸王が亡くなって，いわば後でいう極楽浄土，天寿国へ行かれる様を刺繡で描いたもので，大きなものだったんでしょうが，現在はその一部が残っています。中宮寺天寿国繡帳。「**天寿国曼荼羅**」とも呼びます。「マンダラ」の「ダ」は注意してくださいよ。「茶」ではなく「荼」です。

このあたりまでをしっかり覚えておけば，飛鳥文化の作品は何とかなる。大事なのは，**キーワードつきで作品を覚える**ことです。

■歴史書

▶「帝紀」・「旧辞」

歴史書も出てきます。古墳文化のところでやりましたね。最初の史書は，6世紀前半。

> **Q** 大王の系譜などを記したのは？ ——「帝紀」

> **Q** 朝廷に伝わる神話・伝承をまとめたのは？ ——「旧辞」

これは，時期的に言って飛鳥文化よりはやや古いということで古墳文化に属すると考えておきます。

▶『天皇記』・『国記』

続いて出てくる史書が推古朝，蘇我馬子と厩戸王による『**天皇記**』・『**国記**』。これらは飛鳥文化の時期ですが，第5回(p.90)で話しました。念のためポイントだけ確認。

「帝紀」にあたるのが『天皇記』，「旧辞」にあたるのが『国記』ということらしいのですが，**乙巳の変**のときに焼けてしまったと考えられています。

古墳文化	飛鳥文化	白鳳文化	天平文化
6世紀前半	推古朝 7世紀前半		
帝紀 ➡	天皇記		712 古事記
旧辞 ➡	国記		720 日本書紀

本格的な歴史書（史書）と言えば，8世紀の『**古事記**』・『**日本書紀**』ですから，これは**天**平文化のところで出てきます。とりあえず，「帝紀」・「旧辞」と『天皇記』・『国記』は名称だけ覚えておけば OK です。ただし，**「紀」と「記」を間違えないこと**。「紀」と「記」の区別はつけておこう。

帝<u>記</u>✕　　天皇<u>紀</u>✕　　国<u>紀</u>✕　　古事<u>紀</u>✕　　日本書<u>記</u>✕

文化史は入試でもっとも差がつく，合否に直結する分野です。その最初が今回の範囲ですから，しっかり復習しましょう。

古代（8）

律令法
——律令制度(1)

　701年＝大宝元年，8世紀に入った最初の年に**大宝律令**ができあがり，これで，**律**と**令**という基本的な法律がそろいます。

　この律令法によって統治される国家を律令国家，律令体制と呼びます。天皇が発した法律であり，それまでのヤマト政権以来の**豪族たちは官僚となっていきます。**

　710年には藤原京から**平城京**，奈良の都に遷都。奈良時代が始まります。

▲平城宮・復元された（第一次）大極殿

　まず，律令法と様々な制度について学習しますが，面白くはありません。しかし，これからの政治，社会の歴史を学習するときの前提となる知識です。

　ここをしっかり学習しておかないと，8世紀以降の歴史を理解することができなくなってしまうので，気合いを入れて学習しましょう。

■律令格式

　律令制度は**天皇を頂点とする中央集権的な体制**であり，それを実現する組織や制度を規定したのが，**律・令・格・式**です。

　律というのはおもに刑罰関係。**刑法**です。こんな犯罪を犯したらこういう刑罰だよということを定めたもの。その他は全部まとめて**令**です。現在の**行政法**や**民法**などにあたる。律が一番大事な法律です。律令の基本的思想である**儒教**の教えに反する行為をあげて，それぞれに対する刑罰を規定します。

　刑罰は5種類定められていました。これを「**五刑**」といいます。

Q 五刑は何と何か。5つ，軽いものから列挙しなさい。
　　　　　　　　　　　　　　——**笞・杖・徒・流・死**

　軽いほうから重いほうに向かって，この5つありました。
笞は笞で叩く。うっかりクサカンムリにすると苔になっちゃう。いいですか，タケカンムリ，**笞**。杖は杖で叩く。笞とは太さが違うだけ。徒というのは今で言う**懲役**。流というのは遠くへ流しちゃう。死はもちろん**死刑**。この笞・杖・徒・流・死がまたおのおの，笞で何発叩くとか，細かくピラミッド型に分かれて，モチロン一番重いのが死刑です。

　律令制度の各役所，役職は，そのランクに応じて裁判権を持っているので，重い罪は高い官職が処罰することになります。たとえば，五刑のうち，郡司が執行してもいいことになっているのは笞です。

　また，位を有する官僚などに対しては，刑の減免が認められているのですが，天皇や国家に対する「**謀反**」，要するに反乱を起こした者，あるいは「**不孝**」，親に対して反抗した者などは，**減免されない**ことになっています。謀反・不孝などの8つの犯罪がこれにあたり，「**八虐**」といいます。

　次に，律令を補足したり変更するための法律を**格**，実際に施行するための細かい規則などを**式**といいます。これは9世紀以降にまとめる作業が進みます。

■律令法典

では，律令の法典が整備されていく過程を見ていきましょう。

天智天皇のときの近江令，続いて，持統天皇のときに施行された飛鳥浄御原令についてはやったね。では，

Q 701年，文武天皇の命によって編纂され，律令政治の基本法となった法令は？　　　　　　　　　　　　　　　　——大宝律令です。

それまでは，近江令，飛鳥浄御原令と，令だけだったけど，大宝律令で律と令がそろった。律は，唐の永徽律令をほぼ写して，令を日本の実情と合うように改変しました。

Q 701年は元号で言うと何年ですか？

✦ (=^･ω･^=) 　大宝元年！

OK。そのとおり。第6回の最後でやったね(p.115)。

大宝律令編纂の中心は**刑部親王**と**藤原不比等**。刑部親王は天武の子，不比等は鎌足の子です。

ついでに，701年というのは8世紀最初の年だね。そこで**8世紀とともに大宝律令が完成し，元号も定着する**。ちなみに翌年の702年には，30年ぶりに遣唐使を派遣して，「日本」という国号を名乗っています。

ところが，この大宝律令ができて20年もたたないうちに，また新たな律令ができる。

Q 718年，元正天皇のときに，藤原不比等が中心になって編んだ法令の名は？　　　　　　　　　　　　　　　　　　——養老律令

大宝律令と**内容に大差はない**と考えられています。20年も経っていないのに，なんでまた新しく律令法典を作ったのか？　理由ははっきりしません。藤原不比等が，自分1人で作りたかったのかもしれない。そこで，年号は，

> 718
> 「(大宝と)大差は**ないや**，養老律令」
>
> ゴロゴロ ⟫⟫
> ➡ 718年，養老律令

　しかも，この養老律令は，しばらくは実際には使わない。これを引っぱり出したのは，約40年後，不比等の孫，藤原仲麻呂が政権のトップに立ったときです。**757年，養老律令の施行**というやつなんです。

　だから元正天皇の718年にできあがったのは，近代的な法律用語でいうと「**制定**」。それを実際に使い始める，「**施行**」するのは**757年**です。そこでこの養老律令については，私大だと施行の757年のほうがむしろ出題されるぐらい。「約40年たってる」ということを頭に入れておいてください。他の律や令については，制定と施行の区別は無視してかまいません。

　ちょっと律・令の制定を振り返っておきます。

近江令 ➡ 飛鳥浄御原令 ➡ 大宝律令 ➡ 養老律令

（天智）　　（天武～持統）　　（文武）　　　（元正）──→（孝謙）

　　　　　　　　　　　　　　　　　　　718制定　　757施行

　　　　　　刑部親王

　　　　　　藤原不比等　藤原不比等　（仲麻呂政権）

■二官八省一台五衛府

　次に，律令の定めた政治機構はどのようになっていたか。

　まず，中央官制ですが，まとめて「**二官・八省・一台・五衛府**」と総称する。そこでトップが二官。**神祇官**と**太政官**といいます。

太 政官	太 政大臣	大 宰府
×	×	×
（大政官）	（大政大臣）	（太宰府）

「太政官」は**点を打たないとアウト**，「大宰府」は**点を打つとアウト**です。

　いいですか。まず神祇官があって，次に太政官がある。日本の神様，天照大神などの神様や神社，神事を扱うところが神祇官。神祇官は神様を扱うので太政官と並んでいますが，内容的には**太政官のほうが圧倒的に強い権力と権限を持っています。**

太政官の内容はどうなっているかというと，太政官の中で一番偉いのは**太政大臣**で，「**則闕の官**」といいます。「則ち闕（欠）ける」とはどういう意味かというと，適当な人がいない場合は欠員でもイイということ。「闕」は，「欠」けるという字です。受験用の言葉で言うと，常に置いとく必要はない，「非常置」といいます。

そこで太政大臣がいると，これはモチロン一番偉い。じゃあ，非常置じゃなくて常置，常に置いとくほうのトップはというと，**左大臣**。左が上ですよ。次が右大臣。その下に大納言，少納言。あとは左右の**弁官**，左弁官・右弁官があります。

ちょっと注意しておくのは，大納言と少納言はいるけれど，中納言はいないということ。実は中納言というのは，大納言と少納言だけでは手が足りないので，後からつけ加えた官職です。今で言う大臣にあたる参議（納言に次ぐ重職）も後から入ってきます。このような，**新たに設けられた，令制になかった官職を令外官**といいます。

■ 八 省

次が八省ですが，左弁官と右弁官がおのおの4つの省を統括しています。

> ┌左弁官…**中務・式部・治部・民部**（省）
> └右弁官…**兵部・刑部・大蔵・宮内**（省）

という八省です。読み方の順番も変えちゃダメ。

> 中務・式部・治部・民部・兵部・刑部・大蔵・宮内
> 「なかつかさ・しきぶ・じぶ・みんぶ・ひょうぶ・ぎょうぶ・おおくら・くない」

これはしつこいほどやる。繰り返して，まず慣れる。耳で覚える。

▶ 中務省 vs 宮内省

さて，トップが中務省。「詔書」，「勅書」などの天皇の命令を作成するなど，

天皇の**公的**な仕事を手伝う官職だからトップにきます。

　ところが，天皇に直接関わる省として宮内省もある。宮内庁 御用達「とらやの羊羹」なんていう，今でも残っている宮内という言葉に引っ張られて，“天皇のニョロニョロ”と出たときに，宮内省へ行っちゃうと，入試ではたいてい×。そこで，中務と宮内はしっかり区別しておく。

> ┌ **中務省**…**天皇の公的な仕事**
> └ **宮内省**…**天皇の私生活に関わる仕事**

　八省のトップと最後に天皇に関わる役所があって，トップの中務は天皇の国家行政の公的な面を助ける。宮内省というのは，宮中の事務。簡単にいえばご飯を作ったり，日常のめんどうをみたり，そういう天皇の**私的**なほうを扱うのが宮内省だと思っておきなさい。

▶式部省

　次に**式部省**の管轄。これは文官，普通の国家公務員の人事を扱います。役人を養成するための高等教育機関である「**大学寮**」も式部省のもとに置かれています。文官の人事と，その文官を養成する大学(寮)は式部省の管轄。

▶治部省

　その次，これがアナになるやつです。

Q 国家仏教の法会など(仏事)を扱うところ，プラス，外務省も兼ねているような役所は何省か？　　　　　　　　　　──**治部省**

　簡単に言うと，ここが担当する仕事は国家にとっての大イベントなんです。**国家的なイベント**は全部この**治部省**が扱います。治部省は一番忘れやすい。

▶民部省 vs 大蔵省

　次が入試の定番の**民部省**です。中務と宮内がややこしいように，民部省と混乱する可能性があるのが**大蔵省**。

> ┌ 民部省…戸籍・租税といった民衆支配の根幹に関わる仕事
> └ 大蔵省…政府の蔵に納められた税などを管理する仕事

　132 ページの表では，大蔵省の仕事として，「財政，貨幣・度量衡」と書いてある。実際の税の運用，出し入れなどは大蔵省の仕事なんですよ。度量衡というのはメジャーのこと，物を測る単位（度量衡）や貨幣なんかも管理する。

　統治の前提となる戸籍や税は民部省ですが，集めた税を管理したりするのは大蔵省ということです。

▶兵部省・刑部省

　兵部省はもう読んで終わり。兵隊さんだから，これは武官。要するに軍人を扱ったり，戦争関係。今で言えば防衛省。

　刑部省も刑罰の「刑」だから，刑の執行とかをつかさどる。

　では，いまの区別を思い浮べながらもう一度，口に出してみよう。

> 中務・式部・治部・民部・兵部・刑部・大蔵・宮内
> 「なかつかさ・しきぶ・じぶ・みんぶ・ひょうぶ・ぎょうぶ・
> 　おおくら・くない」

▶弾正台

　次に，役人が賄賂をとったとか不正を働いたとか，ズルしたりするのを取り締まる**弾正台**を確認してください。これが「一台」。

▶五衛府

　あとは，宮廷や都を守る防衛軍で，これを**五衛府**と総称します。衛門府と左右の衛士府と左右の兵衛府があるので，全部で 5 つ。衛門府だけは左右に分かれていない。そこまでが中央行政機構です。

■都城制

　次に，天皇と官僚たちが住む都城。中国をまねた最初の都城はやりましたネ。藤原京。続いて 710 年からは平城京が都です。

■ **平城京遷都**

平城京は奈良盆地の一番北側に造られました。遷都は 710 年です。

7 10
「**なんと**見事な平城京」

ゴロゴロ »»» → 710 年, 平城京遷都

天皇は**元明天皇**。もちろん, お手本は中国ですから, **唐の長安**(現在の西安), **長安城**の都城制をお手本にした。首都の造り方を「都城制」といいまして, それを模倣した。

ただし, 唐の長安城というのは, **横(東西)に長い**んだけれど, 日本の場合は**縦, 南北に長い**。唐の都は「羅城」と言って, 都の周囲を高いビルのような城で囲っています。「都城制」の「城」はこの羅城ですが, 日本では, この羅城は発達しません。ここはちょっと注意してください。

これは計画的な首都だから, 道路がちゃんと直交するように区画が整備されます。英語だとチェッカーボードなんて言います。これは唐と同じです。

Q "**碁盤の目のような**"と形容される, こうした都城の区画制は何と呼ばれるか?
——**条坊制**

■ **"天子南面"の平城京**

次ページの平城京図を見てください。都城の真ん中を南北に, 北から南に**ドーン**と**朱雀大路**が走っていて, **左京**と**右京**に区切られます。そして, 平城京も「北を背に南を向く」——もちろん, **天皇が北を背にする構造**です。南に向かい, 北を背にして「**天子南面**」ですよ。そこで, **天皇から見ると, 左手が東になります**。そこで地図で見ると右側が東で左京, 天皇から見て右側が右京になります。

左京と右京をもう一度確認しよう。これは共通テストから国公立の二次試験, 私大まで, 必ず出るやつです。左京と右京。要するに東側が**左**京で, 西

平城京

北

ワタシが
元明天皇だよ〜

不比等邸
長屋王邸
仲麻呂邸

一条北大路
一条南大路　西大寺　　平城宮　法華寺　　東大寺
二条大路　　　　　　　　　　　　　　　　　　　　　藤原氏
三条大路　　　　　　　　　　　　外　京　　興福寺　の氏寺
四条大路　　　右　京　　左　京　　　　　　元興寺　東
五条大路
六条大路　　薬師寺　　　　大安寺　　もと飛鳥寺
七条大路　　　西　　朱　東
八条大路　　　市　　雀　市　　もと大官大寺
九条大路　　　　　　大
西　　　　　　　　　路

四坊大路　三坊大路　二坊大路　一坊大路　一坊大路　二坊大路　三坊大路　四坊大路

南

側が**右**京だと。そして，北端の中央，中枢部が**平城宮**です。ここに，天皇
の生活の場である**内裏**，政務・儀礼のための大極殿・朝堂院，各官庁の建物
や庭園がありました。

　次に，右のほうに出っぱりの部分がありますネ。ここを**外京**と呼びます。
外側に造られた京ということ。あと，外京のさらに東側に**東大寺**，外側に**興
福寺・元興寺**（もとの飛鳥寺），平城宮の東の隣が**法華寺**（当時の藤原不比等
邸），さらに，左京に**大安寺**（もとの大官大寺），そして左京に**東市**，右京
に**西市**があるのも確認しておいてください。

左京 ➡ 東市

右京 ➡ 西市

ここが入試のポイントですよ。

137

■畿内・七道

　次に行政区画。基本的な単位は「国(くに)」ですが，その配置を「畿内(きない)・七道(しちどう)」，「五畿(ご)・七道」などと呼びます。まず都を中心に特別行政区があります。今だと「首都圏」みたいなものです。

【畿内（五畿）】　大和(やまと)・山背(やましろ)(山城)・摂津(せっつ)・河内(かわち)・和泉(いずみ)

　この5国をまとめて畿内(きない)といいます。初めは和泉を除いた4国でしたが，のちに**和泉が河内から分離して5国**となり，「**五畿**」とも呼ばれるようになります。「山背」は794年に平安京に遷都(せんと)し，「背(だい)」を「城」に変えます。読み方は「やましろ」で同じです。

　次に地方行政区画ですが，これは都からの**道路を単位に区分**されます。

【七道と諸国(しちどう)】
東海道(とうかい)・東山道(とうさん)・北陸道(ほくりく)・山陰道(さんいん)・山陽道(さんよう)・南海道(なんかい)・西海道(さいかい)

　これら計7つの道が走っていますが，九州は独立していて，**大宰府(だざいふ)の管轄(かんかつ)**

138

する**西海道**です。

七道にはランクがあって，**山陽道**が一番重んぜられている。道幅も広い。なぜかというと，大宰府を拠点に朝鮮，中国との外交が重視されていたからです。**都と大宰府を結ぶ幹線道路**ということです。

また，中央政府にとって注意を要する東国に対する「三関」が置かれていることにも注意してください。

三　関 ┬ 東海道・伊勢国…鈴鹿関
　　　　├ 東山道・美濃国…不破関
　　　　└ 北陸道・越前国…愛発関

政変などの際に，反乱を起こした人物が，東国，東日本の軍隊を集めたり，あるいは東国に逃げようとしたりすることを警戒して関所を設けたわけです。天武が天皇の地位を得た**壬申の乱**のことを思い出しましょう。律令制では，必要なときには固関使という役人を派遣して関所を閉じてしまうんです。

さて，地方行政の単位である「**国**」はどこかの**道**に属します。したがって，例えば東海道諸国と言えば，東海道に属する国々，そのグループを意味します。例えば武蔵国というのがある。その隣へいくと相模国があります。いずれも東海道諸国の国です。

ちなみにこの武蔵と相模というのはやっかいで，**いまの神奈川県の主要部分は相模国ではなく，武蔵国に属していて**，これが間違えやすい。

もう１つ。山陽道の**播磨国と摂津国との区別**。明石あたりから西は播磨国なんだけど，いまの神戸あたりの**兵庫県の主要部は摂津国ですから畿内に入ります**。

あと，琵琶湖がある近江国。近江国は現在の滋賀県なので，「近畿地方」というイメージでしょうが，「**畿内**」**には入らない。東山道に属する国**ですよ。

◼ 地方行政

さて，国が地方行政の基本的な，一番大きい単位ですが，その国はさらに，いくつかの郡から成っている。そして，郡はいくつかの里からできています。国・郡・里です。

Q 大宝律令以前はどうなっていた？　　　　　　　　　──国・評・里

これは藤原京跡から大量に見つかった木簡で確認されている。ここは第6回でやりましたよ(p.102)。

ちょっとやっかいな話ですが，この「国・郡・里」はまもなく，「里」は「郷」と改められ，その「郷」のもとに「里」が置かれるということになります。いいですか。

> 国・郡・里 ➡ 国・郡・郷（郷のもとに里）

国・郡・里の統括にあたるトップは，それぞれ国司・郡司・里長です。

国司は中央から任期をもって派遣されます。一方，**郡司は大化改新以前からの地方の有力者，いわゆる国 造 層の中から選ばれます。**さらに郡司は**任期がありません**。一度，郡司になればずっとそのまま，死ぬまで郡司。任期が決まっていない**終身官**です。

国司の役所，今の県庁にあたるのが**国府**(国衙)，郡司の役所が**郡家**です。そして，郡司の下を**里長**といいます。これは農民の代表者です。

◀大宰府政庁跡
大宰府政庁跡は整備され，柱の礎石などが示されている。

▶特別行政区

　あと特別行政区の官職として，都には左右の京職。これは都の一般行政にあたる。それから摂津職が摂津，いまの大阪に置かれます。外交の拠点であることから置かれた職です。そして，

Q 九州に置かれ，「遠の朝廷」とも呼ばれた中央政府の出先機関は？
——**大宰府**

　九州はとくに重要なところだから，外交，国防の拠点として大宰府が置かれている。そして，**西海道諸国の支配**も任されている。

　さて，あと少し律令制度について学習しなければならないのですが，ともかく，単純に覚えておかなければならない語句が多すぎます。そこで今回はこのあたりでやめておいて，一息入れることにしましょう。

古代（9）

律令税制と農民
——律令制度(2)

　律令制の学習の後半です。前回もそうですが，**ヤマト政権から律令制への転換**について学習していることを意識して，退屈でも，しっかり学習しなければならない。ガマンのしどころですよ。

大 王	➡	天 皇

氏・姓	位階 → 官僚
大臣・大連	太政官
畿内有力豪族 →	畿内有力豪族
国造 →	郡司
屯倉　田荘	（戸籍・班田収授法）→ 計帳　税制
名代・子代　部曲	良民
ヤツコ（奴婢）	五色の賤

　位階を持った官僚が律令法にもとづいて天皇の統治を助けるわけですが，今回はそのシステム，**官位相当制・四等官制**などを学習します。
　さらに，民衆統治の基本となる，**戸籍制度**。そして**班田収授法**と税制。**租・調・庸**など。

■ **位階制**

　今回は，官僚制度，位階制から。律令制度の続き。

　律令行政は役人たちによって運営されます。「官人」と呼ばれる官僚は，「有位」，**位階を持っているのが原則**です。位階があることが官僚の大前提。

　授業ノート(p.26)の〈**官位相当表**〉を見てください。

　603年，厩戸王(聖徳太子)が定めた冠位十二階から始まった位階制度が，最終的に30階に分かれています。正一位から少初位までの**30ランク**。もっとくわしく言うと，一番上から，正と従，一・二・三……，そして上・下を組み合せて，全部で30ランク。**正一位**から一番下の**少初位**の下までです。

　ピラミッド型の組織に数値化したランクをつけたのが位階制のイメージです。このように，律令の中央集権は，全部ピラミッドのイメージです。その上に天皇が君臨しているわけ。

■ **官位相当制**

　さて，ここからが要点ですよ。一位，二位，三位。これがまさに，今で言うと大臣クラス。だから総理大臣になろうと思ったら，一位とか二位を持ってないとなれない。要するにここの**三位**までが，**太政官のトップ**。「公卿」

と呼ばれる高級官僚。

　そして，太政大臣を置く場合，その人は一位という最高位を持っているのが原則です。左大臣・右大臣なら，二位を持っている人から選ばれる，といった具合。

　このように，**おのおのの官職，ポストに就くことのできる位階が法で規定されている**んです。律令制下においては，官職と位階はバラバラではなく，対応関係が決められている。ということは大抜擢がない。

Q この位階に応じた官職に任命されるシステムを何というか？
　　　　　　　　　　　　　　　　　　　　　　　——官位相当制

　だから，ある六位の官人を天皇がどんなに気に入ろうが，どんなに優秀だろうが，六位のままでは大臣には絶対なれません。位階は徐々に上がっていくので，いきなり三位にするなんてことはできないんです。六位なら六位に対応する役職がちゃんと決められていて，それに「相当」する，たとえば国司の「守」などに任命されるのです。「**官位相当制**」は律令の行政機関の制度では一番よく書かされるものです。

■ 貴族の特権

　こうやって，**ヤマト政権**を支えた大和・摂津・河内とか，あるいは地方の有力者たちは，律令制度のもとでお役人さん，官僚になっていきます。

　彼らは**経済的な保障**も受けました。授業ノートに書いてあります（p.27）。律令貴族たちは位によって**位田・位封・位禄・季禄**，それからお手伝いさんのような労働者である資人，あるいは官職に対して職田を給与されるというふうに，さまざまな名目によって経済的な保障を受けた。

　また，調・庸・雑徭のような**税の免除**もあります。さらに軽い犯罪はお金を払っておけばチャラになるというふうに，刑罰上の優遇も若干受けます。

Q 有位者でも刑の減免が認められない重大犯罪って何だっけ？

 八虐。

ハイ，よく覚えてたネ。

貴族の特権はまだあります。大化前代からの有力者たちが高級官僚になって，確保した一番大きな特権ともいえるもの。

Q 律令制で，五位以上の者の子と三位以上の者の子・孫は，21歳になれば，自動的に一定の位階が与えられた。この制度を何というか？
——蔭位の制

これはもう出まくりだから，絶対書けるように。蔭位という制度です。「蔭」の字のクサカンムリを絶対忘れないように。

さて，五位以上の者の子を蔭子といい，三位以上の者の孫を蔭孫といいます。つまり，一位〜三位は子・孫までが対象，四〜五位では子がこの恩典の対象です。皇親（天皇の親族）も対象となりますし，嫡子（正妻の子）とそれ以外で与えられる位には差がありますが，細部まで覚える必要はありません。

○ 蔭位　　×（陰位）

例えば，お父さんが正一位太政大臣という高級官僚だったら，その嫡子は21歳になれば自動的に従五位下が与えられる。すなわち，お父さんやお祖父ちゃんのお「蔭」で，下から積み上げなくとも，途中の位がもらえる。いきなり貴族。こうした優遇措置を蔭位制度というわけです。

さて，それでは，お父さんやお祖父ちゃんがたいした役人じゃない場合はどうなるか。下からがんばって職務に励み，よい成績を残しても，限界があります。エリートの子供たちが出発点とする五・六位あたりにいくのだってタイヘンです。ということは，律令の**役人たちが高級官僚層と，中級までしか行けない層に分かれてしまう**ということです。

蔭位の対象となるのは五位以上ですが，この**五位以上がいわゆる「貴族」**，今風に言えばキャリアの高級官僚です。そして経済的にも圧倒的に優遇されるんです。

■四等官制

次は官職制度です。その組織の原則は「四等官制<ruby>しとうかんせい</ruby>」です。律令制では，各役所の上層部はすべて次の4つの階級に分かれていました。

長官<ruby>かみ</ruby>——次官<ruby>すけ</ruby>——判官<ruby>じょう</ruby>——主典<ruby>さかん</ruby>

この「かみ・すけ・じょう・さかん」という呼び名はどの役所でも同じですが，**使われる文字が役所によって異なっていた**。ここがやっかい。簡単な四等官の例を見ておきましょう。

■八省の四等官

はい，下の四等官表を見てください。

八省，中務<ruby>なかつかさ</ruby>・式部<ruby>しきぶ</ruby>・治部<ruby>じぶ</ruby>・民部<ruby>みんぶ</ruby>などの「省」の長官（「かみ」）は「卿」。たとえば，治部省の長官は治部卿で「じぶのかみ」ですが，「卿」を音で読んで「じぶきょう」とも読みます。同じく，民部省なら「民部卿」。

次の「次官」は「輔」，判官は「丞」，「主典」は「録」という字をあてます。読み方は，「すけ」「じょう」「さかん」。

輔は大と少，大輔・少輔に分かれているのでちょっとややこしい。民部大輔・民部少輔のようになりますが，これも「すけ」あるいは「ほ」と読みます。そこで，

八省の長官は？　と聞かれたら，
——答えは「卿」。

次官は？　と聞かれたら，
——「輔」と答えます。

四等官制

官職	省	大宰府	国	郡
かみ（長官）	卿	帥	守	大領
すけ（次官）	大少輔	大少弐	介	少領
じょう（判官）	大少丞	大少監	大少掾	主政
さかん（主典）	大少録	大少典	大少目	主帳

　　　　　〈かみ〉　〈すけ〉　〈じょう〉〈さかん〉
┌（八）省… 卿 —— 輔 —— 丞 —— 録
└ 国　司… 守 —— 介 —— 掾 —— 目

よく聞かれるのは，省と国司の四等官。そして，**大宰府**の長官。難関大だと郡司の四等官も問われることがあります。政治史がらみでは，大宰帥の代理，大宰権帥。これは**平安時代**に出てきます。郡司の四等官は**墾田永年私財法**の史料で出てきます。

```
┌ 省 ……… 卿・輔・丞・録
├ 国　司 … 守・介・掾・目
├ 大宰府 … 帥（×師）
│　　　　　　＊帥の代理 ＝「大宰権帥」→ 菅原道真・源高明
└ 郡　司 … 大領・少領・主政・主帳　　　　墾田永年私財法
```

　「音」で暗記しましょう。省→国司→郡司の順番です。

> 「きょうほじょうろく　しゅかいじょうもく」
> 「だいりょうしょうりょうしゅせいしゅちょう」
> 「きょうほじょうろく　しゅかいじょうもく」
> 「だいりょうしょうりょうしゅせいしゅちょう」

　おのおのの役職は，決められた位階を持つものから選ばれるんですよ。**官位相当制**です。たとえば，大宰帥が欠員になったら，従三位の位をもっている官僚の中から後任が選ばれるということ。

■身分制度

次はやっかいな農民と税制です。まず，律令制の身分制度を確認しておきます。といっても，これは単純です。

貴族から一般の農民まで，大部分は良民と呼ばれます。それに対して一部残っていた奴隷身分の人々が賤民です。「良」と「賤」の区別です。そして賤民の区分が，**陵戸・官戸・家人・公奴婢・私奴婢**。これらを「五色の賤」と総称します。

陵戸というのは陵，天皇のお墓を守っている人。政府所有の奴隷が官戸・公奴婢。民間の有力者も一部奴隷の所有が認められ，これが家人・私奴婢ということになります。

■戸籍・班田収授

次は民衆支配と班田収授制，そして，税制。史料がいくつか出てきます。しっかり声を出して読んでください。

律令国家が農民など，すべての人を支配するためには，戸籍が絶対に必要です。これはもういいね。庚午年籍（670年）・庚寅年籍（690年）ができていた。戸籍は班田収授のための基本台帳です。

Q 律令では，戸籍は何年ごとに作成すると規定されていたか？

――6年です。

戸籍は6年ごとに作ることになりました。また，調と庸を徴収するための台帳を計帳といった。これは毎年つくることになっています。ハイ，史料で確認。

出典の『令義解』というのは，9世紀になって成立した「養老令」についての解釈を書いた本です。

史料

16-(1) 律令制度〔戸令〕/『令義解』

〔戸令〕
（こりょう）

凡そ戸は五十戸を以て里と為せ。里毎に長一人を置け。

戸は50戸で1里とする。　　　　　　里に里長を1人置け。

凡そ計帳を造らむことは，年毎に……

計帳は毎年作成せよ。

凡そ戸籍は六年に一たび造れ。……

戸籍は6年ごとに造れ。

凡そ戸籍は恒に五比を留めよ。其遠き者は次に依りて除け。

戸籍は30年間保存せよ。　　　　　30年以上経ったら古いものから廃棄せよ。

（近江の大津宮の庚午の年の籍は除かざれ）

（ただし，近江大津宮の庚午年籍は永久保存とする）

■戸籍の作り方

「凡そ戸は五十戸を以て里と為せ。里毎に長一人を置け」——国郡里制で，戸というのが戸籍の単位になっていますから，「**50戸で1里とせよ**」ということ。

この戸というのは「**郷戸**」ともいい，平均20人前後で構成されています。当然，今の家族よりうんと多い。つまり「郷戸」は複数の家族で構成されており，郷戸を構成する個々の家族のほうを「**房戸**」と呼んだ時期もあります。

次，「凡そ計帳を造らむことは，年毎に」だから，年ごとに**毎年，計帳を作ります**。氏名・年齢とか性別とかを書いておいた。課税の台帳なので，毎年新しいものが必要だったんです。

で，この計帳は毎年作るんだけれど，その元になるのは6年ごとの戸籍です——「凡そ戸籍は六年に一たび造れ」。戸籍というのは年月がたつと意味がなくなりますね。みんな死んじゃうから。そこで**6年に1回**作ることとされています。

そして，「戸籍は恒に五比を留めよ」。「五比」というのは"掛ける5"という意味で，元の6年掛ける5で，6×5＝30です。すなわち「戸籍は**30年間は保存**しなさい」ということです。6年ごとに1回作って，30年間は作ったものを保存し，順番に「遠き者」，古くなったものから捨てていいよ，と。

ただし，**670年**，覚えてるか，天智天皇がはじめて作った全国戸籍の「近江の大津宮の庚午の年の籍は除かざれ」──庚午年籍は，永久に保存しなさい。でも，これは現在は残っていません。現在まで残っている最古の戸籍は大宝2年，702年のものですが，もちろん断片的なものです。

（天智）　　（持統）　　（文武）

　①　年　　②　年　　③　年

庚午年籍　→　庚寅年籍　→　戸令 … 6年1造，「五比」＝30年間保存

＊現存最古の戸籍 … 702（大宝2）年

Q ハイ，空欄の年次はいいですか？

──① 670　② 690　③ 701

班田収授

さて次は，いよいよ班田収授法。

16-(2)　律令制度〔田令〕/『令義解』

〔田令〕

(A)　凡そ田は長さ卅歩，広さ十二歩を段と為よ。十段を町と為よ。
　　田はタテ30歩，ヨコ12歩の広さを1段とする。　　10段を1町とする。

　　段の租稲二束二把，町の租稲 廿 二束。
　　租は1段につき稲2束2把，1町なら22束とする。

150

(A)「凡そ田は長さ卅歩，広さ十二歩を段と為よ」──長さ・広さ，これは縦・横だと思いなさい。「広さ」というのは面積じゃありません。「卅」という字は三十と読みます。だから，タテ・ヨコ 30 × 12 = 360 歩。これが面積で，1 段です。その 1 段が 10 個集まると町。

町	段(反)	歩
1 =	10	
	1 =	360

1 段(反)は 360 歩ですよ。**豊臣秀吉の太閤検地**では 1 段(反)は 300 歩なので，そのときにも念を押しますが，

┌ 律令制……360 歩 = 1 段
└ 太閤検地…300 歩 = 1 段

と覚えておく。

この田地に対してかけられる税が租です。

「段の租稲二束二把，町の租稲 廿 二束」──「租」は口分田からの収穫に対する税ですよ。租として 1 段につき 2 束 2 把を納めなさいということ。収穫の約 3 ％にあたる。**軽い税**と言っていいでしょう。この 2 束 2 把の束・把というのは 10 進法だから，町だとそれの 10 倍で 22 束，2.2 × 10 = 22 ということです。

租…1 段につき 2 束 2 把 = 収穫の約 3 ％

16-(3) 律令制度〔田令〕/『令義解』

(B) 凡そ口分田を給はむこと，男に二段。女は三分の一を減ぜよ。

口分田を与える場合，男は2段。女は3分の1を削り，1段120歩与えよ。

五年以下には給はざれ。

5歳以下には与えない（6歳以上に与えること）。

「口分田」，つまり人間ごとに田んぼを与えていきます。男は2段，女はその3分の2を与えます。上の法律の文章では「女は3分の1を削れ」と書いてあるから，残りは3分の2ということになるわけ。ここのところは史料の穴埋め問題で出るとうっかり間違えるところです。「減ぜよ」だから，2ではなく1だということを覚えておきましょう。

男は2段，ということは歩でいえば，$2 \times 360 = 720$ で720歩。ここから $\frac{1}{3}$ を引いて，残りの $\frac{2}{3}$ が女性だから，女性がもらえるのは，次のようになる。

$$720 \times \frac{2}{3} = 480（歩）＝ 1段120歩，あるいは，$$

$$2 \times \frac{2}{3} = 1\frac{1}{3}（段）＝ 1段120歩$$

次も数字に注意。「五年以下には給はざれ」――5歳以下にはやるな。「給はざれ」，否定だから，**「6歳以上にあげます」**ということになります。

あと，史料では出してきませんが，賤民に対する田の配分もチェックしておきましょう。**五色の賤のうちの家人と私奴婢については，良民の男女おのおのの3分の1。陵戸・官戸・公奴婢は良民と同じ**だけ与えられます。

```
良 民 ┌ 男… 2 段
       └ 女…(男子の 3 分の 2)1 段 120 歩
         (いずれも 6 歳以上に与える)
賤 民 ┌ 陵戸・官戸・公奴婢…良民男女と同じ
       └ 家人・私奴婢…良民男女の各 3 分の 1
```

また，

Q 口分田の班給がしやすいように田地は区画されたが，その土地の分け方を何というか？
——条里制といいます。

この条里制は天平年間から実施されていきました。都の区画のしかたである条坊制と混同しないこと。

16-(4)　律令制度〔田令〕/『令義解』

(C)　凡そ田は六年に一たび班へ。神田・寺田は此の限りに在らず。……
　　　班田は 6 年に一度実施せよ。　　　神田・寺田は年限はない。

(D)　凡そ諸国の公田は，皆国司郷土の估価に随ひて賃租せよ。
　　　諸国で国家の元に残っている公田は，すべて，国司がその地方の実状に応じて農民に賃租させよ。

■田地の種類

(C)の条文です。「田は六年に一たび班へ」——**班田の給付は 6 年ごとに実施される**。つまり，6 年ごとに作成される**戸籍**に基づいて行うということ。「神田・寺田は此の限りに在らず」——国家管理のもとにある神社やお寺に与えた田んぼ(**神田・寺田**)については，このことは関係ありませんよ。

　次，(D)。口分田を班給した残りの田んぼを「公田」といいます（「乗田」とも
いう）。口分田として，あるいは神田・寺田として配った残りの田んぼについ
ては，ほっとくと荒れ果ててペンペン草が生えちゃうから，国を支配してい
る国司が，その地域の物価水準に合わせて貸し出しなさい，**使用料を取っ
て貸し出しなさい**と言っています。公田を賃租した農民は**収穫高の5分の
1，20%**を使用料として国司に納入します。

■ 租・調・庸 / 雑徭

さあ、ここまでで「租」が出てきました。田 1 段について稲 2 束 2 把でしたね。

租は**郡司**がこれを管理し、国の範囲内で運用されるので、言わば**地方税**です。中央政府の財源ではありません。今で言えば、都民税、県民税です。

中央の財源となるのは「調」と「庸」です。

16-(5) 律令制度〔賦役令〕/『令義解』

〔賦役令〕

凡そ調の絹・絁・糸・綿・布は、並びに郷土の出す所に随へ。

調は………などの中から、その地方で適切な物を選んで納入せよ。

凡そ正丁の歳役は十日。若し庸を収るべくんば、布二丈六尺。……

正丁の歳役は 10 日、もしその代わりに庸で納入する場合は布 2 丈 6 尺である。

凡そ令条の外の雑徭は、人毎に均しく使へ。総て六十日を過ぐることを得ざれ。

以上の令に規定した以外の雑徭は、不公平にならないようにせよ。合わせても 60 日を超えてはならない。

調（地方の産物を朝廷に納めるもの）として、「絹・絁・糸・綿・布」など、政府が指定したおのおのの**郷土の特産物**を出しなさい。いろいろな物のなかから指定されたもの。「絹・絁……」ときたら調。

次、「凡そ正丁の歳役は十日」──**正丁は成人男子のことで、21 歳から 60 歳まで**。20 歳じゃないよ、21 歳。この歳役の代わりが「**庸**」。地方税ではなくて中央の税として、**年 10 日間**、労働で国に奉仕しなさいというもの。これが「**正丁の歳役十日**」です。

しかし，実際に10日間の労役が課されることはありません。日本全国から成年男子が都に集まってきて10日間働くなんていうのは，現実味がありませんから。そこで，「若し」というのは「代わりに」というような意味で，10日間の労働力を奉仕する代わりに，「庸布」として，**2丈6尺の布を納めればいい**ことになっているわけです。

次，「雑徭」はまず漢字でしっかり書けるように。これも労働力で奉仕させられる税です。「人毎に均しく」というのは，人によって15日，30日というようにバラツキがないように公平に課せということ。ただし「六十日を過ぐることを得ざれ」——**最大限で60日**，60日間を限度として労働を課してもいいよということです。雑徭は**地方税**で，**国司**の権限で負担させるものです。

■ 兵役制度——衛士と防人

16-(6)　律令制度〔軍防令〕/『令義解』

〔軍防令〕

　凡そ兵士の上番せむは，京に向はむは一年，防に向はむは三年，行程
兵士が実際に勤務につく場合，　京に向う衛士は1年，九州に入って防人となる場合は

を計へず。
3年，往復の日数はこれに含まれない。

はい，次は兵隊の制度。義務兵役制がありまして，「凡そ兵士の上番せむは，京に向はむは一年，防に向はむは三年」——京に向かうのが，京都を護衛する**衛士**というやつです。左右の衛士府などで働く。次の「防に向はむは三年」というのは**防人**。これは九州北部の沿岸の防衛にあたるものです。

兵役を課されるのは，選ばれた特定の人ですよ，もちろん。全員じゃありません。**正丁の3人に1人の割合**で選ばれ，国司の管理下にある**軍団**というところで軍事訓練を受けるんですが，そのうちの一部の人が**都に行って**，

156

衛士として1年間奉仕するとか，あるいは**九州へ行って防人として3年間**勤務しなきゃいけない。

　例えば東京あたりに住んでる正丁（成年男子）が防人になると，3年間九州で，自分で全部費用を負担して，国防軍に奉仕することになる。しかも，この防人は**東国**の兵士から選ばれます。九州に到着するのに半年以上かかるでしょう，たぶん。ひょっとしたら1か月，2か月で行けるやつもいるかもしれないけれど。しかも，「行程を計へず」ですから**行き帰りの日数は数えない**で，丸3年，九州で防人をやりなさいということ。だから防人になると悲惨なことになります。

　ハイ，これも繰り返し口ずさんで覚えてしまう。

> 「衛士は1年，防人3年」
> 「えじは1年，さきもり3年」
> 「えじは1年，さきもり3年」

　入試のポイントは，行き帰りの日数は，その「1年」「3年」の勤務期間に**は加えない**というところです。

　以上が，律令の土地・税制の主要な内容です。本番の入試までに完全に覚えればいいと思って，あまりプレッシャーを感じないで，繰り返すことによって慣れて，覚えてください。

　2回にわたって，冗談ぬきでお疲れさまでした。繰り返しの復習をぜひお願いします。

第10回

8世紀の政治

今回は，律令国家が成立した 8 世紀の社会，経済を学習します。

北にも南にも新しい国が誕生する。**出羽国（でわ）・大隅国（おおすみ）の設置**。そして，有名な**和同開珎（わどうかいちん）の発行**などの経済と 8 世紀の政治です。天皇と藤原氏を中心に，政治の展開を見ていきます。中心人物は次のとおり。

📎 8世紀の政治

| 707 没 | 707 即位 | 715 即位 | 724 即位 | 749 即位 | 758 即位 | 764 孝謙重祚 | 770 没 |

文武 ➡ 元明 ➡ 元正 ➡ 聖武 ➡ 孝謙 ➡ 淳仁 ➡ 称徳 ➡ 光仁

藤原不比等　→　　長屋王→藤原四子 → 橘諸兄 → 藤原仲麻呂→道鏡　→　藤原百川
　　720 没　　　　　729 没　737 没　（56 失脚）757 没　764 没

藤原氏の系図だけ見ておきましょう。「藤原四子」というのは不比等の 4 人の息子，（南家）**武智麻呂**・（北家）**房前**・（式家）**宇合**・（京家）**麻呂**のことです。「むちまろ・ふささき・うまかい・まろ」と 3 回，声を出して読んでください。

鎌足──不比等┬（南家）武智麻呂──仲麻呂
　　　　　　├（北家）房前──○──○──冬嗣 → 摂関家
　　　　　　├（式家）宇合┬広嗣
　　　　　　│　　　　　　├清成──種継┬仲成
　　　　　　│　　　　　　└百川　　　　└薬子
　　　　　　└（京家）麻呂

■東北地方

　中国で唐が膨張していったように，日本でもこの 8 世紀前半には**出羽柵**，さらに**出羽国**の設置というふうに，**東北地方**の日本海側に新しい国が置かれます。中央政府の支配下に入ったところに，国が新しく置かれていった。

8 世紀前半の九州と東北地方

秋田城
(712)
出羽国
出羽柵
(708)
陸奥国
648
647
多賀城
(724)

薩摩国
(702)
大隅国(713)
屋久島
種子島

　地図を見て。出羽柵が置かれたのは 708 年。「和同開珎」の年です。それから出羽国設置の 712 年も絶対覚えないといけないダブルの年号で，『古事記』ができた年でもある。次はいよいよ太平洋側で，

Q 724 年，現在の宮城県に設置された東北経営の拠点を何というか？
　　　　　　　　　　　　　　　　　　　　──**多賀城**

　この多賀城に**陸奥国府**と，東北地方全体を監視する**鎮守府**という，新しく領土に入った地域を監督する特別の役所が置かれた。

■九 州

一方，南九州には，広い地域を，日向国としていましたが，702年には薩摩国が，713年には大隅国が置かれます。今の鹿児島県の西部が薩摩国，東部が大隅国です。

南九州の隼人と呼ばれた人びとは，8世紀前半には，律令制の浸透に抗して反乱を起こしています。また，薩摩国・大隅国には班田制や税制は施行されず，6年交代で朝廷に朝貢することとされます。天皇が蝦夷や隼人の朝貢を受けることで，中国の皇帝と同じような地位にあることを示そうとしたわけです。一部の隼人は朝廷の儀式に参列したり，宮門の防衛に従事するために上京したのですが，その隼人の使った楯(盾)が平城京の発掘調査で発見されました。

▲隼人の盾
©奈良文化財研究所

そして，種子島とか屋久島とか，奄美諸島が中央政府の支配下に組み込まれる。さらに南の島々からは赤木などの産物が貢進されています。**東北地方と九州南部への国域の拡大**。そこまでいいですね。

■和同開珎

このように8世紀に入って律令体制が成立するとともに，経済・産業も発達する。

農業，手工業でいうと，鉄製農具が普及した，大陸技術が伝来した，国衙の工房ができた，農民が副業で調や庸の布を織るなどの技術も発展します。

各地で鉱山開発も進む。陸奥から金が，対馬から銀が，そして周防や武蔵から銅がとれるようになった。この中で一番よく出るのは，**武蔵国秩父郡**から銅がとれたことに関してです。日本産の自然銅です。その銅が中央に献上された。

Q よし，メデタイ，元号を変えようというので，708年に何という元号に変わったか？
——和銅

この和銅改元を契機に，和同開珎という貨幣の発行が始まります。この貨

幣は**唐の開元通宝**をお手本にしたとされます。

❓天武天皇のときに発行された銅銭は？ ──富本銭

　中国が都城制なら日本も都城制，中国に律令法典があるなら日本にも律令法典，中国に貨幣があるんだったら日本にも，というわけだ。富本銭は「富本」と2文字。「開元通宝」は4文字だから，今度は4文字にして「和同開珎」としたんでしょう。たぶん。

　この年，708年には「**平城京を造営せよ**」という命令が出ていますので，その工事のための人夫に対する労賃，要するに給料として払うために鋳造したという有力な見解もあります。

　あと，和同開珎は小学生でも知ってるけれど，書かされたときに金ヘンをつけない。大丈夫だよね。

　もうひとつ，富本銭が，飛鳥寺のすぐそば，石舞台からも近い飛鳥池遺跡から，

和 ○同 ×（銅） 開珎　和 ○銅 元年

まとまって出てきたことも思い出しておこう（p.113）。

　さて，この和同開珎から始まって，最後は**乾元大宝**まで，12種類の銭を造りますが，これを**皇朝（本朝）十二銭**と総称します。皇朝，つまり「日本の政府が造った12種類の銭」ということ。それの最初が和同開珎で，708年です。

　乾元大宝は958年に発行されているので，958－708＝250，250年間に12種類の銅銭が発行されました。

　また，和同開珎は銀銭と銅銭も発行されています。その後，奈良時代には**開基勝宝**という金銭も発行されています。もちろん，ほとんどは銅銭，皇朝十二銭ですよ，念のため。

　和銅改元，**和同開珎**，**皇朝十二銭**の最初。3点セットで覚えておいてください。この和同開珎を造った役所を鋳銭司といいます。

■蓄銭叙位令

　さて，いきなり貨幣を与えられたけど，みんなよくわからない。当時は物

がほしいときには，米とか布でいわば買っていた。そこへ中国はこうなんだから日本もこうするぞと言って，いきなり和同開珎を使えといわれても，よく意味がわからない。そこで，

Q 711年，貨幣流通促進のため，銭を多く蓄えた者に位階を授けることを定めた法令は？
——蓄銭叙位令

「お金を貯めたら位をあげます」という法律です。漢字で書けるようにしておくこと。お金をいっぱい集めて，政府へ納入すると，お金の額に応じて位階がもらえるんです。叙位令の「叙」は要注意の漢字だ！

叙位 （除）　○ ×

「**セブンイレブン**へ行って位をもらおう」
7　　11

»» ➡ 711年，蓄銭叙位令

それでは，史料をチェックしよう。これは読んで一発です。

🔍 史料

17　蓄銭叙位令 /『続日本紀』

（和銅四年十月）詔して曰く，「夫れ銭の用為る，財を通じて有無を
711年　　　　詔が出て，「銭というものの役割は，物の交換の手段である。

貿易する所以なり。当今百姓，尚習俗に迷ひて未だ其の理を解せず。
しかし現在，多くの人は以前からの習慣で，まだその意味を理解していない。

僅に売買すと雖も，猶ほ銭を蓄ふる者無し。　其多少に随ひて節級
売買に使う者もいるが，なおいまだこれを蓄えるものはいない。そこで（銭を蓄えた者には）

して位を授けん。……」
その額に応じて位階を与えることとする。

「銭の用」というのは，「財を通じて有無を貿易する」——貨幣というものは，有るものと無いものを交換するときの手段なんだよと。これは当たり前の話だけど，こんなことを言ってるわけだ，政府が。

で，「当今」というのは「いま」。「百姓」——この百姓というのは農民という意味じゃなくて，姓がいっぱいということで，いろんな人，要するに「庶民」という意味です。古い読み方では，この百姓のことを「あめのしたのおおみたから」と読んだりします。

「百姓，尚習俗に迷ひて」——「この習俗というのは何か」と言われたら，何か物がほしいときには，手持ちの**米や布**で交換していた習慣のこと。これは覚えておく。その習慣にこだわって，政府がせっかくお金を鋳造したのに，あまり使おうとしない。これはイカン。

「僅に売買すと雖も，猶ほ銭を蓄ふる者無し」——貨幣を蓄えるようなやつもいない。そこで，「蓄銭」——銭を貯めたら，その額に応じて，「節級」，ランクをつけて，「叙位」——位をあげましょう。

711年，和銅4年です。出典は『日本書紀』に続く『続日本紀』という，最もできのよい日本の正史です。

```
┌─710年…平城京(ナントミゴトナ)
├─711年…蓄銭叙位令(セブンイレブンに行って)
├─712年…『古事記』，出羽国
└─713年…『風土記』撰進の命，大隅国
```

710年，「ナント見事な平城京」，これは定番商品ですが，翌年は「セブンイレブンへ行って位をもらおう」(蓄銭叙位令)というふうにつながり，さらに712年には『古事記』ができて，出羽国。713年には『風土記』撰進の命と大隅国というふうに，芋づる式に年号を覚えていく。ゴロ合せで全部覚えるなんて不可能ですからね。645，46，47，48はダイジョーブだろうね。

■商業・流通

次に，商業・流通。

政府が経営する東市と西市が京中に置かれたことは平城京のところで確認しました。もう一度，**東市は左京，西市はもちろん右京**ですよ。そしてここを監督しているお役所が**市司**です。

もっとも，律令制となる前から大和盆地には海石榴市・軽市などの市場があった。河内，駿河にもあったことが知られています。

■交通事情

交通制度については，第8回でやった。畿内（五畿）七道の**七道**。七道は「**官道（駅路）**」と呼ばれる幹線です。それを維持・運用するシステムは**駅制**と呼ばれます。

Q 七道にほぼ16kmごとに設置されて，交通を統轄した施設は？

——**駅家**

この駅家は一般の人々のためじゃなくて，役人が地方に赴任したり，出張したりするときのための施設で，**駅鈴**という鈴を持った公用の役人たちのみ利用できるというものでした。彼らは駅家に常備されている馬を使ったりして旅ができた。

ということは，**一般の庶民はこの駅制の恩恵にほと**

▲駅　鈴

んどあずかれない。調や庸の布を地方から都へ運ぶ運脚と呼ばれる税負担を強いられた農民たちは，食料も自己負担，自分の足で長い距離を歩かなければならなかった。そこで，途中で行き倒れになっちゃう人とか，故郷へ戻れなくなった人がいっぱい出てきます。こういう人たちを救おうというので，**布施屋**という一種の救護施設を設けたのが**行基**というお坊さんでした（p.189）。

官道は，駅路とも呼ばれるように，諸国の国府を結ぶものでしたが，これに対して，国府と**郡家**などを結ぶ道は**伝路**と呼ばれます。官道の道幅は，12mと広い山陽道から，9m，6mと三段階がありましたが，できるだけ直

線となるように計画されていたことが遺構から判明しています。中央集権体制に合致したものということでしょう。一方，実際の，地域社会にとって重要だったのが伝路ということで，国内を網の目のように結んでいた。

　国府（国衙）は国司の一国支配の拠点で，政務や儀式を行う役所の建物を中心に，国司の居館や多くの倉庫が建ち並び，まさに一国支配の中心。

　郡司の支配の拠点である郡家も，国府と同じように役所，郡司の居館，倉庫群が建ち並び，近くには郡司の氏寺がありました。また，木簡などから律令制の文書による行政の様子が近年の発掘で明らかになり，漢字文化の地方への浸透の様子もわかってきました。

🔖藤原不比等の政略（文武・元明・元正朝）

　では次に，8世紀の中央政治はどのように展開していったか。いわゆる政治史をチェックしておきます。

❓701年の「大宝律令」を作った中心人物を2人あげよ。
　　　　　　　　　　　　　　——刑部親王・藤原不比等

　中臣鎌足が晩年，天智天皇から「藤原」という姓をもらう。このように，天皇が臣下に新しい姓を与えることを賜姓と言いますが，その藤原(中臣)鎌足のあとを継いで，息子の不比等は藤原不比等を名乗ったわけです。

　この不比等が，文武・元明・元正天皇のころにかけて，皇親，すなわち天皇家一族の有力者である長屋王とともに権力をにぎっていました。

　不比等は父のあとを継いでその地位を固めた。しかし，それではただの高級官僚にすぎません。藤原氏の地位をもっと確かなものにしたい。なんといっても他人同士というのは，いざとなったら「しょせんは他人だね」みたいな感じが日本人にはあるね。いざというときはやっぱり自分の息子だ，あるいはじいちゃん，ばあちゃんだ，あるいは親戚だと。要するに一族の結合，血のつながりというやつが一番頼りになる。

　そこで，**天皇家と親戚になっちゃおう**。これが，だれが考えても権力を確立する一番いい方法だ。

🔖外戚政策

　藤原不比等の娘宮子と文武天皇は今風に言えば結婚してます。要するに娘を皇族と結婚させて，天皇家に食いこんでいった。

　で，ここは絶対覚えなきゃいけない。不比等は720年に没しますが，文武と宮子の間に生まれた男の子が724年，即位します。それが聖武天皇です。

　聖武天皇から見て不比等は母親のお父さん。つまり，母方のオジイサンになる。こういう母方の親族のことを**外戚**と呼びます。「外」は母方，「戚」は親

戚の「戚」。母方のオジイチャン，祖父は「外祖父」。

　今でも内孫と言いますが，その「内」というのは父方を指しますネ。オジイサンというのは，お母さんのお父さんと，お父さんのお父さんの2系統いるね。父方は祖父でいいんですが，お母さんのほうのじいちゃんを「外祖父」と呼んで区別します。

＊注：年齢などは無視しています。

　さらに藤原不比等は，自分のやはり娘である光明子を皇太子だった聖武の奥さんにしています。不比等のこのような政略，天皇の母方の親戚の地位を得ていく政策がいわゆる**外戚政策**です。

　不比等は**大宝律令**の制定では刑部親王に協力し，**律令制国家の基礎を固める**ために多大な功績を残しました。

　710年に平城遷都となると，意図的かどうかはわかりませんが，藤原不比等は，自分が住んでる家のそばに皇居を持ってきちゃうんです。平城宮の隣に法華寺があります（p.137，平城京図）。これが遷都のころの不比等邸のあったところです。不比等の権力を象徴しているようですネ。

■長屋王政権（元正・聖武朝）

　不比等は，自分自身がトップに立って**養老律令**を完成させた2年後，720年に没します。そうしますと，当然，藤原氏といってもまだそんなに圧倒的な力があるわけじゃないから，天武朝以来，朝廷で重きをなしていた**皇親が勢力を増してきます**。皇親というのはむずかしく考えなくてもいい。簡単に言ってしまえば，天皇の子・孫や親戚，天皇の一族ですヨ。

　天武天皇の皇親として，皇子である草壁皇子は早死にしてしまいましたが，高市皇子や『日本書紀』を編纂した舎人親王らがいる。そして不比等が死んだ当時，力があったのは高市皇子の息子の**長屋王**です。天武直系の孫なわけだよ，長屋王は。母は元明天皇の姉，正妻は文武の妹にあたる吉備内親王。

　権力のトップは完全に長屋王。その邸宅跡（p.137，平城京図）から大量の木簡が出てきて，経済力の大きさも注目されています。最近の研究では，奥さんのほうが金持ちだったという説もあります。まあ，そんなわけで，不

比等没後を**長屋王政権**などと呼びます。この長屋王政権のもとで，いくつか重要な法律が出てきますが，その話は次回。

　さてこのへんで，系図で，藤原不比等の息子たちの側からこの状況を見てみましょう。

天皇家と藤原氏の関係系図

〈注〉数字はこの系図内の天皇の即位順を示す。○つきは女帝。×は政変，反乱などにより死亡。

　聖武はまだ即位していません。聖武（首皇子）は701年生まれですから，不比等が死んだときにやっと20歳。

　文武天皇の次の天皇を聖武にもっていきたい。そこで文武から聖武へもってくる間を女帝でつないだ。文武の後，**元明**，**元正**と女帝でつないで，ようやく聖武天皇の即位となったんです。聖武が即位したのは**724年**。そして，聖武の即位とともに長屋王は左大臣に昇進しています。

■藤原四子の謀略（聖武朝）

　さて，不比等の４人の男子，藤原四子はイイですか。系図をよく見ながら口に出して繰り返してください。

　長男から順に，武智麻呂，房前，宇合，麻呂ですネ。この４人の兄弟は皇親勢力，とくに長屋王に対抗するために，「なんとかしようぜ」と相談したんでしょう。光明子をなんとか皇后にしようとする。

【藤原四子（家）】
南家・武智麻呂／北家・房前／式家・宇合／京家・麻呂

「なん・ほく・しき・きょう」
「なん・ほく・しき・きょう」

　いいですか。南家・北家・式家・京家ですよ。その最初は，

「むちまろ・ふささき・うまかい・まろ」
「むちまろ・ふささき・うまかい・まろ」

　今だったら，天皇の奥さんは１人で，皇后です。しかし，それは今の話，現代の制度です。当時は複数がフツーです。そして，その中でとくに身分が高い人，例えば持統天皇のように，天智天皇の娘，まさに皇親出身といった身分の高い夫人が，天皇から「**皇后**」という地位，称号を与えられるんです。「立后」と言います。別に皇后がいなくてもいい。また，いったん与えたその地位を奪うこともあります。

　そして，**天武天皇**が急に死んだときに，奥さんの持統皇后は称制で天皇の地位を代行し，その後，即位したりするわけです。しかし，臣下の出身の光明子は当時の常識では皇后になれません。

　でも，もし光明子を皇后にすることに成功すれば，**聖武天皇**が死んだとき

には，天武が死んだ後の持統のように，光明子は皇后として実権をにぎれる。

　もう１つ，天皇と皇后の間に生まれた子供は，ほかの夫人から生まれた子供に比べて，圧倒的に次の天皇になる可能性は高いでしょう。もちろん可能性ですが。

　必ずしも天皇の子から皇太子が選ばれるわけでもない。弟が皇太子という例もいっぱい出てきます。ともかく，**このころの皇位継承の順番というのに，ちゃんとしたルールはありません**。そんな状況の中で藤原四子は，ともかく，光明子を皇后にしちゃおうと考えた。そして，その最大の障害は長屋王だった。そこで，むりやり謀叛の疑いをかけて，

Q 729年,藤原武智麻呂らが長屋王およびその一族を全部,殺してしまった事件を何と呼ぶか？　　　　　　　　　　　——長屋王の変

　『続日本紀』によれば「**左大臣正二位長屋王**」が「**左道を学び国家を傾けんと欲す**」——長屋王が危険な呪法で天皇，国家を滅ぼそうとしている——という密告者を仕立て，五衛府などの軍隊を出動させて長屋王邸を囲んで自殺に追い込んだのです。

　これは**８世紀最初の大事件**です。この729年は基本の年号なので，覚えてしまう。

７２９
「（四子）は**なにく**わぬ顔で光明子 立后」

ゴロゴロ ⟫⟫⟫　➡ 729年，長屋王の変

　長屋王の変は，イコール光明子の立后につながります。奥さんの１人，夫人の１人であった光明子が，皇親じゃないのに立后された。これが**光明皇后**です。長屋王を排斥して，不比等の４人の息子が権力をにぎった。そこで「藤原四子体制」などと呼びます。

◾ 藤原四子の病死

　ところが，武智麻呂たちの権力は長くは続きません。伝染病で4人とも，パタパタと死んでしまうんですよ。新羅から入ってきたともいう天然痘の大流行であっけなく藤原四子の体制は崩壊してしまった。

　当時，伝染病の知識なんかありませんから，パタパタパタとみんな死んでしまい，涙，涙です。

「**なみ**だ，**なみ**だで四子没」
7 3　　7

➡ 737年，藤原四子没

奈良時代（8世紀）の政局

（★は女帝）

| 文武 | ★元明 | ★元正 | 聖武 | ★孝謙 | 淳仁 | ★称徳 | ★（孝謙） |

藤原不比等 ／ 長屋王 ／ 藤原四子 ／ 橘諸兄 ／ 藤原仲麻呂 ／ 道鏡

◾ ラッキーな橘諸兄（聖武朝）

　ところで，古代律令制の官人の中には女性の官僚もいます。その代表が県犬養三千代といって，天武朝以来の高級女官，正三位まで昇進した天皇側近の実力者です（p.168の系図）。長年の功労に対して，708年に元明天皇から「橘」という姓を賜っています。

　その三千代と不比等の間に生まれたのが**光明皇后**ですが，それ以前，三千代には皇親の美努王との間に**葛城王**という子もいました。

　その葛城王は，皇親としてよりも，官僚として生きていこうと思ったんで

171

しょう，お母さんの県犬養三千代がもらっていた「橘」という姓を名乗ります。これが橘諸兄です。だから，出身からいくと諸兄は**皇親勢力**に含まれます。

そして，四子が没したあと，同じく多くの役人が死んでしまい，残った高級官僚のトップの地位に立ったのがこの橘諸兄だった。

Q 橘諸兄が顧問として重用した2人の人物といえば？

——吉備真備，玄昉

吉備真備はこの8世紀，最も知識のある超エリートの役人であり，遣唐使の経験が2度もある。また，玄昉も遣唐使経験をもつ坊さんです。この2人が諸兄を支え，**諸兄中心に政局が動いていった**。

■ 藤原広嗣の乱（740年）

そこであせった宇合の子，藤原広嗣が反乱を起こしてしまいます。

この人は当時，左遷されて**大宰府**の役人とされ，九州に赴任していました。このままでは藤原氏は埋没してしまうんじゃないかと恐れ，**西海道諸国**に対する大宰府の権限を使って軍隊を集め，吉備真備や玄昉をやっつけて政権を奪取しようと挙兵します。

しかし，都に攻め上ろうと思ったら，逆に都からやって来た政府軍に負けて，処刑されてしまった。

この740年の藤原広嗣の乱が起こって，一番悩んだのは聖武天皇と光明皇后でしょう。自分たちのバックボーンの藤原氏がみんなパタパタ逝っちゃっただけでなく，反乱者まで出てしまった。

広嗣が乱を起こすと，聖武天皇はいきなり平城京から旅に出ちゃいます。平城京を離れて，**山背国の恭仁（京），そして摂津の難波（京），あるいは近江の紫香楽（宮）へと，都を移していく**。が，結局，**745年に平城京に戻ります**。

このへん，非常に中央の政治がゴタゴタする時期です。諸兄政権の間に，741年には「国分寺建立の詔」，743年には「大仏造立の詔」が出される。聖武天皇は仏教の力に頼り，膨大な予算を投じて，国家仏教のための寺院を建築し，大仏を造ろうとしたんですね。

古代の宮都の変遷

《推古》　飛鳥京
《天智》　大津宮　667年（白村江に敗れて）
《天武》　飛鳥浄御原宮　672年（壬申の乱）
《持統》　藤原京　694年（都城制）
《元明》　平城京　710年
《桓武》　長岡京　784年
《桓武》　平安京　794年

（大化改新）645年　654年
難波宮　《孝徳》

740年（広嗣の乱）
745年

恭仁京　744年
《聖武》
難波京　744年
《聖武》
紫香楽宮
《聖武》

1180年　1180年（平清盛）
福原京
《安徳》

■ニューリーダー藤原仲麻呂（孝謙・淳仁朝）

　ようやく次の藤原氏のリーダーとして登場したのが，長男，武智麻呂の子，藤原仲麻呂です。

　聖武は，749年には娘に天皇の位を譲る。聖武と光明子の間には，男の子が結局育たなかった。女の子しかいない。しょうがないから，むりやりその娘を天皇にした。それが孝謙天皇です。光明皇后は光明皇太后（天皇の母で前皇后を「皇太后」と呼ぶ）ということになります。

　その皇太后のための役所として紫微中台が置かれます。その長官に仲麻呂が就任し，紫微中台に太政官と並ぶ権限を与えていったんです。こうして光明皇太后は実権をにぎり，756年，仲麻呂は諸兄を引退に追い込むことに成功。同年，聖武太上天皇が没し，翌757年には諸兄も死にます。

Q 757年に施行された法律は？

——養老律令

　そうですね。祖父不比等が作っていた「養老律令」を施行するんです。

　さらに，この年，諸兄の子，橘奈良麻呂ら，反仲麻呂派が粛清される。橘奈良麻呂の乱です。

■淳仁天皇

そして藤原仲麻呂は，新しい天皇を立てます。

Q 758年，藤原仲麻呂によって擁立された天皇は？

—— 淳仁天皇です。

この淳仁天皇をしっかり覚える。そして系図でシッカリ確認する。淳仁のお父さんは天皇ではありませんネ。『日本書紀』を作った**舎人親王**です。舎人親王は天武の息子ですが，天皇にはなれなかった。ということは，この人は普通だったら天皇への順番なんて回ってこない人でしょう。

この人を天皇にしたということは，簡単に言うと，淳仁は天皇になっただけでうれしい。仲麻呂の言いなりになるでしょう。要するに，**仲麻呂がロボットの天皇として立てた**とも考えられるのが，淳仁天皇です。

淳仁天皇は仲麻呂に対して「恵美押勝」という名を与えます。あるいは，権力を独占した恵美押勝に対し，大師の地位を与えます。太政大臣の名称を「大師」に変更した。理由はよくわかりません。でも，なんかヘン。よく言えば独自性があるとも言えるけど。

さすがに孝謙上皇はおもしろくない。そこで，孝謙上皇は光明皇太后が亡くなると，淳仁に天皇としての仕事をさせないようにしていきます。仲麻呂の権力を支えていたのは**光明皇太后**だった。

そのうち反仲麻呂勢力が台頭してきて，あちこちで「仲麻呂はよくない」という声が上がってくる。身に危険を感じた仲麻呂は，自分の身を守るために武器を集めたら，「武器を集めているのはアヤしい，謀叛の疑いがある。反乱を準備している」と言われ，結局，仲麻呂は反乱者とされて一族もろとも全滅しちゃう。

Q 764年，仲麻呂が孝謙上皇の勢力によって滅ぼされた事件の名は？

—— **恵美押勝の乱**（藤原仲麻呂の乱）

そこでこの事件を「恵美押勝の乱」とも「藤原仲麻呂の乱」とも呼びます。

ハイ，ゴロ合せです。恵美押勝（藤原仲麻呂）の乱の764年は，「ナかまロシす（仲麻呂死す）」で764年。

「仲麻呂（**なかまろ**）死す」 7 6 4

➡ 764年，恵美押勝（藤原仲麻呂）の乱

■称徳天皇と道鏡

　事件ののち淳仁天皇は廃され，淡路島に追いやられる。そこで没してしまうので，「淡路廃帝」などと呼ばれることになります。そして，孝謙上皇がもう一度即位します。**重祚**ですよ。称徳天皇はこのように，"皇極→斉明"に続く重祚の2例目ですよ。

　ところがこの称徳天皇は，いろんな経過があるんですが，お坊さんの道鏡を非常に信用して，やがて**太政大臣禅師**とか**法王**とか，わけのわからない高い地位を与えていきます。

■和気清麻呂の活躍

　道鏡が政権に深く関与して，仏教政治のようになってしまった。そして**宇佐八幡神託事件**が起こります。

　これは宇佐神宮より，「次の天皇は道鏡がいい」という神のお告げ（託宣・神託）があったとして，道鏡を天皇にしようとしたという，わけのわからない事件です。これは**和気清麻呂**たちが必死になって阻止したんですが，和気清麻呂は姉の広虫とともに流されてしまいます。その後も，政治の混乱は称徳天皇が亡くなるまで続きます。

　しかし称徳が亡くなると，**道鏡は下野の薬師寺に左遷**されてしまいます。和気清麻呂・広虫は都に帰ります。そして，もうぐちゃぐちゃはけっこうだと，**藤原百川**らは，「次の天皇は**天武天皇系**をやめて，**天智天皇の孫でいこうぜ**」というので，天智の孫の**光仁天皇**が即位することとなった。

　ここまでが**奈良時代**の政治史。こんなものはただのストーリーとして，ザッと**権力者の盛衰の順番**さえ追えれば結構です。

　復習のときに，年表とともに何度か168ページの系図を見るようにしましょう。

初期荘園・遣唐使

　今回は，前半で 8 世紀の社会とその変容，とくに班田制と農民の動向について学習します。

　口分田の不足と農民の浮浪・逃亡に対して政府のとった対策が，**三世一身法**，**墾田永年私財法**。その結果，**初期荘園**が発達します。

初期荘園

723 三世一身法 ➡ **743 墾田永年私財法** ➡ **初期荘園の発達**

新たに開墾した場合＝3世代　　墾田すべての永久私有　　（一時的に「加墾禁止令」）

荒廃した田を再開発＝本人1代

　次に後半は，**遣唐使**を中心とする対外関係をまとめます。**新羅・渤海**との関係もチェックしなくてはならないテーマです。

　630 年の犬上御田鍬，第 1 回の遣唐使から 9 世紀までの遣唐使。最澄・空海も今回でやってしまいます。

▲遣唐使船

◾農民の生活

　律令制のもとの8世紀には，住居にも変化が見られ，堅穴ではない，平地に建てた**掘立柱住居**が普及していきました。

　一般の農民は**口分田**を耕作し，**乗田**を**賃租**するなどしつつ，重い負担を課され，その生活は苦しかった。

Q 農民の苦しい生活を詠んだ山上憶良の有名な長歌は？

——**貧窮問答歌**

　よくこれを漢字で書けなくて，解答欄に「貧乏問答歌」と書く人がいるんだね。意味はいっしょですけどね。「**貧**」し「**窮**」した農民の様子を歌ったものです。一応読んでおきましょう。長いものですが，一部分でOKです。

🔍 **史料**

18　貧窮問答歌／『万葉集』

……**竈**には　火気ふき立てず　**甑**には　蜘蛛の巣懸きて……

カマドを使ったこともなく，コシキの穴にはクモの巣が張っている。

楚取る　**五十戸良**が声は　寝屋処まで　来立ち呼ばひぬ

ムチを持った里長の(税を払えという)声が寝室まで響いてくる。

斯くばかり　**術無**きものか　**世間**の道

こんなにも　どうしようもないものなのかなあ，生きていくということは。

　「**竈**には　火気ふき立てず」——最近，台所でご飯を作ったこともない。「**甑**」というのは，米を蒸すための穴が底に空いている土器(p.21)。これに蜘蛛の巣が張ってると。それでも，税はビシビシ取られる。

　「**楚**取る」——「楚」というのはムチ。「五十戸良(長)」とくれば，戸令を思い出そう。**五十戸をもって里とせよ**。1里は50戸。そこで「五十戸」を「さと」

と読む。

「良」と「長」はいっしょだそうです。そこで，「里長」（りちょう）はここでは
ていねいに「さとおさ」と読みます。里長がムチを持って税金を取り立てに来
る。ああ，世の中というのは暮らしにくいもんじゃなあ。そんなところでい
いでしょう。

「山上憶良」，「貧窮問答歌」の書き取り。書けない人がケッコウいますよ。

■ 浮浪・逃亡の続出

農民たちは当然抵抗します。戸籍の地から逃げ出して，調・庸・雑徭・兵
役などから逃れようとする。そこで，浮浪・逃亡。そして，偽籍——戸籍
を偽る，生まれた子供が男の子でも女で届け出ておく。女なら兵役には行か
なくてもいいし，調も庸もかからないし，しかも口分田は男子の3分の2も
らえる。

こんな税制だったら，男の子を女子としておこうとする。8世紀後半から
9世紀にかけての戸籍では，**女の比率が異常に多いものが増えていく**。こ
れは明らかに**ウソの戸籍**なので，「偽籍」と呼ばれます。

史料

19　浮浪・逃亡の続出 / 『続日本紀』

（養老元年五月）丙辰，詔して曰く，「率土の百姓，四方に浮浪して
（717年5月）　天皇の命令は次のとおり，「この国の人々のうち，本籍地を離れ

課役を規避し，遂に王臣に仕へて，或は資人を望み，或は得度を求む。
て，調・庸などの税から逃れ，有力者のもとに身を寄せて資人となったり，出家しようとする。

王臣本属を経ず私に自ら駈使し，国郡に嘱請して遂に其の志を成す。
有力者もこのような人を私的にかかえ込んで，これを助けてしまう。

茲に因りて，天下に流宕して郷里に帰らず。若し斯の輩有りて，輙く
これによって浮浪，逃亡する者が本籍地に戻らない状態が続いてしまうのである。そのよう

私に容止せば，状を揆りて罪を科すること，並に律令の如くせよ」と。
な違法行為は法に照らして処罰することとする」ということである。

「浮浪」することで，「課役」——調・庸・雑徭，兵士役などの税を逃れる，逃れようとする農民が多発している。正丁に偏重する税制だったこともあって，成人男子から**浮浪・逃亡**が続出する。浮浪と逃亡では，法律上は違いがあるのですが，実際には区別はなかったとされます。

その浮浪・逃亡農民は「王臣」のもとに逃げ込む。「王臣」というのは皇族や貴族。彼らは，もともと，「資人」と呼ばれる人，要するに労働者を政府から与えられることになっています。地位に応じて与えられる経済的な保証の1つです。その「資人」になろうとする。

あるいは「得度」，すなわち出家して僧侶になってしまう。もちろん，政府から認められた「得度」ではありません。勝手に出家してしまう者を「**私度僧**」といいます。僧になってしまえば税はかからない。

このように，権力者や寺院のもとに身を寄せて脱税する。それが止められないということです。そこで，そのような浮浪・逃亡農民は法律に従って処罰せよ，というわけです。

口分田も不足だし，政府は困って，722年には，もっと田んぼを広げて口分田をちゃんとみんなに与えようと，「**百万町歩の開墾計画**」を打ち出します。これは**長屋王**政権のときだよ。そして，翌723年，実際に，開墾を奨励するための法令が発布されます。

Q 期限つきながら水田の私有を認めた法令は何か？

——**三世一身法**

では，史料をチェックしましょう（次ページ）。

20　三世一身法／『続日本紀』

（養老七年四月）辛亥、太政官奏すらく、「頃者、百姓漸く多くして、
（723年4月）　　　太政官が報告した、　「最近、人口は増えたのに田地が不足

田池窄狭なり。望み請ふらくは、天下に勧め課せて、田疇を開闢せしめん。
しています。　　　できれば全国に田地の開発を奨励したいと思います。

其の新たに溝池を造り、開墾を営む者有らば、多少を限らず給ひて三世に
新しく土地を開発したら　　　　　　　面積に関わらず3世代は開墾者の

伝へしめん。若し旧き溝地を逐はば、其の一身に給はむ」と。奏するに
ものとし、荒廃していたのを復旧した場合は、その者が生きている間は所有を許したいと思い

可とす。
ます」と。そのようにしてよいと指示があった。

この法令を「養老七年の格」とも呼びます。律令を修正・改正するために出
される法令を格といったね。

　太政官が言うには、このごろ「百姓」、要するに農民たちがたくさんいるん
だけれど、田んぼは少ない、と。「天下に勧め」——全国に向かって、「田疇
を開闢せしめん」——開発を奨励したい、と。

　次がポイント。「新たに」、新しく「溝池を造り」——灌漑設備を作って
水田を開いた場合は「三世」——3世代。本人・子供・孫か、子供・孫・曾
孫かはわかりません。3世代はその土地を使っていいですよ。「旧き溝地」
——もとは田であったようなところについて灌漑用水を復旧したり、水
田を復活させた場合は、「一身」——その人が死ぬまでの間、使ってもよろ
しい、と。

　大事なのは3世代経過したり、自分が死んだら、国のものになってし
まう点。

ゴロ ゴロ 》》

7 2 3
「(三世一身じゃ)**なにさ**，どうせ国のもの」

➡ 723年，三世一身法

■「墾田永年私財法」

この「三世一身法」は，さほど効果がなかった。そこで，20年後には「墾田永年私財法」を出さざるをえなかった。

🔍 史料

21　墾田永年私財法／『続日本紀』

（天平十五年五月）乙丑，詔して曰く，「聞くならく，墾田は養老七年
（743年5月）　　　　　　　　天皇の詔によって，「墾田は723年の三世一身法では3

の格に依りて，限満つるの後，例に依りて収授す。是に由りて農夫怠倦し，
世代あるいは1世代たつと国家に収公される。　　　　そこで農民は収公の時期が近

開きたる地復た荒ると。　　　　　　　　　今より以後，任に私財
づくと耕作を放棄し，せっかくの墾田はまた荒れ果ててしまう。そこで，今後は，開墾したもの

と為し，三世一身を論ずることなく，咸 悉 に永年取ること莫れ」。
の私有を認め，三世一身に関係なく，　　　永久に国家は収公することのないように」
　　　　　　　　　　　　　　　　　　　　　　　　　　　と決定された。

「養老七年の格」では，結局は収公される（国に返還させられる）ので効果がない。結局もとの荒れ地にもどってしまうと。ここまでが三世一身法を指してる。もちろん「養老七年の格」の養老七年は，723年。「墾田永年私財法」は，その20年後，「天平十五年の格」で，743年。

そこで「今より以後」，今後は，「任に私財と為し」——永久にあんたのものよ，と。三世代だ，一身だ，そんな区別に関係なく，「永年取ること莫れ」——永久に国は収公しない。あんたのものですよ。

いっそ，口分田以外は墾田として私有を認めてしまったほうがイイという

ことになった。その結果，教科書にも指摘されているように，これで**政府の土地支配は強化された**と評価されています。

こうして「墾田永年私財法」は墾田の私有を認め，土地公有制の原則を変えるものでした。そして，これを契機に，有力者，寺院などの土地開発が進んだ。いわゆる初期荘園が広がっていった。そこで，765年，道鏡政権のときに，一時，開墾を制限する「**加墾禁止令**」（「墾田禁止令」）というのが出ます。

🔍 史料

22　加墾禁止令 / 『続日本紀』

（天平神護元年三月）丙申，勅すらく，　　　　　「今聞く，墾田は天
（765年3月）　　　　　　　天皇の命は次の通りである。「現状では，墾田永年私財

平十五年の格に縁るに，今より以後は，任に私財と為し，三世一身を
法により，墾田は私財としてその世襲が認められ，永久に収公されることはないということ

論ずることなく，咸悉くに永年取ること莫れと。是に由りて天下の諸
になった。　　　　　　　　　　　そこでだれも彼も墾田を得

人競いて墾田を為し，勢力の家は百姓を駆役し，貧窮の百姓は自存する
ようとして，有力者が貧農たちを使って墾田開発を進め，農民の生活を脅かしている。

に暇なし。今より以後は，一切禁断して加墾せしむること勿れ。但し
そこで，今後は新規に墾田を開発することは禁止する。　　　　ただし，

寺は，先来定むる地開墾するの次は，禁ずる限りに在らず。又，当土の
寺は例外とし，すでに開発の許可を得ている部分については開発してもよい。また，一般の

百姓の一，二町は亦宜しく之を許すべし……」と。
農民の二町までの開発も禁止の対象ではない」と。

これは**寺院と庶民は開墾を続けてもかまわない**が，他の貴族や有力者の開墾を禁止したものですが，道鏡が失脚すると，772年にはまた元に戻り，開墾は可能とされました。この法令の史料は出題されても，「加墾せしむること勿れ」──加墾をしてはイケナイと書いてあるので，すぐわかります。

出だしのところを読んで，**墾田永年私財法**だと思ってしまうとタイヘンな

ことになってしまいますから，「**加墾せしむること勿れ**」までしっかり読むこと。

 墾田永年私財法で「**政府の土地支配が強化**」というところがわかりません。どういうことでしょうか？

ちょっと難しいかもしれないけど……，やっぱり，一応，説明しておきましょう。

班田収授法で与えられた田地というのは，「熟田（じゅくでん）」と呼ばれるものでした。現在，米が収穫されている田のことです。班田は「熟田」を一定基準で分配していったわけです。ということは，「墾田」については規定していないということになります。

班田収授法は唐の均田制（きんでんせい）をお手本にしたものとされますが，唐では与えられた田地（でんち）の一部は世襲（せしゅう）財産とされていました。収公（しゅうこう）されない田地が保証されていた。その世襲の部分が日本の班田収授法には欠けているわけです。そこで，墾田永年私財法は，唐と同じように世襲財産を農民に与えるものだった。

がんばって新しい耕地を開発すれば，死後，口分田（くぶんでん）は収公されるが，墾田は子孫（しそん）に伝えることができる。単純に言えば，開墾（かいこん）が進む。農民生活が安定する。安定すれば浮浪・逃亡も減る。まあ，そう簡単にはいかないだろうけど，**墾田を政府が掌握（しょうあく）する**ことが可能になった。

■条里制・田図

さらに，墾田永年私財法が出された天平年間には，政府の土地支配が強化された施策（しさく）が現れてきます。

Q 天平年間に成立した土地管理システムは何と呼ばれるか？

——条里制

そう，教科書にも概念図が載ってますね。

整然と区画した土地に「〜条〜里〜坪」と数字をつけて，これをもとに班田収授を行っていく。そして，**墾田永年私財法**の前年，742（天平14）年には，全国を対象に班田収授のための地図，田図が作成されています。その後，田図を作って比較すれば，耕地の異同がはっきりわかる。墾田を政府が掌握できるということになります。

要するに，天平以前は，墾田そのものを掌握することはできなかった。いや，墾田は班田収授法の対象になっていなかった。これに対し，墾田の世襲を認めるとともに，**条里制と田図で墾田も含めて知ることができる体制**となった。これが，「政府の土地支配が強化」という教科書の記載の意味です。

■ 初期荘園とは？

さて，「墾田永年私財法」をきっかけに，当時，莫大な経済力を誇った大きな寺院や高級貴族たちは，自分の経済力を直接投資して，どんどん私有地を増やしていった。ただし，そこで働いているのは農民ですからね。お坊さんや貴族じゃないからね。

多くの場合，開かれた土地の多くは，付近の農民たちが，賃租，使用料と

して，収穫の5分の1，20%を払う形で経営されました。もちろん，すべて
が賃租というわけではありません。浮浪・逃亡農民が現地に定住する場合も
あった。これが初期荘園といわれるものです。

賃租はイイですか。やりましたね（p.153）。「凡そ諸国の公田は，皆国司
郷土の估価に随ひて賃租せよ」の賃租ですよ。ただし，この初期荘園という
のは，私有地だからといって，完全に自分のものというのではなく，輸租田（租
を納める義務のある田）であり，租はちゃんと払います。

墾田は決して無税の土地ではなく，「輸租田」であったという点が一番
大事なところです。

また，難関私大では，墾田永年私財法について次の点まで押さえておくこ
と。

墾田永年私財法

① 国司の許可を得て経営された。

② 一位の500町から庶民の10町まで，開墾の限度が決められていた。

③「輸租田」であった。租は払った。

あと，この初期荘園は9世紀以降，衰えてしまったことも覚えておきましょ
う。律令制が崩れていくと衰えてしまう。理由はいろいろありますが，基本
的には，農民たちがいなくなった。労働力不足が大きな原因だと考えておき
ましょう。

■ セットで覚える年号

次は外交。中心は遣唐使です。初まりと終わりから確認しておきます。

Q 630年, 第1回遣唐使として派遣されたのはだれか？

——犬上御田鍬

614年に遣隋使も経験している人物ですネ。なんでクワという字を書いてスキと読むかとか, そういうことを言ってもしょうがない。素直に覚える。古代史なんか, もうわけのわからない名前がいっぱい出てくるけど, それはそういうものだと諦める。そして,

「894年, 宇多天皇は ☐ の意見をいれて, 遣唐使の派遣を停止した」

空欄に入るのはだれ？ 菅原道真ですね。遣唐使は, 630年に始まって, 894年に停止の決定。この2つは, もちろん覚えなきゃいけない年号です。

弥生時代だって倭人は朝鮮半島の沿岸を伝って, 中国に朝貢してたんだけど, 遣唐使の時代になると, 大型の船を造って, 場合によっては東シナ海を横断しなきゃいけない。

夏だったら暑いし, 風が止まっちゃったら蒸し風呂だし, というわけで, 「蒸される (ムサレル) 夜にも行ったな」というわけで, 630年と覚える。もちろん中には船酔いの激しい人もいますから, 「オエッ」みたいな話になっちゃって, 「ゲロハクヨ」で894年 (笑)。「キタナイ」と思うなら, 「白紙 (ハクシ) に戻す遣唐使」という古典的な年号暗記だね。でも, 初めと終わりを同時に覚えたほうがいいでしょうから, ちょっときたないけれど, 前のセットでいこう。

> ゴロ 》》
> 「『蒸(**む**)される夜』に『ゲロ吐(**は**)くよ』」
> 630   894
>
> ➡ 630年, 第1回遣唐使 ➡ 894年, 遣唐使の停止

■遣唐使はどんな航路をとったか

　さて，その遣唐使船の航路ですが，下の図を見てください。出発するのは
難波津。博多湾から北上していくのが，北路。これは安全です。海が穏やか
でいい風が吹いているときに，壱岐・対馬を経て，ピッと行く。対馬の一番
北端に立つと，晴れてる日，釜山は見えます。

遣唐使航路図

渤海

唐

新羅

北路

長安　洛陽

南路

博多津

南島路

能登客院

松原客院

難波津

　朝鮮半島の沿岸は島が多いので，いつでも陸地に避難できるようなところ
をずっと進んで行く。海岸線に沿っていけばきわめて安全に行けます。だか
ら『漢書』，『後漢書』，「魏志」倭人伝の時代から，さかんに**北路**をとって行っ
たわけだね。

　そして遼東半島から，登州を通って洛陽，**長安**へと向かった。長安は現
在の西安です。ここは地図でしっかり確認してください。

■新羅との外交関係

ところで，もともとヤマト政権と新羅は，仲が悪いでしょう。奈良時代もギクシャクしている。

8世紀の日本の外交関係で**比較的安定しているのは渤海との関係**です。渤海は唐や新羅と対抗するために，日本には友好的です。

唐からすればみんな子分のようなものだけれど，日本はある意味では唐が兄貴で自分は弟で，新羅や渤海は唐のただの子分くらいに考えている。ところが新羅からすれば，日本だって同じじゃないかと思っているわけ。すなわち**新羅と日本は唐に対して対等なのか，差があるのか**というような問題が，**新羅との関係の悪化**の根底にある。

たまたま，新羅からの使節と日本からの使節が同じときに長安に行ったことがあります。753年，唐の皇帝の前でみんなでごあいさつをしようということになって，席順が問題になっちゃう。席次。儒教的な世界では，この席次は大事ですね。たまたま割り当てられた席が，新羅の使者よりも日本の使者のほうが皇帝より遠いところだった。要するに下座だった。

遣唐副使の大伴古麻呂は「絶対いやだ，新羅よりももっと皇帝に近い座席にしてくれ」とがんばって，替えてもらった。新羅はもちろん，「日本だってウチだって唐に朝貢しているんだから同等だ。なんで日本のほうが上なんだ！」と激怒するわけだ。

■南路に航路変更

そんなこともあって，新羅は日本に対して港を使わせてくれなくなったんです。そこでしょうがないから，**8世紀からは北路は通れなくなって南路をとらざるをえなくなった。**

南路について言うと，風を見て，東シナ海を五島列島あたりから「エイヤア」と一挙に横断するコースに対して，島から島へ伝って，南中国の揚州あたりをめざしていく場合を，とくに南島路と呼ぶ場合もあります。

8世紀に入ると，遣唐使はほぼ20年に1回ということになった。また，四艘の船団で行くことが原則となったので，遣唐使のことを「**四つの船**」（「よつのふね」）と呼ぶようになります。

■第1回：犬上御田鍬（630年）

　さて次に，具体的な例，人名をどこまで覚えるか。実際にはここで点差がつくので，一番悩むところです。

　まず1回目の630年，犬上御田鍬はいいですね。帰って来るときに，中国にいた旻がいっしょに帰国します。大化改新政府の国博士ダヨ。

　次，2回目。回数は学者によって数え方が違うから，一応の目安だと思ってください（ここでは授業ノート，p.34の一覧表の数）。

■道　昭

　2回目は仏教がらみです。

Q 唐で仏教の法相宗を学び，日本に伝えたのはだれか？
——道昭

　道昭は，玄奘三蔵という有名なお坊さんに向こうで仏教を教わって，仏教の中でも最も総合的な哲学にあたる法相宗を最初に日本にもたらした人です。

　法相宗といえば，道昭と，その弟子に行基がいます。布施屋などを設けて社会事業につくした行基ですよ。行基の師というところで，道昭が出てくる可能性もあります。

　ちなみに唐に行くことを入唐といいます。ニュウトウと読むと，「入湯」でお風呂に入ることになる。「入る」という字の読み方はむずかしい。

■客死した高向玄理

　次，3回目では，高向玄理。前に出てきた人だね。ふたたび中国へ行った高向玄理は，彼の地で死んでしまいます。異国の地で死ぬことを客死といいます。例えば，イギリスの外交官が日本に駐在していて，日本で死んだ場合，客死。この客死した人物を聞いてくる問題も多いので，しっかりチェックしておくこと。

　次いきます。4，5，6，7はどうでもいい。

次が702年，大宝2年ということになりますが，表をよく見ると，それ以前，**天武・持統朝に遣唐使は行っていない**。律令が急速に整う時期だから当然派遣されていそうなのに。だが，イイエ。遣唐使の派遣よりも，**国内体制を整えるほうを優先した**と考えてください。イイデスネ。授業ノートの一覧表の7と8の間の線を赤のボールペンで太くしておいてください。

> **天武・持統朝には遣唐使は派遣されない。**

と，しっかり覚えておくこと。意図的に派遣しなかったのかもしれません。唐に対抗して，独自の律令体制を確立するのに忙しかった。

■再開された遣唐使・山上憶良（702年）

そこで，再開されたのが702年。大宝2年の遣唐使です。前年，**大宝律令ができあがった**。8回目。しかし，北路がとれなくなって南路となった遣唐使です。**山上憶良**が入唐します。実は山上憶良が唐に行って，日本へ帰ってくるときに詠った有名な『**万葉集**』の歌があります。この遣唐使は唐に対して，自分たちの国の名（国号）を「にほん」あるいは「にっぽん」，「日本」とすることを申し入れて認められています。

「いざ子ども　早く日本へ　大伴の　御津の浜松　待ち恋ひぬらむ」

山上憶良（『万葉集』）

「倭」も「日本」も，同じく「やまと」と読むのが普通ですが，ここでは「日本」は「ニッポン」「ニホン」と読むべきだという歴史学者の説があります。ヤマトという呼称がいつから日本になったのか？　**大王**がいつ天皇になったか？　いろいろな説があるんですが，8世紀に入った遣唐使が，日本のことをニッポン，あるいはニホンと自称したのを，唐が認めてくれた。**国際的に「倭」ではなく「日本」という名が確定した**と言えるわけです。

> ### 倭 ➡ 日本
> 「わ」「やまと」から「にっぽん（にほん）」へ！

190

この702年の遣唐使は絶対覚えておいて。マーカー塗（ぬ）って，702年。なぜかというと，それは大宝律令ができた大宝元年の翌年で，律令体制が一応ちゃんとなったときだから。

そういえば，現存する最古の戸籍も大宝2年だったよね。

■宇合・阿倍仲麻呂・真備・玄昉（717年）

次，9回目。藤原馬養（ふじわらのうまかい）とありますが，この人は藤原四子の武智麻呂，房前，宇合，麻呂の「宇合」です。実は，宇合は馬養とも書くんですが，このときに「馬養」を「宇合」と変えています。

もちろん，宇合は無事に日本へ帰ってきます。ということは，**式家**の祖，宇合は遣唐使の経験者です。これもちゃんと覚えておいてください。遣唐使のトップじゃなくて，副使という2番目の地位で，彼は唐へ行っています。

このときに阿倍仲麻呂（あべのなかまろ）や吉備真備（きびのまきび）や玄昉（げんぼう）が行っている。この717年，養老元年の遣唐使は有名人ぞろいだ。阿倍仲麻呂は，ついに帰ってきません。もちろん阿倍仲麻呂の倍は，例によってニンベンだから，阿部と書いたらバツですよ。

仲麻呂は**玄宗皇帝**（げんそう）に仕え，王維（おうい）・李白（りはく）らと交わり，中国風の名前をもらいます。**朝衡**（ちょうこう）。これが中国での阿倍仲麻呂の名前です。向こうで出世しちゃうんです，能力があって。正式に国家試験に合格し，最後は大臣クラスまで出世します。でも，安史の乱（あんし）などもあって，ついに日本に帰れなかった。

で，阿倍仲麻呂の歌が残っています。

「天（あま）の原（はら）　ふりさけみれば　春日（かすが）なる　三笠（みかさ）の山に　いでし月かも」

奈良の都を思って作った歌ですが，古文でやるかやらないか知らないけれども，有名な歌です。

吉備真備・玄昉は，次の遣唐使といっしょに帰ってきます。そして，真備は12回目のときにまた行ってるんです。これもいろんな説がある。真備は有力者だから，日本にいるとどうも藤原氏のじゃまになる。遣唐使でもう1回行かせちゃおうと。実は，**遣唐使はかなりの確率で帰って来ないんだ**よ。だからこれは藤原氏の陰謀（いんぼう）だなんていう説もある。

■客死した藤原清河

　さらにちょっと注意しなきゃいけないのは，12回目の遣唐大使**藤原清河**。清河も客死する。これは藤原四子のうちの**北家**，**房前の子**ですが，前回やった藤原氏の聖武朝を中心とした系図の中に，この清河は出てきません。要するに内政には関係がない人物です。エリートの息子なので，中国にずっといる間に，どんどん日本での地位も上がっていくんですが，清河は結局，日本へ帰りそこなったんです。

　一度は帰ろうとしたんですが，ベトナムあたりに漂着しちゃった。そして長安に戻るんですが，玄宗が日本に帰っちゃだめだというんで，とうとう彼の地で死んでしまいました。

　仲麻呂と同じように，清河も，中国で名前をもらいましたが，こちらはちょっと安易，ひっくり返しただけ。「河清」という名前で中国の皇帝に仕えます。

　例の**新羅使との席次争い**のトラブル騒ぎを起こしたのは清河の副使大伴古麻呂です。

■鑑真の来朝

　さて，12回目，吉備真備の2度目ですが，帰路，帰りに注目！　このとき鑑真がやって来て，日本に本格的な戒律を伝えた。そして鑑真和尚を非常に尊重した朝廷は，わざわざお寺を与えた。これが**唐招提寺**です。

　鑑真は何度も失敗しながら，ついに失明して，目が見えなくなっちゃうぐらいの苦労をいとわずに日本にやって来て，日本に本格的な戒律，**仏教の規則**を伝えた。この鑑真の伝記として有名なのが，淡海三船の『唐大和上東征伝』です。

　次，13，14，15回，ほとんど無視。石上宅嗣は，**任命されただけで行ってない**。結局，中止になった。石上宅嗣は奈良時代を代表する学者としても有名です。

Q 石上宅嗣が開いた日本最初の公開図書館の名は？　　　——芸亭

　自宅に集めた本を，皆さんどうぞお読みくださいといって開いた，公開の

192

図書館で有名。芸亭は読みと漢字に注意。“艹”ではなく“⺾”と離さないといけない。

■空海・最澄の入唐（804年）

　18回目，ここからは9世紀です。**804年**，延暦の遣唐使です。これが超有名人ぞろい。平安仏教の種を持って帰って来た空海と最澄。日本の宗教史上の超有名人2人。 橘 逸勢も行きます。

　橘 諸兄の息子で藤原仲麻呂に対抗して反乱を起こして死んだのは橘奈良麻呂，その孫が橘逸勢です。この橘逸勢は，平安初期の書道の達人。いわゆる三筆の1人として，嵯峨天皇，空海とともによく出てくる人です。このあたりは文化史で出てきます。あらためて第17回でもう一度やりましょう。

　「延暦」というのは桓武天皇のときの元号です。そこで桓武天皇が派遣した遣唐使。「延暦」ときたら桓武。

■最後の遣唐使，円仁（838年）

　838年が実質上，**最後に派遣された遣唐使**で，このとき，円仁が入唐します。円仁はもう遣唐使が出題されれば100％出る（もちろん強調してますよ）。入試の定番商品といえば，これです。

　Q 円仁が仏法を求めて中国の仏教の聖地を巡礼したときの経験を記録した本は？
　　　　　　　　　　　　　　　　　　——『入唐求法 巡 礼行記』

　信頼できる遣唐使の史料として貴重なものです。

　授業ノートの一覧表に「小野 篁 の不服」と書いてある。「篁」という字はむずかしいネ。この小野篁は 都 良香とともに**平安時代を代表する学者**です。復習のときに授業ノートで確認しておいてください。

　このときの遣唐使のトップは**藤原常嗣**ですが，「一番丈夫そうで安全そうな船にぼくが乗る」と言った。それで，残り3隻はどう見てもこれは危なそうだ。というので，なんと小野篁は逃げた。要するにパスしちゃって，処罰されます。だから，小野篁は遣唐使に**任命されたが，行かなかった**。

■遣唐使の停止

　そして894年に菅原道真の建議で宇多天皇が遣唐使の派遣を停止。任命されているので遣唐使として扱いますが，行かなかった。

　史料で確認しておこう。出典の『菅家文草』は菅原道真の詩文集です。「菅家」は菅原道真を指します。長いので，ポイント部分だけにしときます。

🔍 史料

23　遣唐使の停止 /『菅家文草』

諸公卿をして遣唐使の進止を議定せしめんことを請うの状
今度の遣唐使を実際に出発させるかどうかについて，公卿の意見を聴取してください。

　……案ずるに，大唐の凋弊，これを載すること具なり。
　唐は衰退していることは明らかです。得るところはないでしょう。

　……度々の使等，或は海を渡りて命に堪えざる者あり。或は賊に遭い
　また，これまで多くの人々が海難事故や海賊に襲われて死んでしまいました。

て遂に身を亡ぼせし者あり。……

　この史料は，宇多天皇から遣唐大使に任命された道真が，その派遣の停止を願い出たときの文章です。まず，タイトルは，「公卿たちに遣唐使を実際に派遣するか，停止するべきかを審議してほしい。公卿の意見を聞いてほしい」というわけです。そして，なぜそれが必要か？　その理由があげられています。もちろん，道真の意見です。

　そこで道真があげた理由が2つあります。最初が「大唐の凋弊」。唐が衰えているということです。ということは，もう**唐に行っても学ぶべきものはない**。2番目が**危険すぎる**。海難事故で死んでしまったり，賊に命を奪われる。危険すぎる。

　入試では，道真が派遣停止を求めた理由を聞いてくることがありますから，あとは，派遣のための**費用がかかりすぎる**ことを覚えておいてください。

　そして，**宇多天皇は派遣を中止したんです**。菅原道真が中止したわけではありません。

遣唐使の停止

菅原道真 → 宇多天皇

停止の理由 … ① 唐の衰退 → 学ぶべきものがない。

② 航海の危険 → 危険に見合うメリットがない。

③ 財政負担が重すぎる → 費用がかかる，経済的効果もない。

＊実際には，民間レベルの往来はあった。

　ちなみに，遣唐使が新羅の商船を利用して帰ってきた例もありますし，遣唐使が派遣されなければ困るというわけでもなかったのです。そして，唐は，その後，907年には滅亡してしまいます。こうしてついに遣唐使は廃絶されるわけです。

　新羅との外交関係は良好なときもあり，対立するときもあり，複雑ですが，**基本的には国交はありますよ。**

■新羅との外交関係

　始まりは，正確には言えないんですが，「任那」の領有をめぐる対立にともなって，6世紀の末ごろです。新羅が「任那」，加耶地方を支配下に入れると，日本が百済，高句麗と友好関係を結ぶなかで，孤立することを恐れて，「任那の調」を持ってくる。つまり，あなたの支配地の税を集めて持ってきましたという形をとって使節を派遣してくる。「朝貢」という形で外交関係を結ぶという姿勢を示すのです。

　しかし，その後，新羅は唐と結んで百済を滅ぼし，**白村江の戦い**が起こり，しばらく使節は中断しますが，668年には再開します。

　そして，天武・持統朝の遣唐使の中止の時期にも，活発な使節の往来がありました。律令体制への移行のための情報なども新羅からもたらされた可能性が高い。しかし，702年の遣唐使が北路をとれなくなったことが象徴するように，やがて日本と新羅の関係は悪化します。

　それは，唐と新羅の関係が安定したためで，もう日本に対して「朝貢」の姿勢は必要がなくなる。「任那の調」なんか持っていく必要はない。「土産」でいいといって，対等の外交姿勢を示すようになり，これに日本が反発するんです。

　とくに，唐で安史の乱(安禄山・史思明の乱)が起こり，**渤海**が唐・新羅へ侵攻しようという姿勢を示したとき，藤原仲麻呂は**新羅征討計画**を進めます。実現はしなかったのですが，仲麻呂に関する問題でときどき出題されるエピソードです。新羅とはまだまだ戦争の可能性もあったということですね。

　そして，新羅使の来朝は，**779年が最後**となりました。

　はい，黒板をよく見て！ 渤海との違いをしっかり確認してください。

渤海との外交関係

　7世紀末，かつての**高句麗**のあたりに**渤海**が現れる。中国東北部を支配下に置きたい唐と対立する。**新羅**とも対立関係。そこで，せめてその背後にある日本とは友好関係を結んでおきたいというので，727年，**最初の渤海使**が来ます。日本としても，新羅との対抗関係があるから，これを歓迎したんでしょう。要するに，「敵の敵は味方」ということです。

　しかし，その後，唐との関係が安定してくると，政治的・外交的な意味は薄れ，貿易が主たる目的になってきます。大貿易集団の来訪みたいなことになってくる。そして，922年（919年説もある）が最後の渤海使となった。黒板でしっかり確認してください。渤海使は最後の新羅使から140年近く続いたんですよ。最初は727年。

　覚えなくてもいいのですが，遣渤海使の最初は2年後の729年。「何くわぬ顔で光明子立后」ですね。ということは，最初の渤海使は**長屋王**政権の時期というわけです。

　ところで，渤海使というのは，実はかなりいいかげんで，「エイヤア」と適当にやって来るものですから，日本列島の日本海側のいろんなところへ着くんです。そうすると，能登半島のちょうど西側の真ん中あたりにある**能登客院**，あるいは若狭湾にあった**松原客院**というところにとりあえず来てもらうことになります。さっきの略図（p.187）で位置を確認してください。

第12回

古代 (12)

国家仏教の展開と 白鳳文化・天平文化

8世紀の国家仏教の展開と白鳳文化，天平文化を学習します。

国家仏教

飛鳥文化		白鳳文化	天平文化
仏教公伝 欽明朝 百済・聖明王	➡ 憲法十七条 「篤く三宝を敬え」	➡ 大官大寺・薬師寺 天武天皇	➡ 東大寺・国分寺 聖武・光明皇后

「国家仏教」というのは，国王(天皇)が金光明経・仁王経を護持すれば，仏や菩薩，四天王が国を護ってくれるという「鎮護国家」の思想にもとづいて，国家が主宰する仏教のことです。個人の悩みの解決とか，悟りを開くといった目的ではありません。

そこで，この時期は仏教を中心とする文化が主流となります。とくに，聖武天皇の仏教事業が国家仏教の頂点に位置するので，聖武朝の元号「天平」からこの時期の文化を「**天平文化**」と呼んでいます。「**盛唐**」，唐の最盛期の国際的な文化の圧倒的な影響を受けた文化です。

白鳳文化・天平文化

	第 7 回	第 12 回	
	飛鳥文化	白鳳文化	天平文化
時　期：	推古朝(厩戸王・馬子)	天武・持統朝	聖武朝
外国の影響：	(中国)南北朝・朝鮮	初唐	盛唐
中心寺院：	法隆寺	薬師寺	東大寺・興福寺
特徴・傾向：	厳しい・柔和	清新	豊満優美

■国分寺・国分尼寺の建立

　まずは国家仏教の展開です。鎮護国家(p.206)の仏教が律令制度とともに確立します。政治不安，社会不安に悩んだ聖武天皇は大規模な仏教事業に乗り出します。なんとかそうした不安を解消しようと，藤原広嗣の乱の翌年，741年，「国ごとに国分寺・国分尼寺を建てよ」と命令した。国分寺は金光明四天王護国之寺，国分尼寺のほうは法華滅罪之寺というのが正式名称です。「金光明経」，「法華経」が護国の経典であることが，史料から読みとれますね。

🔍 史料

24　国分寺建立の詔／『続日本紀』

(天平十三年三月)乙巳詔して曰く，……宜しく天下の諸国をして
741年，聖武天皇は次のように命ぜられた。　　　　　すべての国ごとに

各々敬んで七重の塔一区を造り幷に金光明最勝王経，妙法蓮華経各
七重塔を建立し，金光明経，法華経を写して寺に備えよ。

一部を写さしむべし。……又国毎の僧寺には封五十戸，水田十町を施し，
　　　　　　　　　　　　国分寺には封戸50，水田10町を寄付することとする。

尼寺には水田十町。　　　僧寺には必ず廿僧有らしめ，其の寺の
国分尼寺には水田10町を寄付する。　国分寺には必ず20人の僧を置き，その寺の名は

名を金光明四天王護国之寺と為し，尼寺には一十尼ありて，其寺の名
金光明四天王護国之寺とする。　　　　国分尼寺には10人の尼僧を置き，その名を

を法華滅罪之寺と為す。
法華滅罪之寺とする。

　ハイ，口語訳のところの「金光明経」，「法華経」を確認して，もう一度，読んでください。細かい数字などは無視してOK。

■盧舎那仏の造立

さらに，天平15年，すなわち墾田永年私財法が出た天平15年，ということは743年。聖武は離宮のあった近江の紫香楽の地で「盧舎那仏をつくれ」という命令を出します。いわゆる大仏造立の詔です。盧舎那仏というのは，華厳経の中心仏です。もっとも，この事業は紫香楽では完成せず，奈良に戻って，平城京の外京の外側，東側の東大寺で完成することになります（p.137，平城京図）。

🔍 **史料**

25　大仏造立の詔／『続日本紀』

天平十五年歳は癸未に次る十月十五日を以て，菩薩の大願を発して
743年，聖武天皇が詔を出して次のように命ぜられた。　　　　菩薩の願いを実現するた

盧舎那仏の金銅像一軀を造り奉る。……夫れ天下の富を有つ者は朕なり。
め，盧舎那仏を造立することとする。　　　　この国の富はすべて私のものであり，

天下の勢を有つ者も朕なり。……更に人の一枝の草，一把の土を持ちて，
この国の支配も私の手中にある。　　たとえ1本の草やひとにぎりの土でも，

像を助け造らむと情願する者あらば，恣に之を聴せ。
大仏のために寄付しようと思うのであれば，　　それは自由である。

超有名，基本史料ですが，史料は「盧舎那仏」に注意するだけ。できれば，漢字で正確に書けるようにしてください。もちろん，「天平十五年」＝743年。墾田永年私財法と同じ年ですよ。

■南都六宗——6つの仏教学派

さて，盧舎那仏は華厳経の中心ですが，この華厳経という言葉にともなって出題されることが多いのが，奈良時代の仏教を象徴する「南都六宗」です。これを覚えておかなきゃならない。

まず，この時期の仏教は**個人のための宗教ではなく国家のための仏教**で，**僧侶は宗教理論を学び，法会などに奉仕する**のが役割でしたね。教理

研究，まあ，大学の哲学科みたいなもんです。そのおもな分野が6つあって，それが南都六宗。はい，声を出して。

三論(宗)・成実(宗)・法相(宗)・俱舎(宗)・華厳(宗)・律(宗)
「さんろん・じょうじつ・ほっそう・くしゃ・けごん・りつ」

おのおのに「宗」をつけます。三論宗・成実宗・法相宗……。
　このうちよく問われるのは法相・華厳・律です。法相宗は遣唐使に従って入唐した道昭がもたらしたとも言われますが，その中心は義淵です。良弁，行基，玄昉といった人たちは義淵の弟子です。そしてのちに，興福寺は法相宗の教学研究の中心になっていきます。
　ただし，そもそもは，各宗が特定の寺院で学ばれたわけではなく，中世以降の「～宗」といった教団を指すものではありません。六宗をすべて学ぶのが理想だったのです。
　当時のおもなお坊さんはいわば国家公務員として仏教哲学を学びながら，鎮護国家の法会で経典をみんなで合唱する，お経をあげるというのがおもな役割でした。
　ところで，

Q 国家仏教のこうした法会などを扱い，外務省も兼ねたような律令制下の役所は？
　　　　　　　　　　　　　　　　　　　　　——治部省

　そして鑑真が来朝して律宗を伝え，日本にも「戒壇」という，出家，お坊さんになるときの正式の手続き，儀式をする制度が導入されます。754年，東大寺に戒壇が設けられ，聖武太上天皇，光明皇太后，孝謙天皇は，鑑真から戒を授けられた。戒壇はこの東大寺だけでなく，さらに2箇所に設けられます。合わせて3箇所。

Q 「本朝(天下の)三戒壇」と呼ばれたのは？
　　　　　　　　　——東大寺，(筑紫)観世音寺，(下野)薬師寺

　『三経義疏』とか，「護国の三部経」とか，「本朝三戒壇」とか，"三"が多い

よね。筑紫の観世音寺には**玄昉**が左遷されますし，下野の薬師寺に**道鏡**が追放，左遷されますから，政治史とのからみでも「三戒壇」は覚えておかなきゃいけない。

　国家仏教の成立の具体的な内容はこんなところです。最終的には，お寺や僧侶の暗記が必要になってきます。ちょっと整理しておきます。

■中心的な仏教学派と僧侶

　入試では**南都六宗**のなかでもっとも盛んだった**法相宗が一番よく出ます**。もちろん，**律宗**で**鑑真**は頻出です。しかし，教科書には他にも何人かの僧侶が紹介されていますので，難関私大対策として，一応，整理しておきましょう。

三論宗 ➡ 道慈… 大安寺 の平城京に移転

成実宗

法相宗 ➡ 道昭…玄奘に学ぶ

　　　　義淵…（弟子に）玄昉・行基・良弁

　　　　 元興寺 ・ 興福寺 …藤原氏の氏寺として南都仏教

倶舎宗

華厳宗 ➡ 良弁… 東大寺 建立（748 ころ）の中心

律　宗 ➡ 鑑真（754 入京，東大寺に戒壇，聖武太上天皇らに授戒）

　　　　 唐招提寺

　三論宗に通じたという**道慈**は，再開された 702 年の遣唐使に従って入唐。藤原京にあった大官大寺（のちの大安寺）を平城京に移すためにがんばった。
　法相宗の**道昭**も入唐し，玄奘に学んで帰ってきます。
　玄昉も入唐し，玄宗皇帝から紫衣を与えられるのですが，吉備真備らとともに 橘 諸兄政権を支え，これに反発して**藤原広嗣の乱**が起こる（p.172）。ところが玄昉は政治に介入しすぎて，745 年，**大宰府の観世音寺に追放**されてしまいます。

同じく，法相宗の義淵は，玄昉や行基，そして東大寺確立の中心となった良弁など多くの弟子を育てた僧です。あまり有名ではありませんが，超大物です。

　そして，律宗を伝えた鑑真。こちらは，盲目の高僧，「鑑真像」で有名ですね。唐招提寺はこの鑑真に与えられた住居に始まる私寺ですが，律宗の中心的な寺院となります。

■僧侶と社会事業

　もともと国家仏教の坊さんというのは僧尼令で統制される一種の公務員です。民間でアルバイトしたり，民間に布教することが本来の活動ではない。

　行基は，畿内で布教して批判を浴びたりするのですが，人びとを組織して墾田開発に必要な土木工事などを実施したり，橋や布施屋などの救護施設を作ったりと，社会事業を展開していきます。そして，その民間に対する影響力を重んぜられて，大仏造立の事業に参画し，大僧正にまでなって聖武の仏教事業を支えます。

　もともと仏教には，困っている人を助けるといったような慈悲の思想に基づく社会事業をともなう傾向が強いんです。そのような行為の１つとして，

Q 孤児や貧しい者たちを救済するために光明皇后が設置した施設は？

──悲田院

　同じく，貧しい病人に薬を与えて治療を行った施薬院も，光明皇后の社会事業としてよく問われるものです。

　仏教では，このような人びとのためになる，良い行い，「善行」を積むことが「福徳」を招くという思想があったのです。そこで，鎮護国家は国家の平安をもたらす。善行は社会に利便性を提供する。このように，現実の社会に与える利益を，仏教では「現世利益」と呼びます。

　「現世利益」という語句は，平安仏教のキーワードでもありますが，この現実の世界に良い結果をもたらすという考え方は奈良時代の仏教にも備わっていた。

　さらに，このような鎮護国家や福徳を求める国家仏教の官寺だけでなく，

仏教伝来以来の氏寺，奈良時代で言えば藤原氏の興福寺など，祖先崇拝のための寺院もありました。もちろん，祖先崇拝だけでなく，興福寺などは鎮護国家の役割も担っていました。

一方，政治と結びついていく仏教寺院に反発して，山林に籠って修行する者も現れます。山林での修行は平安時代の山岳での修行につながっていきます。

■神仏習合

もう1点，大事なのは**神仏習合**です。固有の神々と伝来した仏教とが混じり合う状態——神と仏の併存，あるいは融合関係です。とりわけ，山岳での僧侶の修行は，古来からの山岳に対する信仰と結びついていきます。

また，神々をまつる神社の中に寺院が建てられる。「**神宮寺**」と呼ばれる神社の中の寺院が現れてきます。神に対して僧侶がお経を読み上げる「**神前読経**」も行われたのです。仏教が本格的に浸透していく過程で起こったこのような状況には十分注意しておいてください。

ところで，**聖武天皇**の仏教事業は，その結末のほうもしっかり確認しておいてください。ポイントは**大仏開眼供養**と**鑑真の来朝**です。年次もしっかりチェックしておいてください。

752年　大仏開眼供養 ➡ 754年　鑑真来朝

この順序が逆にならないように注意しておきましょう。そして2年後，756年に聖武太上天皇が没するのです。

◼白鳳文化の時代背景

さて，時期は少しさかのぼりますが，白鳳文化です。

645 年の乙巳の変から天智朝，そして 710 年の平城京遷都以前まで。天武・持統朝がその中心です。律令体制への移行が急がれた時期ですよ。

◼特　徴

まず，白鳳文化の特徴を覚えましょう。

> ### ✎白鳳文化の特徴
>
> ① 国家による仏教事業。
> ② 初唐文化の影響 ➡ 「清新」な（生気のある若々しい）文化。
> ③ インド・西域・朝鮮半島の影響。
> ④ 構成の美。

外国の影響というと，初唐文化の影響が現れる。唐の初期のことを「初唐」といいます。いいですね，「初唐文化の影響」ときたら白鳳文化！ です。**美術などのキーワードは**「清新」。清く，新鮮な文化。あるいは，「構成の美」。美しいプロポーション。

◼国家仏教

中央集権化とともに国家が仏教を統制し，運用する国家仏教が本格化します。氏寺がなくなったわけではありません。また，地方豪族も寺院を建立するようになっていきます。天武天皇が国家の事業として建てたお寺が大官大寺，そして薬師寺，これはしっかり覚えましょう。

Q 大官大寺は後に平城京に移って何という名に変わったか？
——大安寺

　もう１つ。**薬師寺は天武天皇が皇后の病気が治ることを祈って建てた** もので，読んで字のごとく，病気に応じて薬を与えてくれるという本尊がまつられているわけですから，「**病気平癒**」，病気が治るというのがキーワード。「皇后の病気が治りますように」，「病気平癒を祈って」といったリード文があったら，薬師寺。

■鎮護国家

　仏教の膨大な経典，仏教に関わるいろんな書物の中から「**護国**」の経典，**国を護ってくれる経典**が重んぜられた。個人を対象とするんじゃなくて，国家のため，国を護る仏教です。そのような仏教の役割を「**鎮護国家**」という言葉で表します。国が平和で，人々が豊かに暮らせるように護ってくれる仏教の経典です。そこで，

Q 「護国の経典」と呼ばれるのは？
——金光明経，仁王経

　厩戸王(聖徳太子)の『三経義疏』と混乱しないように。護国の経典，国を護ってくれる経典としては，**法華経**なども加わっていきます。

■学問・文芸

　学問や文芸については，歴史書の編纂。これは 126 ページでちょっと触れておきましたが，**天武天皇**の命令によって，きちんとした国家の歴史書，あるいは天皇の歴史書を書こうということになります。もっとも，天武の命令で着手されますが，完成するのは 8 世紀です。

　また，一部の支配者階級の中には，大津皇子など，漢詩文を書く人も現れます。和歌では **柿本人麻呂**や **額田王** など，いわゆる「白鳳万葉」と呼ばれる初期の歌人たちが知られています。

26　天皇を詠んだ和歌 /『万葉集』

熟田津_{にぎたつ}に　船乗_{ふなの}りせむと　月待_{つきま}てば

伊予の松山あたりの熟田津の港で，出航しようと，月を見ながら潮の様子を眺めていた。

潮_{しお}もかなひぬ　今_{いま}は漕_こぎ出_いでな　　　　　　　　額田　王_{ぬかたのおおきみ}

いよいよ，潮もよくなってきたので，出航することとしよう。

＊原文（万葉仮名）

　　熟田津尓　船乗世武登　月待者

　　　潮毛可奈比沼　今者許芸乞菜

　　額田王は天武天皇との間に十市皇女_{とおちのこうじょ}を産んでいます。教科書に，天平文化_{てんぴょう}，
『万葉集_{まんようしゅう}』，**万葉がな**の例として載_のっている場合がありますが，額田王は天武・
持統朝_{じとう}のころの代表的歌人です。

　　この歌は，例の 660 年，百済の滅亡_{くだら}_{めつぼう}の報_{ほう}を受けて，救援軍を朝鮮半島に
送り，翌 661 年には**斉明天皇**_{さいめい}も自_{みずか}ら筑紫_{つくし}に向かう途中の熟田津_{にぎたつ}（現在の愛媛_{えひめ}
県松山あたり）に泊_とまったときに額田王が詠_よんだ歌とされています。

　　天皇は結局，筑紫朝倉宮_{あさくらのみや}で死んでしまうんですね。そして，663 年，白
村江の戦いに敗北というところです。第 6 回でやったとこですよ（p.105）。

　　さあ，では白鳳の美術，ポンポンポンといきましょう。

■建　築

▶薬師寺東塔

　　はい，建築から。出るのはもうほとんど 1 点，**薬師寺東塔**_{やくしじとうとう}だけです。薬師
寺には 2 つ塔がありまして，東の塔と西の塔があります。この東のほうです。
西塔は，最近再建された塔ですから，文化史では出ません。

　　さて，キーワード，これもしっかり覚えましょう。「**構成の美**_{こうせい}_び」——要する
に非常にプロポーションがよいということです。「**凍れる音楽**_{こお}」という文学的
表現で，よく説明されるものです。観光バスのガイドさんなんかが，必ずこ
の言葉を使って説明をします。

3階

2階

これは
初層（1階）
の屋根

裳階

▲薬師寺東塔

観光バスのガイドさんが，「皆さん，この塔は何階建てでしょうね」と聞きます。するとみんな，「6階建て」と，まあ，素直（すなお）な子供は答える。

中には「三層（そう）」と答える人もいる。教科書で覚えていたらしい。一見（いっけん），六層，6階建てに見える。屋根が6つある。しかし，写真を見ればわかりますが，裳階（もこし）と呼ばれる"スカート"をはいていまして，実際は三重なんです。構造的には3階建て。各階に裳階が付いているので，六層に見えるわけです。

ただ安定していればいいという「重厚（じゅうこう）」，「どっしり」の法隆寺（ほうりゅうじ）の五重塔と違って，薬師寺東塔は「構成の美」がきわだっている。

■彫刻

▶興福寺仏頭

続いて，彫刻。まず，興福寺仏頭（こうふくじぶっとう）です。写真で見ると，何か仮面ライダーのような顔をしているのですが，美術の専門家に言わせると，「清新（せいしん）」──初々しい，すがすがしい顔。

▲興福寺仏頭

胴体（どうたい）部分は，もうまったく失われています。この興福寺仏頭は，もともと山田寺（やまだでら）にあった本尊（ほんぞん）だといわれています。鎌倉時代にお坊さん同士が戦争をやって，興福寺が勝ち，戦利品で持っていかれたんだといわれている。そこで，旧山田寺仏頭（きゅう）とも呼びます。

はい，そこで「山田」とくれば蘇我倉山田石川麻呂（そがのくらやまだのいしかわのまろ）。

第6回でやりましたね（p.99）。蘇我倉山田石川麻呂が建立したのが山田寺（やまだ）だったね。正確に言うと，山田寺が完成する前に石川麻呂は謀叛の疑いで死に追いやられ，その後，無実の罪だということになって名誉回復。石川麻

呂の冥福を祈る寺院として完成したといいます。その本尊とされた仏像の頭部だけが残ったということです。

▶薬師寺金堂薬師三尊像

次が薬師寺金堂の薬師三尊像です。これも法隆寺の釈迦三尊像と同様に，中心と両わきで計３人いるわけですが，法隆寺のほうはおのおのが座って，立ってと，もう単純にただいるだけ。キッチリ左右対称です。

しかし，薬師三尊像は真ん中の本尊を中心に，左右の像はちょっと腰をひねって，横から見ても**三体でひとまとまりとなる美しい構成**になっています。そこで，ここでもまた白鳳文化のキーワードである「**構成の美**」，バランスが美しいという特徴がやっぱり出てきます。

▶薬師寺（東院堂）聖観音像

ほかに薬師寺の東院堂にある聖観音像。個人的には，この仏像は非常に美しいプロポーションで，最高にスタイルのいい仏像だと思います。

▶法隆寺夢違観音像

もう１つ。法隆寺の夢違観音像。いやな夢，悪い夢を見たときに，この仏像を拝むと，なんと現実では逆の結果が現れる。入試で落ちた夢を見て，冷や汗をかいて目が覚めたら，すぐにこの仏像を拝むと，実際の入試では受かるという，ありがたい仏様です（笑）。

夢違——夢が違った結果で現れてくる。入試でのキーワードは「**小像**」。これで終わり。「小像」だったら，それだけで夢違観音像。

さてここで，教科書，テキスト，あらゆるものに，法隆寺夢違の「法隆寺」にアンダーラインを引かなきゃいけません。ここが入試のつらいところです。

法隆寺とくれば飛鳥文化。飛鳥文化の基本的な文化財は，ほとんど法隆寺に集中してますから，「法隆寺イコール飛鳥」というイメージが強い。だから**入試では法隆寺にある飛鳥文化以外の作品がかえって出る**。はい，法隆

寺夢違観音像の法隆寺のところにマーカー，チェックを入れておくこと。白鳳文化ですよ。

　以上4体の仏像は，素材から言うと，全部，金銅像です。

■絵　画

▶法隆寺金堂壁画

　次は絵画。これまた法隆寺だ。アンダーライン！ 法隆寺金堂壁画，もう何度も何度も，「飛鳥文化じゃないぞ」と唱えること。白鳳文化だ。金堂はもちろん飛鳥文化ということになっていますが，壁画は白鳳文化ですよ。そして，1949年，ほとんど，跡形もなくというのは言い過ぎですが，焼けてしまった。あわてて翌年，1950年に文化財保護法が制定されています。

▶高松塚古墳壁画

　あと，奈良県の明日香村にある終末期の古墳，壁画——有名な高松塚古墳壁画は聞いたことがあるでしょう。四神や星宿，人物像で有名です。四神というのはこの世界を守ってくれる，東西南北に住む架空の生物，神です。もちろん，中国・朝鮮半島から入ってきた考えです。

▼四　神

▲青竜（東）　　▲白虎（西）　　▲朱雀（南）　　▲玄武（北）
　せいりゅう　　　びゃっこ　　　すざく　　　　げんぶ
　せいりょう

　ただし，高松塚古墳の石室の南側は剥落，剥げ落ちてしまっているので朱雀は残っていません。ところが，四神がそろった壁画が，高松塚の近くから発見されました。難関大でときどき出題されるキトラ古墳壁画です。

　白鳳文化は，第7回の飛鳥文化としっかり対比しながら，作品を確認しましょう。教科書の図版，あるいは図録を持っている人は図録で，各作品を，その特徴とともに確認しながら見ておくこと。

さて，次はいよいよ天平文化です。

天平文化（聖武朝，平城京が中心）

＝

盛唐文化の影響	律令国家の成立期
豊満優美	国家仏教の最盛期
写実的	＊東大寺

■天平文化のキーワード

はい，白鳳文化は初唐，天平文化はというと盛唐文化の影響を受けた文化です。唐は世界帝国であり，世界のいろんな文化的要素を包含する唐文化がそのまま日本に入ってきますから，天平文化も**国際性豊か**なものになる。

聖武朝を中心に国家仏教の最盛期。そして美術は盛唐の影響をそのまま受け入れて，「**豊満優美**」な作風，「**写実的**」な，表情が豊かで，調和のとれた仏像。建築なら「堂々とした」「**均整**がとれた」建物。

■学問・教育

では，学問・教育からいきましょう。

学問・教育はもちろん，官吏養成のためというのが第1目標です。**式部省**の管轄下に**大学**（寮）が置かれ，本科，一番中心的な学科は儒教の教典，「五経」を学習する**明経道**でした。基本的には五位以上の貴族の子弟と東西史部の子弟がここで学ぶことになっています。

地方には**国学**が置かれて，**郡司らの子弟**が学ぶことになっていますが，これはあまり振るいません。学問・教育関係でよく出題されるのは，というと，石上宅嗣が開いた私設の公開図書館というべき**芸亭**。

ココ，切れている
芸亭

漢字に注意。芸術の「芸」（×）を書かない。それと「石上」氏とは，ヤマト政権時代の「物部」氏のこと。氏の名称を変更していることに注意。石上神宮は物部氏の根拠地にある。「七支刀」も思い出しておきましょう（p.73）。

■文　学

▶『万葉集』

　次は文学。まず『万葉集』。これは文学史でもやりますよね。**天皇から庶民に至るまで**の歌，約4500首を集めた国民的な歌集です。まだ平がながありませんから，「万葉がな」という漢字の音訓を使った日本語表記の歌集です。その例は額田王の歌で見ましたね（p.207）。

　額田王は白鳳万葉ですが，続いて柿本人麻呂，そして平城遷都から天平初期には山上憶良，山部赤人，大伴旅人。そして最後に**大伴家持**。

　大伴家持は万葉集をまとめ上げたと考えられている歌人です。万葉集に，478首もその歌が入っている。一方，名門大伴氏の長として，台頭する藤原氏との関係で苦労しています。757年の橘奈良麻呂の乱に一族のものが関与していたり，光仁天皇没後に起こったクーデター未遂事件でも，これに関係したとして失脚。さらに，没後に起こった藤原種継暗殺事件（次回でやります）でも，その関与を疑われて除名。息子も流罪……と死んだ後まで弾圧を受けています。

　その後，名誉回復ということになりますが，奈良時代後期の政治情勢の真ん中にいた人物ということになります。

　あと，家持の父，**大伴旅人**にも注意しておきましょう。大伴旅人が大宰帥として現地，九州に赴任していたとき，**山上憶良**が筑前守として九州に赴任。両者の和歌を介しての交流が深まった。大伴旅人，山上憶良の歌の中でも，代表的なものはこのときに詠まれているのです。文学史上では有名な話ですが，日本史でも知っておきたいところです。

　日本史の教科書でも『万葉集』の歌人を4期に分けているものがありますから，一応，黒板でチェックしておきましょう（次ページ）。

　ちなみに，『万葉集』の巻頭，最初の歌は「大泊瀬幼武（オオハツセワカタケ）」，**雄略天皇の長歌**です。次は……とやっていると終わらなくなってしまいますが。

『万葉集』の歌人

第1期	第2期	第3期	第4期
額田王 有間皇子	柿本人麻呂	山上憶良 大伴旅人 山部赤人	大伴家持

最後に，『万葉集』に関するポイント。出題頻度が高いのが**東歌**と**防人歌**です。ここは絶対に，今，暗記してしまう。

> **東　歌** ➡ 東国（遠江・駿河から陸奥）の各地を題材とした和歌
> **防人歌** ➡ 防人やその家族などの歌

防人は東国の兵士から選ばれたのでややこしい。防人歌は東国から出発するときや，難波津から出航するときの「離別」などが題材です。次は，漢詩文。

Q 現存最古の漢詩集といえば？　　　　　　　　——『懐風藻』

8世紀の半ばに成立しています。天武天皇の息子，大津皇子や，先ほどの石上宅嗣，そして淡海三船などの作品がこれに載っています。ただ，これは国家事業としての勅撰ではありません。勅撰漢詩文集は，次の平安前期に登場します。

■ 歴史・地誌

▶『古事記』

次は史書。『古事記』と『日本書紀』です。天武朝から始まった歴史書編纂の最初の成果が『古事記』です。次がポイント。

Q 空欄を補充しなさい。

　　　『古事記』は　①　が暗記していた「帝紀」，「旧辞」などをもとにした歴史を　②　が筆録して，712年に完成した。

①稗田阿礼，②太安万侶が入りますね。稗田阿礼と太安万侶の分担が大事です。

『古事記』は漢字の音と訓を使って日本語（ヤマト言葉）で書かれたもの。ちなみに太安万侶は左京四条四坊に住んでいたことが，その墓から発見されたプレートの文字からわかっています。

▶『日本書紀』

次，『日本書紀』の成立は720年，こちらは正式の漢文で書かれた日本最初の**正史**です。以後，10世紀初頭の『日本三代実録』まで，全部で6つの正史が成立します。これを**六国史**と総称します。そこで，『日本書紀』は**六国史の最初**ということになります。古いことから，順次，新しい出来事を書いていく**編年体**で書かれている。

ちなみに，『漢書』，『後漢書』などは，皇帝や重要人物の伝記や年表など，いくつかのテーマを並べていく**紀伝体**と呼ばれるスタイルで編纂された正史です。日本の正史は，中国の正史に対応するものですが，紀伝体ではなく，より簡単な編年体です。ココは，史学史のポイントですから，この際，覚えておくこと。

Q 『日本書紀』編纂の中心人物は？
——舎人親王

入試では，記紀の違いを聞いてくるので，扱う時期も含めて，しっかり区別しておくこと。相違点は「記」と「紀」。「日本語」表記と「漢文」。そして，最後が「推古天皇」で終わっているのが『古事記』で，「持統天皇」まで行っているのが『日本書紀』ですよ。

```
┌712 古事記……(暗誦)稗田阿礼   日本語   神代～推古
│            (筆録)太安万侶
└720 日本書紀…(総裁)舎人親王   漢文    神代～持統
```

ついでに，

Q 舎人親王の子で皇位を奪われ，淡路島に流されたのは？
——淳仁天皇

史書について，整理しておきましょう。

古墳文化	飛鳥文化	白鳳文化	天平文化
6世紀前半	推古朝 7世紀前半		
帝紀　　→	天皇記		712 古事記
旧辞　　→	国記		720 日本書紀

▶『風土記』

　『古事記』成立の翌年，713年には，国ごとの地誌，地理，説話などを集めた地誌撰上の 詔 が出ます。各国に，国を単位とする『風土記』を書いて，都に送ってよこしなさいという命令です。現存するのは，**常陸・播磨・出雲・肥前・豊後**のいわゆる「五風土記」ですが，このうちほぼ**完全な形で残っているのは『出雲国風土記』だけ**です。

■ 建 築

　次，建築，彫刻，絵画。外国の影響は「盛唐」ですよ。
　「天平美術の特徴は？」というと，「写実的」そして「豊満優美」。豊かでふっくらしていて，姿が美しい。線も柔らかいと。まあ，ひとことで言うと，ふっくらしている。天平美人ということは，もう絶対にウエストがくびれたり，スリム，シャープなのはだめ。ともかく太ってるほうがいい。

▶東大寺法華堂

　では，建築からいきましょう。寺院や宮殿は，もちろん，礎石の上に太い柱を立てて大きな屋根を支え，屋根には瓦を葺いた壮大なものが中心。「均整」のとれた堂々たる建築です。ただし，東大寺・興福寺の主要な建物は鎌倉

初期に焼かれてしまって，ほとんど残っていません。

まず，**東大寺法華堂**。仏像が安置してある「正堂」の部分が天平期のものなんですが，「礼堂」という礼拝をする場所が後の鎌倉時代に継ぎ足されているんです。大仏殿などに比べてかなり小さい。もっとも，大仏殿は江戸時代のものです。

▲東大寺法華堂

法華堂は「三月堂」とも呼ばれ，正堂が天平期で礼堂は鎌倉時代というところまで問われることがあります。ここの中心にある仏像が不空羂索観音像です。

▶正倉院宝庫

東大寺の正倉院は，もう小・中学生おなじみの校倉造ですね。まさに，整然とした，堂々たる倉庫です。

▶唐招提寺金堂・講堂

天平期の金堂はほとんど残っていないんですが，**唐招提寺金堂**がその代表。そして**講堂**を覚えてください。講堂は平城京の「朝集殿」を移築した建物として貴重なものです。

▶法隆寺夢殿・伝法堂

もう1つ。法隆寺の夢殿と伝法堂。**法隆寺だけど天平文化ですよ**。**夢殿は八角形の建物**です。隣にある**伝法堂は貴族の邸宅**だったものです。聖武天皇の夫人，橘古那可智（橘三千代の孫）の住宅を移したものと推定されていましたが，確証はありません。当時の支配者，貴族の住宅の貴重な遺構ということになりますので，これも重要です。法隆寺だけど飛鳥文化ジャナイ！ いいですか，天平文化。

■彫　刻

▶興福寺阿修羅像

　仏像は有名なものがけっこうあります。さらに**塑像・乾漆像**という，粘土や漆を使った仏像が，この時期の特徴です。

　塑像というのは粘土で造ったものですが，芯は木で造ってあって，その上に粘土を塗ったもの。乾漆像も，原型を麻の布で覆って，そこへ漆を塗ったものです。多くの場合,漆が完全に固まったあとに,中の部分を抜き取ります。脱乾漆像と呼ぶこともあります。

　その**乾漆像**の代表というと，興福寺の阿修羅像。この像の**キーワード**は「**三面六臂**」。顔が３つで手が６本です。

　光明皇后が建立した興福寺西金堂に安置された**八部衆像**という仏像群の１つです。名前は怖いが，ふっくらした優しい美少年。また，興福寺にはもう１つ，**釈迦十大弟子像**という六体の乾漆像が残っています。

▲興福寺阿修羅像

キーワード

興福寺阿修羅像
…**三面六臂**

▶東大寺法華堂・不空羂索観音像

　次にやはり乾漆像で，先ほどちょっと触れた法華堂の中心，**不空羂索観音像**。「不空」というのは無駄がない，「羂索」というのは絹でつくったロープ。人々をロープで救ってくれるという意味で，これは一種の秘仏でして，キー

ワードは「三眼(目)八臂」です。

　目が３つあって，手が，よく数えると８本あるんですが，この８本の手からロープを投げてやって，おぼれている人を救うみたいな意味ですね。

　その不空羂索の両わきに，これは本当はもともと何の関係もなかったんですが，たまたま置かれてしまったのが塑像の代表，日光菩薩像・月光菩薩像です。法華堂には他に執金剛神像もあります。不空羂索観音像はちょっと違和感がありますが，執金剛神像は，なかなか素敵な仏様という感じです。他に東大寺戒壇院の四天王像もあります。

キーワード

東大寺法華堂
不空羂索観音像
…三眼八臂

月光菩薩像

日光菩薩像

▲東大寺法華堂不空羂索観音像

▶唐招提寺鑑真像

　乾漆像で，いわゆる天平美術の１つの特徴というよりも，唐文化，美術の特徴である写実性という面を代表するのが，実際の人間を模した，唐招提寺の鑑真(和上)像です。鑑真の晩年の姿をそのまま仏像にしたものだと言われています。

■絵　画

▶正倉院鳥毛立女屏風

　絵画では**正倉院**の**鳥毛立女屏風**。これは先ほど言った豊満優美な唐風の美人，これが大きな木の下に立っている。

　もともとは鳥の羽根で装飾してあったんですが，もう羽根はほとんど剝げ落ちています。「樹下美人図」と呼ばれる，樹木の下に美人が立っている**唐の典型的な世俗画のパターン**を模したものです。

木の下（樹下）で美人が
ショルダーバッグを枝
にかけ，立っている。

（顔のイメージ図）

▲正倉院鳥毛立女屏風

▶薬師寺吉祥天像

　次は**薬師寺**の**吉祥天像**。この吉祥天という福徳の女神に対する信仰に熱心だったのが**光明皇后**。金光明経に由来する信仰と言われますが，薬師寺にこの吉祥天像が残っています。

　ここで，やっぱりこの吉祥天像の前の**薬師寺にアンダーライン**を引かなきゃ。薬師寺とくれば白鳳といきたいところをぐっとがまんして，**薬師寺でも吉祥天像は天平文化の絵画**ですよ。これが大事。

▶『過去現在絵因果経』

はい，そしてちょっとマニアックな，難関私大向けに，『過去現在絵因果経』というのがあります。これは2段構成になっていて，上段に**絵画**，下段に仏教の**経文**が書かれているもので，古代末から中世にかけて盛んに描かれる**絵巻物の源流**と評価する場合があります。

▶『百万塔陀羅尼』

もう1つ，年代のハッキリしている，現存する**世界最古の印刷物**とされる『百万塔陀羅尼』。これは**恵美押勝の乱**がらみでも出ますので，注意してください。

称徳天皇が，恵美押勝の乱が治まった後に，木製のちっちゃな塔を百万個つくって，その中心部の穴に，印刷した**陀羅尼経**というお経を埋め込んだものです。

▶正倉院御物

工芸品では**正倉院**の宝物。とくに，聖武の没後，**光明皇太后**が納めた遺品が有名です。**螺鈿紫檀五絃琵琶**は教科書に写真が必ず載っている代表的なものです。

さて最後に，伽藍配置の変遷を見ておきましょう。

伽藍というのは，要するにお寺の建物のことです。「堂塔伽藍」というような言い方をしますが，その伽藍配置の変遷図。

伽藍配置の変遷

飛鳥文化　〈飛鳥寺式〉　〈四天王寺式〉　〈法隆寺式〉

白鳳文化　〈薬師寺式〉

A：講堂　　B：金堂
C：■塔　　D：中門
E：歩廊　　F：南大門

天平文化　〈東大寺式〉　〈大安寺式〉

221

■ 伽藍の建物：金堂・塔・講堂

お寺にはいろんな建物がありますね。まずいちばんメインは，日本では仏像を安置する，要するに中心的な仏像を並べておく**金堂**。よく，寺の「本堂」などと呼ぶ建物です。もともと**金銅像**と言って，当時の仏像はたいてい金で表面をおおってるから，みんな光っているわけです。その金ピカの仏像を安置する建物を金堂と呼びます。今はほとんどハゲちゃってるけど。

その次，日本ではそれほど重んぜられませんが，**仏舎利**といってお釈迦様の骨を納めた建物を**塔**といいます。お釈迦様の骨といっても，米粒みたいにちっちゃなものですけどね。暇な人が日本に残っている仏舎利を全部推計したら，お釈迦様は象より大きかったという話があります。

```
┌ 金堂…仏像を安置する。
└ 塔……仏舎利（釈迦の骨）を納める。
```

次に，お坊さんが集まって勉強したり，偉いお坊さんの話を聴いたりするところが**講堂**。あと，もちろん塀があって，門があります。外側の，一番立派な門を南の大きな門と書いて**南大門**といいます。

ほかに建物をつなぐ歩廊とか，真ん中の中門とかありますが，伽藍配置で絶対覚えておかなきゃいけないのは，実は**金堂と塔**，この2つです。伽藍配置の図を全部覚える必要はありません。

■ 伽藍配置の6つのパターン

飛鳥寺(式)，四天王寺(式)，法隆寺(式)，薬師寺(式)，東大寺(式)，大安寺(式)
「あすかでらしき，してんのうじしき，ほうりゅうじしき
やくしじしき，とうだいじしき，だいあんじしき」

最後の大安寺式はほとんど出ませんが，一応この順番を覚えます。古い形

222

から飛鳥寺式，四天王寺式，法隆寺式ときて，白鳳期になって薬師寺式，天平期で東大寺式，そして大安寺式ということになります。まずは飛鳥寺式から。

飛鳥寺式

　図をよく見て（p.221）。まず飛鳥寺式は仏舎利を納める塔(C)が中心部にあって，その東西と北に金堂(B)があります。

　はい，そこで「**一塔三金堂**」と覚えて。飛鳥寺式です。いいですか。

四天王寺式

　四天王寺式も塔はど真ん中にありますが，真後ろに金堂があります。というよりも，南大門，中門，塔，金堂，講堂と，A，B，C，D，Fが中心軸としてタテに一直線になっていますね。「**一直線上**」に並ぶと四天王寺式。

法隆寺式

　法隆寺式は"なぞの寺"と覚えます。この配置は意味がわからないから。

　すなわち中心部，歩廊(E)に囲まれた部分は，ほかの５つの寺と違い，塔(C)と金堂(B)が横に並んでいて，線対称で真ん中で折れる左右対称の形になっていません。そこで塔と金堂が**並置**されている——並んで建てられているとくれば法隆寺式です。すなわち，「**法隆寺は非対称**」と覚えときゃいいですね。

薬師寺式

　さあ次は白鳳文化，天武・持統朝以降。薬師寺式になりますと，はい，よーく見て。**塔が２つ**になっている。今までは１つでしたね，塔は。Cが２つになって，ど真ん中に何があるかというとB，すなわち金堂があります。

　そこで，この段階で絶対覚えることは，

> **伽藍配置の中心が塔から金堂に代わった。**

ということ。イメージとしては，Bが家だとすると，Cは門柱のような形で東西２つに配置されている。そこで，薬師寺式は「**二塔一金堂**」というふうに覚えましょう。この薬師寺の東の塔，**東塔**は代表的な白鳳建築でしたね。

東大寺式

　奈良時代，天平文化とくれば東大寺。東大寺式は？

はい，金堂(B)が真ん中にある点は変わりませんが，問題は C です。塔は相変わらず２つありますが，「歩廊の外」に出ている。もちろん塔は今日まったく残っていませんが，もとは巨大な塔が２つあったんです。

大安寺式

　以上の５つに対して，南大門のところの塀の外側に塔が出ちゃうのが，次の大安寺式です。これは「塀の外」だと覚えちゃえばいい。

　だから，飛鳥寺式から大安寺式まで６つのパターンについて，お寺とキーワードを覚えておけば，この伽藍配置を使った問題はすべて一発で答えが出ます。ただし，私大の難問では，最初の法隆寺の伽藍配置は四天王寺式であったことも出題されることがあります（p.122 も参照）。

　『日本書紀』によれば，「法隆寺は 670 年に焼失した」とあるので，現在の伽藍は再建されたものということになります。隣接する区画，「若草伽藍跡」の発掘の結果，**最初は四天王寺式の配置**だったことがわかったんです。

　また，蘇我倉山田石川麻呂による山田寺も発掘の結果，四天王寺式伽藍配置だったことが確認されています。ついでに法起寺という寺は法隆寺式ですが，塔と金堂の配置が左右逆になっています。

　ハイ，空欄を補ってください。

伽藍配置の変遷

一塔三金堂　➡　一直線　➡　非対称　➡
　↓　　　　　　　↓　　　　　　↓
（　　　　　）式　（　　　　　）式　（　　　　　）式

二塔一金堂　➡　歩廊の外　➡　塀の外
　↓　　　　　　　↓　　　　　　↓
（　　　　　）式　（　　　　　）式　（　　　　　）式

はい，お疲れさまでした。古代史も半分以上はこれで終わりました。

① 年表を見ながら，ダウンロード音声でここまでの範囲を聴いてくださ
い。

② 授業ノートの第 1 ～ 12 回を読み進めてください。

③ 次回に進む前に，第 7 回・第 12 回を同時に復習すること。そして第
12 回の最初，198 ページの表を確認してください。

以上①～③まで，頑張ってくださいね。

藤原北家の台頭
——平安時代の政治(1)

いよいよ平安時代です。まずは，桓武・平城・嵯峨朝から藤原北家の台頭まで。

桓武・平城・嵯峨がまず第 1 段階。桓武天皇の長岡京，平安京遷都と東北経営で基本的な枠組みが決まり，**嵯峨天皇**が**藤原冬嗣**を蔵人頭に任じ，平城太上天皇の変で平城の重祚を阻止して権力を確立。次の段階が藤原北家の台頭。**藤原良房**が外祖父，母方の祖父として清和天皇の**摂政**。次の**藤原基経**は光孝天皇を擁立して，事実上の関白。**宇多天皇**が即位すると，正式に関白の地位を確保します。

このような政治権力の推移と事件との関係をしっかり確認しましょう。桓武＝藤原種継暗殺事件，嵯峨＝平城太上天皇の変，藤原良房＝承和の変・応天門の変，藤原基経＝阿衡の紛議。天皇と藤原氏の系図とともに，これを確認していきましょう。

■光仁天皇

　まず，奈良から平安への移行期の天皇をチェックしておこう。奈良から平安へのちょうどつなぎ目が**光仁天皇**です。光仁の息子が**桓武天皇**ですが，この光仁天皇は皇統，天皇の地位の継承という点からすると大きな意味をもちます。

　光仁天皇は，おじいちゃんが**天智天皇**です。天智天皇の孫ですよ。**壬申の乱以後，奈良時代の男の天皇は，天智系ではなくて天武系ですよ。**その天武系をやめて，天智系を立てた。その政略の中心は**式家藤原宇合の子，藤原百川**などです。

　光仁天皇の皇后は**井上内親王**，そして，井上内親王と光仁の息子，他戸親王が皇太子でした。ところが光仁は，この皇后・皇太子に罪を着せて排除してしまいます。

平安初期天皇家系図

天武〜聖武の系統を排除して，**天武系の血が入っていない**別の奥さん，**高野新笠**という渡来系の女性との間に産まれた息子，**山部親王**（桓武天皇）を皇太子とします。

その山部親王が即位して**桓武天皇**。そして，皇太子には，弟の早良親王ということになりました。しかし，桓武としては，自分の息子を次の天皇にしたい。そこで桓武は785年の「**藤原種継暗殺事件**」に関係があったとして，早良親王から皇太子の地位を奪った上，死に追いやります。

そして，息子の安殿親王を皇太子にします。それが**平城天皇**です。だから，**天武系を避けて**，光仁→桓武→平城と天皇の位が直系で伝わっていくわけ。皇統は天智系だけになる。天武系は完全に否定された。

■新しい王朝

もう一度，確認しておきます。

藤原百川らに擁立された**光仁天皇**は**天智天皇**の孫。奈良時代の男性の天皇は文武・聖武両天皇。壬申の乱に勝利した天武天皇の孫と曾孫です。光仁天皇は天智天皇の孫です。以後，天皇は光仁・桓武の系統となります。天武天皇の系統から天皇は出ません。

桓武天皇は新王朝の正統性を意識し，中国の皇帝が冬至の日に，都の郊外でその王朝の始祖を天帝としてまつる「郊祀」と呼ばれる儀式をまねて，785年，京都の郊外で「郊祀」を行い，父光仁天皇を始祖としてまつっています。**新しい王朝の成立を宣言した**わけです。

そこで，新王朝にふさわしい新都，**長岡京**，さらに**平安京**へ遷都。東北地方への支配の拡大，強化を目指して，帝国を復活させるために「東北経営」を進めたのです。

◀平安神宮（京都市）
平安京遷都1100年を記念して建てられた平安神宮の現在の社殿は，規模は縮小されているが，平安京の大極殿を模したもの。

■ 桓武天皇と遷都

桓武天皇とともに平安時代が始まる。

桓武は784年，**平城京を捨て，長岡京に都を移します**。ところが，その長岡京造都の責任者だった藤原種継が暗殺されてしまったのが，翌785年。この**藤原種継暗殺事件**を利用し，弟の**早良親王**を犯人の仲間だということにして，廃太子したんですよ。そして息子を立太子（皇太子に立てること）した。

結局，長岡京というのは長持ちしません。桓武天皇はそのままさらに平城京から遠いところへ，今の京都に都の地を求めた。**平安京**です。長岡京は平安京の"鳴くよウグイス"のちょうど10年前ですから784年です。**10年後に「平安京遷都」**です。いいですね。

794
「**鳴くよ**ウグイス平安京，**10年前は長岡京**」

》》　　➡ 794年，平安京　　➡ 784年，長岡京

ついでに，平安京遷都にともなって，「**山背国**」は「**山城国**」となります。大和国から見て山の裏側という意味の「山背」ではまずいからネ。

次ページの図で，平安京の構造を見ておきましょう。平城京との違いは？平城京には，東に張り出した**外京**があった。平安京には，ありません。また，**平城京の大寺院はそのまま奈良に置き去り**。新都に移れない。

平安京

賀茂御祖神社

北野神社
（天満宮）

仁和寺

一条大路
土御門大路
中御門大路
　　広隆寺
二条大路
三条大路
四条大路
五条大路
六条大路
七条大路
八条大路
九条大路

平安宮

現御所

法成寺

鹿ケ谷

白河殿

法勝寺

二条城
東三条殿

学館院
大学寮
奨学院
勧学院

弘文院

右

左

祇園社

清水寺

京
西市司

東市司
京

六波羅蜜寺
六波羅

西鴻臚館
東鴻臚館
東寺

西寺
綜芸種智院

西京極大路
木辻大路
道祖大路
西大宮大路
羅城門
朱雀大路
東大宮大路
東洞院大路
西洞院大路
東京極大路

■**東北経営**

　さて，桓武天皇はもう１つ大きな事業に着手します。それが東北地方の支配を確立するための蝦夷征討事業です。

Q 797年，征夷大将軍に任命され，胆沢城・志波城を築いたのは？

—— 坂上田村麻呂

皆さんがよく知っている人物，桓武朝で活躍した代表的な軍人さんです。

７９７
「田村**泣くな**，行ってこい」

➡ 797年，坂上田村麻呂，征夷大将軍となる

東北経営図

＊漢字で書いてみよう。

① ☐
② ☐
③ ☐
④ ☐

米代川
志波城
秋田城 ---- ⊦ ----- 徳丹城
733年
北上川
708年 ---- 胆沢城
③
648年
② 伊治城
647年
① ④ ---- 724年

東北地方の地図で復習しておきます。

Q ハイ，地図の①②③④は何？
────①淳足柵　②磐舟柵　③出羽柵　④多賀城

年号も確認しておいてください。

なお「〜柵」は，「〜のさく」と読んでも「〜のき」と読んでもかまいません。「ぬたりのさく」でも「ぬたりのき」でもOK。「城」も，「しろ」でも「き」でもOKです。読み方は問われませんからだいじょうぶです。

8世紀に入って，**日本海側**，**出羽国の設置**は712年。そして733年には秋田城が置かれ，**米代川**流域あたりまで支配が及ぶ。**太平洋側**，**陸奥国**でも北上川に沿って城柵が築かれていく。もちろん拠点が724年の**多賀城**です。

中央政府は支配が及んでいない地域の人びとを「**蝦夷**」，あるいは「**隼人**」などと呼んだわけですが，それは，自分たちを「**華**」とし，その外側を「**夷**」とする考え方によるものです。中国の王朝が自らを「**中華**」「**華**」とし，朝鮮半島や日本などの周辺を「**夷**」として朝貢を求めた考え方をそのまま真似たのです。

231

天皇，律令政府が「華」で，東北以北や九州南部以南を「夷」と位置づけたわけ。

　その蝦夷の支配を目的に置かれたのが**城柵**です。周囲を頑丈な塀などで囲み，中央に国府と同じような役所の建物を置く，軍事的な機能を兼ねた支配の拠点で，軍団の兵などからなる常備軍も置かれています。

　蝦夷支配の最前線ですので，その周辺には**関東地方などの農民を移住させます**。このような，律令政府の支配下の農民で城柵の周囲に組織的な移住を強制された人びとを「**柵戸**」と呼びました。また，服属した蝦夷の人びとの一部は「**俘囚**」と呼ばれ，関東以西に強制的に移住させました。ちょっとややこしいので，しっかり区別すること。

- 柵戸…城柵の周辺に移住させられた関東などの農民。
- 俘囚…服従した蝦夷のうち，関東以西に移住を強制された人びと。

　光仁天皇のときには**伊治呰麻呂**の反乱が起こり，780年には**多賀城**が占領され，焼かれてしまった。桓武にしてみれば，帝国の支配する領域が失われてしまった。これを回復し，さらに広げたい。

　789年には，桓武天皇によって**紀古佐美**が征東大使として派遣されていますが，蝦夷の族長の**阿弖流為**（アテルイ）に大敗。**坂上田村麻呂**が**征夷大将軍**となり，ようやく鎮圧に成功します。

　坂上田村麻呂は阿弖流為を降伏させ，北上川の中流域に胆沢城（802年）を

築きます。鎮守府も多賀城から胆沢城に移す。ただし，陸奥の国府はそのまま多賀城です。翌年には，北上川上流域に志波城（803年）を築きます。

その後，嵯峨天皇のときに，**文室綿麻呂**が派遣され，**811年ころには志波城にかえて，その南に徳丹城**が築かれます。ただし，これで中央政府の東北地方支配が確立したというわけではありません。9世紀後半，878年には**出羽国で俘囚の反乱**が起こっています（**元慶の乱**）。

■「徳政相論」

さて，このような，首都の造営と大軍事作戦という2つの大事業を延々やった結果はどうなったか？ **国力は疲弊**しますよ。

9世紀に入ると，いったいこの国の政治をどうしたらいいのだろうかということを，考えざるを得なくなった。それが有名な805年の「**徳政相論**」です。人々の喜ぶ政治，「徳政」とはいったい何だろうか，ということについての討論といったような意味です。難関私大の大好きな史料ですから，見ておきましょう。

🔍 史料

27　徳政相論 /『日本後紀』

（延暦 二十四年十二月）壬寅……勅有り。　　……藤原朝臣緒嗣，
805年　　　　　　　　　　　天皇の命令があった。　　藤原緒嗣と

……菅野朝臣真道と天下の徳政を相論ぜしむ。時に緒嗣議して云く，
菅野真道に国民のための政治について論議させた。　　そこで緒嗣の意見は，

「方今天下の苦しむ所，軍事と造作なり。此 両 事を停むれば，百姓
「現在，人々が苦しんでいる原因は軍事と造作である。この2つを停止すれば，すべての人

これに安んぜん」と。　　　　　　真道異議を確執して，肯て聴かず。
が安息するであろう」というものであった。真道はこれに異議を唱えてあくまで反対した。

帝，緒嗣の議を善しとす。　　　　即ち停廃に従ふ。……
天皇は藤原緒嗣の意見が善いと判断された。そこで（軍事と造作は）中止となった。

桓武天皇に政治についての意見を求められたのが**藤原緒嗣**と**菅野真道**です。

「(延暦二十四年十二月)壬寅……勅有り」——天皇の命令が下って，藤原緒嗣と菅野真道の2人が，日本全体の政治について，**「徳政」**——どのような政治が良い政治かについて論じた。

「延暦二十四年」，ちょうど**9世紀**に入ってまもなくの**805年**という時期が大事です。

さて，緒嗣の意見によると，「方今天下の苦しむ所，**軍事と造作**なり」——これは入試問題の出し方が簡単で，

Q 軍事とは何か？　　　　　　　　　　　　　　　——蝦夷征討事業

Q 造作とは何か？　　　　　　　　　　　　　　　——平安京の造営

とくる。「軍事」といえば蝦夷征討事業，「造作」とは土木・建築工事などを指す言葉ですから，大土木工事といえば，ずうっと続いている平安京の造営です。

史料はやさしい。「此両事を停むれば」——蝦夷征討事業と造作をやめれば，「百姓これに安んぜん」——「百姓」というのは**「一般の国民」**という意味ですから，国民はゆっくり息をつくだろうと言った。

ところが，真道のほうは，そのようなことをやったら天皇の権威に傷がつく。あくまでも都を造るべきだ，あくまでも征討事業は完遂すべきだと主張して譲らない。

そこで帝＝桓武天皇は「緒嗣の議を善しとす」——緒嗣の言っていることのほうがいいと言って，**2つの事業をやめた**のだ。超難関大向けですが，出典を聞かれたら，『続日本紀』に続く『日本後紀』です。そして，藤原緒嗣は百川の子ですよ。系図でしっかり確かめようね。

■ 律令制度の見直し

さて，そのような大事業をやるにあたり，律令制度にいろいろな手直しをしています。父の**光仁天皇**も行政の簡素化などに取り組んでいました。それ

を継続していきます。例えば農民の負担をなるべく軽くしようとした。

Q 成人男子の労役で年 60 日から 30 日に負担を半減されたのは？
——雑徭です。

　雑徭の日数を半分にします。「**雑徭の半減**」です。さらに**公出挙の利率を5 割から 3 割に下げる**。そして班田制の改定。801 年からは 6 年に 1 回を12 年に 1 回にします。また，

Q 桓武天皇が地方支配を強化するために設置した国司交代の監査官とは？
——勘解由使

　勘解由使という新しい官，**令外官**を設けます。このころ，国司の交代がなかなかスムーズにいかなくて，地方政治が乱れがちであったので，国司が交代する際の証明書である「**解由状**」を専門に**審査する**ポストを置いた。もちろんこれは令外官です。

　また，定員以外の国司や郡司を廃止しています。これは「**員外官**」といって，法律で決められた定員を超えて任命された官職を廃止したものです。国司の長官「守」は令で 1 名と決められているのに，正規の守にプラスされて，もう1 人「守」が任命されたりする場合があった。おもな目的は，経済的なもの。経済的な給付，今で言えば所得保証みたいなもので，実務には携わらず，収入が僅かで困窮する役人に対する援助ということです。原則を破る，名目だけの官職などは廃止したのです。

　さらに，各地の軍団で軍事訓練を受ける兵役の負担が重いので，九州ほか特定の地域を除いて，**軍団を廃止した**。その代わりに，

Q 792 年，地方の有力者，郡司の子供たちを中心に兵士として採用した制度は何と呼ばれたか？
——健児の制

28　健児の制 / 『類聚三代格』

……今諸国の兵士，辺要の地を除く外，皆停廃に従へ。

諸国の兵士は，辺境の地を除いてすべて廃止する。

……宜しく健児を差して以て守衛に充つべし。　宜しく郡司の子弟を

（その代わりに）健児が治安維持や防衛にあたることとする。郡司の子弟から（健児を）

簡び差し，番を作りて守らしむべし。

選んで，交代で勤務することとせよ。

延暦十一年六月十四日

792年

この健児については，史料ごと覚えておいてください。

「今諸国の兵士，辺要の地を除く」——ここはポイント。「辺要」，国境付近の大事な地域を除いて，「停廃」——やめなさい。ただし，「辺要の地」を除くというのだから，全国一律ではなく例外がある。軍団を「辺要の地」を除いて廃止しましょう。「辺要の地」というのは東北地方や九州ですから，ここは軍団はそのまま維持される。**それ以外の軍団は廃止**して，代わりに「健児」を置くということ。健児というのはだれかというと，「郡司」の子弟や有力農民の志願者でした。大化前代からの国造レベルの地方有力者の息子たちを選んで，各国の軍隊にしようということです。

ただし，外国との戦争に備えた軍団のような大規模なものではなく，国の大きさにもよりますが20〜200人ぐらいの人数で，60日交替で国府（国衙）の警備などに従事するものでした。

792
「**泣くに**泣けない郡司の子」

ゴロ ゴロ ≫≫ ➡ 792年，健児の制

覚えておいて，泣くに泣けない。「何だよ，オレたちがなんでそんなことしなきゃいけないんだ」と言って，郡司の子弟は泣いた？

大事なのは，「鳴くよウグイス平安京」の前のことだという点。そのためだけでも，792年を覚えておいたほうがよろしい。ちなみにこの出典は，弘仁・貞観・延喜の三代の格を分類した『類聚三代格』です。

さあ，「健児」（コンデイ）という読み方と書き方，いいですね。

■ 平城上皇 vs 嵯峨天皇

こんなふうに，桓武天皇はいろいろなことをやりました。そして，次の天皇は平城天皇です。ところが，平城天皇は即位したのち，急に病気になってしまいました。

古代の天皇は仕事が忙しいし，大変です。病気ではとても務まりません。いまの総理大臣だってそうでしょう。そこでやむを得ず，弟に位を譲らざるを得なかった。平城は上皇（太上天皇）となり，嵯峨天皇が即位します。

ところが譲ってしばらくしたら，平城上皇は元気になったらしい。よくあることです。「皇位はちょっと貸しておいただけなのだから，戻せ」という話になる。すると，朝廷の中の有力者は，平城側につくものと，せっかく天皇になったのだから，嵯峨を中心に頑張ろうという嵯峨天皇グループにどうしても分かれてしまうのです。

平城京，前の都に戻っていた平城上皇は「もう一度，都を平城へ」と呼びかけ，重祚を狙う。平安京にいる嵯峨天皇と対立します。貴族たちも二分してしまう。そこで「二所朝廷」，政府が2か所にあるといった状態になってしまった。

■ 嵯峨天皇

朝廷が2派で対立した結果，810年，事件が起こります。

Q 藤原薬子と兄の仲成が弾圧された事件は？
——平城太上天皇の変（薬子の変）

「薬子の変」とも呼ばれた事件です。**藤原式家の薬子と仲成は平城上皇の**

^{そっきん}
側近です。平城上皇の重祚を実現しようとした式家の兄と妹。これを粛清し^{しゅくせい}
た事件です。

810
「ハッと驚く薬子の変」

ゴロゴロ 》》

→ 810 年，平城太上天皇の変（薬子の変）^{くすこ}

嵯峨天皇を支えたのが，藤原北家の冬嗣たちです。嵯峨天皇は太政官政治^{さが} ^{ほっけ} ^{ふゆつぐ} ^{だいじょうかん}
の機構とは別に，秘書のようなポスト，**蔵人頭に北家の藤原冬嗣と巨勢野**^{くろうどのとう} ^{こせのの}
足を任じた。知ってるよね。北家台頭のキッカケ，後の摂関政治につながる，^{たり} ^{たいとう} ^{せっかん}
蔵人頭藤原冬嗣。その役所が**蔵人所**です。もちろん**令外官**。^{くろうどどころ} ^{りょうげのかん}

冬嗣たちがすばやく薬子を自殺に追い込み，兄仲成も射殺された。平城上
皇の重祚は阻止され，完全に引退に追い込まれた上皇は出家します。これで^{そし}
嵯峨天皇の政治が安定した。平安京も確定した。

Q 嵯峨天皇が新設した，京中の治安維持や裁判にあたった官は？^{ちあんいじ}

──**検非違使**^{けびいし}

京都市中の治安を維持し，政権を安定させるというので，検非違使という
一種の警察兼裁判機関を，律令の機構以外のものとして新しく設けていきま^{けん} ^{もう}
す。

蔵人頭，蔵人所，検非違使は，実行力をもつ令外官であり，やがて，国政
上の重要な機構となっていきます。奈良時代のような，不足を補ったりする，^{おぎな}
臨時のポストではありません。

この嵯峨天皇は，自身，文化的な能力もあり，中国の制度などにもくわし
い人でした。奈良時代以来，折々に制定されてきた格や式が，このころだい^{きゃく} ^{しき}
ぶ数多くなっていたので，これをまとめた『**弘仁格式**』が編纂されます。^{こうにんきゃくしき} ^{へんさん}

さらに 833 年には，官撰の『**令義解**』が成立しています。嵯峨が太上天^{りょうのぎげ} ^{だいじょうてん}
皇として実権を握っていたときです。また，『**令集解**』も現れてきます。い^{のう} ^{りょうのしゅうげ}
ずれも養老令の注釈書ですよ。『養老律令』（×）ではない，『養老令』（○）です^{ようろうりょう}
よ。

「養老令」の注釈書	『令義解』(833 年)………清 原 夏野ら(官撰)
	『令集解』(9 世紀後半) …惟 宗 直本(私撰)

『令義解』は**官撰**，政府として編纂した公式の注釈書で，『令集解』のほうは，惟 宗 直本という学者の個人的な著作物，**私撰**です。

いまわれわれが直接見ることができる，**現存する法典**は後で出てくる『延喜式』(『延喜格』のほうはダメですよ)と，『令義解』・『令集解』と，それからさっき見た「健児の制」の出典になっていた『類 聚 三代格』です。現存する律令法典としても，しっかり覚えておくこと。

■令外官のポイント

ここで，**令外官**を整理しておきます。授業ノートの表を見てください(p.45)。

まず，中納言，参議，内大臣は，**奈良時代の令外官**。それから，先ほどの桓武朝の勘解由使，そしていま出てきた蔵人頭と検非違使，9 世紀後半からの押領使，さらに宇多天皇のときからは関白などです。

二次論述的に言えば，奈良時代の令外官は**太 政 官機構を補強するもの**が目立つのに対して，平安時代になると，**太政官の実質的な機能を奪ってしまうような性格のもの**が出てくるというところをもう一度，念のために確認しておきましょう。

■ 藤原冬嗣から良房・基経へ

藤原冬嗣が平城太上天皇の変(薬子の変)に際して蔵人頭に就任して活躍した結果，政権の中枢部を占めることとなった。それが**北家台頭の契機**ですよ。そこで，ザーッと北家の冬嗣・**良房**・**基経**と天皇の関係を系図で確認しておきましょう。

藤原北家と天皇の関係(1)

〈注〉天皇につけた数字は，この系図内の即位の順序。

冬嗣の後を継いだのが良房です。天皇は仁明天皇。仁明天皇の皇太子は，藤原氏と関係のない恒貞親王で，母は嵯峨天皇の皇女です。古代の天皇は，前にも言ったように，奥さんがいっぱいいてもいい。その仁明の奥さんの1人が良房の妹の順子です。

良房は妹順子と仁明との間に生まれた子供，甥っ子の道康親王を天皇にしたい。そこで，良房は嵯峨上皇が亡くなると，「**承和の変**」で恒貞親王の皇太子の地位を奪い，道康親王を立太子します。即位して**文徳天皇**です。そして今度は，娘の明子と文徳の間に男の子が生まれると，赤ん坊なのに皇太子にします。

そうしたら文徳が10年もたたないでぽっくり死んでしまった。そこで，皇太子惟仁親王は9歳で即位することになりました。ついに子供の天皇，**幼**

帝が現れます。これが**清和天皇**です。良房の娘(明子)の子。良房は母方の祖父、「外祖父」ということになります。天皇の仕事は良房が務めるしかない。**事実上の摂政**というわけですね。

　良房には娘はいるけど男の子がいないので、兄長良の息子**基経**を養子にします。そこで北家の主流は冬嗣、良房から養子の基経へといきます。

　この**基経**は、義父である良房の地位を継ぎ、妹の高子と清和天皇を結婚させておいて、生まれた子を2歳で立太子し、これまた子供のままで天皇とします。これが**陽成天皇**です。

　ところが**陽成**は少し成長してくると、叔父の基経とうまくいかず、殺人事件を起こしたりしたために、基経によって位を奪われ、**光孝天皇**が55歳で即位することとなります。

　もう一度、前ページの系図を見てみよう。

　仁明—文徳—清和—陽成と、親父—子供—孫—ひ孫まで順番に世代が下がってきたのですが、それがポンと文徳の代に戻ってるよね。普通だったら絶対に光孝に天皇の位はまわってこないでしょう。どう考えても過去の人。**光孝は、全然可能性がなかったのに、基経に天皇にしてもらった**ということです。

　そこで、「政治は全部あなたがやってよ」と、光孝は基経に権限を与えた。いわゆる**関白**という地位です。「私は天皇であるだけでいいからね」。

　ところが光孝の息子の**宇多天皇**はやる気もあるし、能力もある。そこで天皇が光孝から宇多になって、宇多と基経の間で火花がパチパチと散ります。

　最初のうち、宇多は藤原基経の圧倒的な実力で押さえつけられていますが、やがて基経が死ぬと、宇多は自力で政治を主導していくんです。

　以上が、冬嗣から始まり、基経が関白という地位を得るに至るまでの藤原**北家台頭の歩み**です。冒頭でもやりましたよ。2回目。わかったかな。早すぎる？ ハイ、それではもう一度、ていねいにいこう。3回目ですよ。

■藤原良房の策略

藤原良房の時代から，具体的に事件名を確認していきますよ。

Q 甥の道康親王（のちの文徳天皇）を皇太子にしようとして，842年に，良房が伴健岑，橘逸勢を排斥した政変は？　──承和の変

良房は藤原氏と関係のない次の天皇候補の恒貞親王を排斥して，甥の道康親王を立太子しようとした。道康は文徳天皇のことです。恒貞親王を担いでいたのが伴健岑や橘逸勢です。「伴」は大伴の伴で，伴健岑は大伴氏です。ヤマト政権以来の名門中の名門。

伴健岑，橘逸勢を排斥して，こんな悪いやつの仲間の皇太子はけしからんという理由で，恒貞親王から皇太子の地位を奪う。廃太子。

そこまでヤルか？　権力のためには何でもやる？　まったく，「箸にも棒にもかからない」ようなアクドサ。ということにして，

> 842
> 「箸(**はし**)にも棒にもかからない承和の変」
>
> **ゴロ ゴロ** ≫≫
> ➡ 842年，承和の変

そして甥っ子の道康親王をすんなりと立太子，皇太子にして，**道康**は850年に即位，**文徳天皇**が誕生したわけです。

良房は857年には**太政大臣**となり，文徳に自分の娘明子をくっつけて，生まれた赤ん坊を皇太子にしたら，文徳が若死にしちゃって，**清和幼帝が誕生**する。清和は子どもです。何もできないから，事実上，天皇の代わりを**良房**がやるしかない。**事実上，良房は摂政**になってしまいます。

さらに866年，「**応天門の変**」という放火事件が起こる。**大納言の伴善男**が，その罪を左大臣の**源信**に負わせようとした事件です。応天門という宮城を守る門にだれかが火をつけた。良房は，この放火事件を利用して，反対派の伴善男，紀豊城といった古来の名門出身の有力者を排斥することに成功する。そのドサクサにまぎれて**正式に摂政**になってしまいます。

■良房，摂政につく

良房摂政就任について記した史料を見ておきましょう。

史料

29　人臣摂政の初め／『日本三代実録』

清和天皇 貞 観八年八月十九日辛卯，太 政 大臣に勅して，天下之 政
清和天皇の866年8月19日，　　　　　　太政大臣（藤原良房）に天皇から命令が出て，

を摂行せしむ。
国政を代わりに行うようにということとなった。

「清和天皇」の貞観八年は866年です。太政大臣はもちろん良房。「天下之
政 を摂行せしむ」──良房に日本の国政を代わりに行え，という勅命が出
た。

866年はもちろん「応天門の変」の年です。これを利用して良房は政治力を
使って反対派を粛清し，自分の地位を万全なものにしたのです。短い史料な
んだけど，かえってこれはヤバイ。

出典も覚えますよ。いいですか，『日本三代実録』。**最後の六国史**だ（p.305）。

```
858年　清和天皇　　➡　藤原良房…（事実上の）摂政
866年　（応天門の変）　〃　　…（正式に）摂政
```

■基経，関白となる

次は養子で良房のあとを継いだ**基経**。妹の高子と清和の間に生まれた陽成
天皇を立てた。ところが，基経は陽成とうまくいかなくなり，**陽成を廃して，
光孝天皇を立てる**。光孝は基経にすべてを任せる。

```
884年　　　　光孝天皇　➡　藤原基経…（事実上の）関白
887～888年　宇多天皇　➡　　〃　　　阿衡の紛議→関白（確立）
```

光孝の息子，宇多天皇もまた，お父さんを天皇にしてもらったわけだから，基経を大事にせざるを得ない。そこで，「あなたがすべて頑張って。お父さん同様，僕もよろしくね」と頼んだ。次は，そのへんのことを記した史料です。

🔍 **史料**

30　関白の初め /『政事要略』

摂政太政大臣に万機を関白せしむるの詔を賜ふ
摂政太政大臣藤原基経にすべての政治を処理するようにとの天皇の命令が出た。

「…嗚呼，三代政を摂し，一心に忠を輸す。　　　　　　　　先帝聖明
「ああ，（あなたは）三代の天皇の政治を代行し，天皇のために忠を尽くされた。先帝光孝天

にして，其摂録を仰ぐ。……皆太政大臣に関白し，然る後に奏下する
皇もあなたの補佐によって政治を行った。（これからも）すべて太政大臣基経に以前のように

こと，一に旧事の如くせよ。…」と。
政治は任せる……」

仁和三年十一月廿一日
887年

　「摂政太政大臣」——藤原基経に，「**万機を関白せしむる**」。「関白」は「関り白す」とも読みます。「万機」というのは「すべてのこと」ですから，「何でもかんでも，あらゆることを摂政太政大臣である基経に聞け。そしてその指示に従え」という宇多天皇の指示です。

　「嗚呼」というのは「ああ！」，要するに感嘆符"！"。「三代政を摂し，一心に忠を輸す」——基経は3代にわたって国政を担い，一心に忠節を尽くしてきた。「先帝」というのはもちろん前の天皇,光孝天皇です。「**先帝はだれか**」というのが大事ですよ。私のお父さんである前の天皇は賢かったので，ちゃんと基経に指導を仰いでいた。

　そこで，これからも「皆太政大臣に関白し」——私も，やっぱり全部，太政大臣に命令してもらおう。すべて太政大臣に任せようね。仁和三年は887年です。

「**基経にすべてを任せるからよろしく**」ということです。いったん基経はこれを断わります。もっとも，これは形式です。当然，「そんなこと言わずにぜひお願いします」と，再度天皇が依頼する形をとります。

■「阿衡の紛議」のてんまつは？

ところが，その再度の依頼の文章に，「よろしく**阿衡**の任」についてくれという語句があったんです。そこで，「阿衡」という語には，単に「補佐する」とか「助ける」という意味しかなく，具体的な権限はないのだという解釈があると言う学者が出てきて，ややこしくなった。これを「**阿衡の紛議**」，あるいは「阿衡事件」といいます。

これは宇多天皇が基経に完全に押さえつけられるのを嫌がって，ちょっと嫌味な頼み方をしたともとれる。そこで「任務・職務がないなら出勤しなくてもいいんだろう」と基経がストライキを起こした。基経はよく臍を曲げるのですが，大騒ぎになってしまいました。基経が怖いから貴族たちも逃げ腰になってしまう。

宇多天皇は文章を起草した文章博士 **橘 広相**のせいにして，基経と妥協せざるをえなかった。たいした事件ではありませんが，**基経が宇多天皇に対して示威，威力を見せつけた**出来事と評価されます。

ちょうど887年から翌888年にかけての紛争です。阿衡の紛議はゾロ目で888年に決着がついた。そして，以後，基経は死ぬまで権力を持ち続けます。

$$
\begin{array}{c}
8\ 8\ 8\\
「基経怒って\textbf{パッパッパッ}」\\
\end{array}
$$

➡ 888年，阿衡の紛議

■宇多天皇，親政へ——「寛平の治」

やがて基経が没すると，宇多天皇は自ら政治の主導権を握ります。

Q 宇多天皇が藤原氏の力を抑えようと登用，重用した人物は？

——菅原道真

　菅原道真が蔵人頭になる。皮肉ですね。北家台頭の契機が，嵯峨天皇が冬嗣を蔵人頭にしたことです。その蔵人頭という天皇の側近として非常に権力を握りやすい地位に，宇多天皇は藤原氏に対抗する形で菅原道真をつけた。そして，いわゆる「寛平の治」と呼ばれる宇多天皇の政治が行われることとなります。

　ハイ，だれもがイヤな摂関家の系図に慣れること。これが今回の最大の課題です。ともかく何回も繰り返してチェックするかどうかです。がんばること。

延喜・天暦の治
——平安時代の政治(2)

　藤原基経の没後，宇多天皇は菅原道真を登用し，関白など置かず，自ら政治を主導します。天皇自らの政治を「天皇親政」と言いますが，宇多天皇の親政期を，元号を使って「寛平の治」と呼びます。前回の最後のところです。今回は，もう一度，ここから始めて，続く醍醐天皇・村上天皇の親政の時代——「延喜・天暦の治」です。ただし，醍醐天皇の「延喜の治」と村上天皇の「天暦の治」の間には天慶の乱が起こっています。朱雀天皇，藤原忠平の時代です。

> 寛平の治 ➡ 延喜の治 ➡ 天慶の乱 ➡ 天暦の治 ➡ 摂関政治

　そして村上天皇の子，冷泉天皇のときに安和の変が起こり，以後「摂関常置」——いわゆる摂関政治が確立します。

延喜・天暦の治

　　　　　　　　　　　　　　　寛平の治・延喜の治　　天暦の治

嵯峨→淳和→仁明→文徳→清和→陽成→光孝→宇多→醍醐→朱雀→村上→冷泉
↓　　　　　　　　　　　　　　　　　↓
（蔵人頭）　　　　　　　摂政　　　関白　　（時平）909 没
冬嗣 826 没 ➡　　良房 872 没 ➡ 基経 891 没 ➡ 忠平 949 没 ➡ 実頼
　　　　　　　　　　　　　　　　　　　　天慶の乱　　　安和の変

　今回の範囲は日本史にとって極めて重要な時期です。東アジアの王朝の交代，国内では土地税制の大転換の時期ですから，そのあたりをくわしく学習しなければならないのです。

1 延喜・天暦の治

さて、891年、藤原基経（もとつね）が死んで、宇多天皇の親政から。前回の続きです。ちょっと復習。

Q 宇多天皇即位の際に藤原基経が起こした示威（じい）行為をめぐるトラブルは？
——阿衡（あこう）の紛議（ふんぎ）

ハイ。基経はこれで関白（かんぱく）の地位を確立したんですね。それでは、

Q 宇多天皇から遣唐使に任命された菅原道真が派遣の中止を検討してほしいと願い出たのは、西暦何年？
——894年

「白紙に戻す」か「ゲロはくよ」ですね。このときには基経はもう死んでいますから、宇多親政の時期ですよ。

遣唐使停止の3年後、**897年**に宇多天皇は息子の醍醐（だいご）に位（くらい）を譲（ゆず）ります。息子に譲位するに際して、宇多天皇が醍醐天皇に与えた指示を「**寛平の御遺誡**（かんぴょうのごゆいかい）」といいます。天皇としての心構え、藤原時平（すがわらのみちざね、菅原道真）についての評価などを交えた指示です。

「御遺誡」というのは遺言（ゆいごん）という意味ですが、死に際の遺言（ぎわ）ではありませんよ。でも、宇多は遺言のつもりで醍醐天皇にアドバイスを与えたということでしょう。宇多はまもなく**仁和寺**（にんなじ）に入ってしまいます。出家（しゅっけ）するわけです。世俗世間（せぞくせけん）から出て僧侶となった。ということは、「もう政治に口は出さないよ」「これからは自分1人でがんばれ」という意味で「御遺誡」、遺言を残したということでしょう。

仁和寺は天皇が自ら建立（こんりゅう）し、自分自身がそこで僧侶として過ごしたことから「**御室**（おむろ）」と呼ばれます。今でも、「御室の桜」といって、お花見で有名な寺です。

■延喜の治

こうして醍醐天皇の親政（しんせい）が始まりました。こちらは、皆がよく知っているいわゆる「延喜の治（えんぎのち）」と呼ばれる政治です。

菅原道真がどんどん出世して右大臣になる。一方，藤原氏は藤原基経の子，時平です。

　時平は道真より若いが，超エリートの子ですから，若くして左大臣にまで昇進しています。左大臣は常置の官職のトップ，ナンバー１です。

　しかし菅原道真が右大臣となって，ナンバー２となったわけです。

（左大臣）藤原時平　vs　菅原道真（右大臣）

　この左大臣と右大臣の組み合わせが大事です。左大臣のほうがワンランク上。時平にとって，道真は警戒するべき人物です。大学者でもあり，年長者でもあり，天皇の信任もあつい人物です。

　そこで，時平は，菅原道真が娘婿だった醍醐天皇の弟を天皇にしようとしているといった疑惑をかけるなどして，とうとう「大宰権帥」ということで道真を左遷してしまうのです。「権帥」といっても名目だけで，実際の権限を与えず，事実上，**大宰府**に追い払うことに成功した。要するに，流罪と言ってもいい処分だった。「大宰権帥」は正確に書けるように。

大宰権帥　×太宰権帥

　この事件は「昌泰の変」と呼ばれることもあります。**10世紀の最初の年，901年**です。左遷された菅原道真はまもなく大宰府で死んでしまいます。

　入試問題で言うと，「左大臣が右大臣を……」ときたら，**901年の昌泰の変**。これしかないと決めてしまう。上位の左大臣が下位の右大臣を排除するなどという事件は他にないんですから。

■怨霊と御霊信仰

　この菅原道真排斥に関連してよく出る問題に，「**怨霊**」と御霊信仰についてのものがあります。

　桓武天皇が弟の早良親王を死に追いやったあとに，桓武の母や皇后などが次々に死んでいきます。同じように，道真が死ぬと，909年には時平が，さらに時平の外孫にあたる皇太子も死んでしまいます。

　怒り，怨みをもったままの霊の「祟り」だと人びとは考えた。怨みをもった

霊を「怨霊」と言いますが，人びとはその祟りを恐れる。そこで「鎮魂のために祈ろう」ということで，御霊会を催します。

もっとも古い御霊会とされるのは，863年，平安京にあった「神泉苑」という大きな池のある公園で早良親王・橘逸勢など6人の怨霊を慰めるために行われたものとされます。難関大では「神泉苑」を答えさせる問題もあるぐらいです。

ついでに，伝染病も「疫神」という神が流行らせていると考え，祭礼を行うようになります。今でも盛んな京都の祇園祭の最初は，この疫神を慰める祭礼です。文化史でもやりますが，ここで，「怨霊」「御霊会」といった語句を覚えておきましょう。

そして，菅原道真の場合は，御霊会をやっただけではすまないので，寺社を建立し，道真を神としてまつります。これも覚えておきましょう。

> 菅原道真（菅家）を祀る ➡ （京都）北野天満宮・（九州）太宰府天満宮
> └➡「天神」信仰・学問の神

平安京の真北には北野天満宮がまつられます。やがて中世・近世でも出てきます。

菅原道真を神として崇める「天神信仰」が広がり，学問の神様ということになって，現在でも有名です。東京だと湯島天神の合格祈願のお札を持っている受験生もけっこういます。道真パワーはすごい！ といったところです。

■ 10世紀の大転換

901年は，日本年号で昌泰4年でしたが，改元，元号が変わって，延喜元年になります。

その翌年，902年に，確認できる最後の班田命令が出ています。そして同じ年に「延喜の荘園整理令」も出ていて，土地制度上，重要な年です。内容は後半でしっかりやりますが，ここで注意しておきたいのは，「最初の〜」「最後の〜」というところです。

■東アジア大動乱の10世紀

　この10世紀は，これだけではなく，「最後の〜」とか，「最初の〜」とかがいっぱい出てくるのです。いろいろなものが終わる時期ということは，一方で必ず何かが始まっているから，「最初の〜」もいっぱい出てくる。

　あらかじめまとめると，下のようになります。ただ，今，覚える必要はありません。復習のときに確認すればOKですから，ザッと見ておいてください。

　「最初」と「最後」のラッシュです。要するに，古代史の大転換と言ってもいい，大きな変化が起こってる。そこで，ここでは，東アジアの大きな変化をしっかり把握しておきましょう。

　907年，唐の滅亡。ついに唐中心の東アジアが終わった。

　922年には最後の渤海使が来ますが，926年には渤海も滅亡。そして翌年927年は頻出の年号なので，暗記しておきます。927年，『延喜式』は最後の法典編纂です。年号暗記を苦にしないで，ということで覚えておきましょう。

> 927
> 「苦にならない『延喜式』」
>
> ➡ 927年，『延喜式』完成 ⟺ 前年は渤海滅亡

さらに935年には新羅が滅亡。翌年，936年に高麗が半島を統一します。そして939年の武士団の反乱，「天慶の乱」。そして村上天皇の958年には，皇朝十二銭の最後「乾元大宝」が発行されている。

■朱雀天皇

さて，延喜の治の続きに戻ります。醍醐天皇のあとが朱雀天皇。このときが，ちょうど時平の弟，**藤原忠平**がトップとなっていた時期です。

藤原北家と天皇の関係（2）

阿衡の紛議　基経　道真を排斥
寛平の治 → 宇多⁶　胤子　穏子　忠平　時平
延喜の治 → 醍醐⁷　　　　師輔・実頼　小野宮家
天暦の治 → 村上⁹　朱雀⁸　天慶の乱
＊系図はp.240のつづき

朱雀天皇は，忠平の妹の産んだ子供だったので，時平のときに中断した摂関が復活し，忠平は**摂政・関白**になれました。その忠平のときがちょうど「天慶の乱」という大反乱が起こる時期。これについては，あとで説明します（p.291）。

■天暦の治

忠平以後，そのまま摂関の地位が確立するかというと，そうはいかない。

朱雀の次の村上天皇は，また**親政**です。これを当時の元号をとって「天暦の治」といい，醍醐天皇の治世と合わせて「延喜・天暦の治」と呼ぶわけだ。

ただし，**その間に朱雀朝がある**ことをしっかり意識しておくこと。そして，「天暦の治」ですが，出題される具体的な施策は**乾元大宝の発行**，ほぼこれだけです。和同開珎に始まる鋳銭事業（皇朝十二銭）の最後が，この村上天皇958年の乾元大宝だということ。708年の和同開珎から最後の乾元大宝まで，ちょうど250年です。これしか出ない。

和同開珎（708年）　⟹　乾元大宝（958年）

ピッタリ
250年後！

以上，**10世紀**に入っての国内外の動きを見てきたわけですが，中でも一番の大きな変化は何かというと，**唐が滅亡してしまった**ことでしょう。それまでの東アジアは，唐という大帝国を中心にずうっと歴史が動いてきたわけです。その唐が滅亡したんだ。

また，中国東北部にあった**渤海**も，**契丹**に滅ぼされました。

転換期の東アジア

907 →	(922) →	926 →	935
唐滅亡	最後の渤海使	渤海滅亡（契丹による）	新羅滅亡
↓			↓
960			936
宋			高麗

すなわち外交においても，この10世紀は大きな転換期です。**中国周辺の東アジアの王朝が，日本を除いて，全部交代する。**しかし，その日本も大きな転換期だったわけです。国家の根本的なシステムである土地制度や税制も変わってしまう。

▍機能しない「班田制」

そこで，10世紀の土地・税制について学習しておきましょう。

ちょっと，8世紀まで戻って，復習。基本だけでいいから，確認しておこう。

令制では，6年ごとに戸籍を作って口分田を班給し，死んだ人の田は再び国家に戻させる，収公する。いわゆる「班田収授法」ですネ。一定基準の土地を与えて生活を保障し，租調庸をはじめとする税を取ることで国家が運営される。

しかし，8世紀の農民は過重な税から逃れようとして，浮浪・逃亡を繰り返す。さらに「偽籍」，「私度」——勝手に僧侶，お坊さんになってしまう。さまざまな手段で，税を逃れようとするわけです。

そもそも8世紀前半には口分田は不足し，「百万町歩の開墾計画」が出る，「三世一身法」が出る。しかし，効果がないので「墾田永年私財法」で何とか土地支配を強めることができた。しかし，この「墾田永年私財法」をきっかけに，初期荘園が発展した（p.182）。

9世紀には，12年に1班でいいから班田収授を実施しようとしますが，うまくいかない。その後，約50年間，**半世紀にもわたって班田が行われない地域**も出てくる。

そんな中で，8世紀の後半に発達した初期荘園は，9世紀には衰退してバラバラになってしまった。農民がいなくなってしまう。労働力不足で倒産。じゃあ有力者は，お役所はどうやって食っていったか？ そこが問題です。税が徴収できなくなって，天皇や貴族はどうしたのか。初期荘園も労働者がいなくなって消滅してしまう。

▍「土地・税制」（9世紀）の出題ポイント

そこで，具体的に9世紀の土地・税制を見ていきましょう。入試で問われるポイントだけ確認しておきます。まず，

Q 823年，大宰府管内に設営された直営田を何といったか？
——公営田

公営田というのは，政府が直接土地経営をする田地ですが，その代表的な例が，823年から大宰府が行ったものです。不作，飢饉と疫病で疲弊した九州の経済を再建するために4年間行われたもの。中央政府ではなくて，大宰府だというところをしっかりチェックしておく。

西海道諸国は大宰府の管轄ですね。そこで，九州，9カ国の良田を選び，農民を動員して耕作させた。実際には，地域の有力農民を「正長」というポストにつけて1町以上の耕作を委託したものですが，その収穫で，動員された農民の生活を保障するとともに，大宰府の財源も捻出したのです。これが，かなり有効だった。

成果が上がったんでしょう，879年には中央政府も同じような方法で直接，農業経営を行うんです。政府直営の田地は「官田」と呼ばれますが，このときのものは元号をつけて「元慶官田」と呼ぶこともあります。畿内の5カ国を対象としたもので，目的は財源の確保です。

戸籍に基づいて班田し，計帳をもとに調・庸を課すなんて方法はもう通用しなくなっている。有力農民を使って直接経営するほうがいい。

これがうまくいった。「じゃ，うちもやっちゃお」みたいな話になり，やがて各役所も，役所ごとの直営田を持つようになっていきます。天皇の命令で，皇族・高級貴族も，直接，土地経営に乗り出していった。

彼らは「院宮王臣家」と呼ばれます。経営のしかたは，公営田や官田と一緒で，有力農民を組織して経営を委託する。有力農民のほうも，宮様や公卿と結びついて自分の地位を安定させることができる。

 8世紀には「浮浪」とか「逃亡」で「農民は没落していった」というのはウソになりませんか。

没落した農民がいたことは，その通りです。郡司層も没落，崩壊していったでしょう。でも，多くの没落農民が発生したということは，一方で，有力農民が誕生していったということでもある。例えば，逃亡によって放棄され

た田地を自分のものにしてしまう。没落した農民を雇って経営規模を拡大する。

8世紀以来,「富豪之輩」と呼ばれる有力農民が誕生しているのです。簡単に言ってしまえば,「院宮王臣家」と「富豪層」が結託して利益を確保したということでしょう。

■延喜の荘園整理令

さて,そこへ醍醐天皇が現れた。天皇親政の「延喜の治」。まじめな(?)醍醐天皇からすると,こんなメチャメチャな状態は許せない。ちゃんと班田をしなさい。

902(延喜2)年,最後の班田命令が出され,直営田方式が禁止された。

🔍 史料

31 延喜の荘園整理令／『類聚三代格』

応に勅旨開田,幷びに諸院諸宮及び五位以上,百姓の田地舎宅を買ひ
天皇の命令による開発,皇族や貴族が農民の土地や家を買収したり,

取り閑地荒田を占請するを停止すべき事。
空閑地を開発しようとして土地を占拠することを停止せよ。

右,案内を検するに,頃年勅旨開田は遍く諸国に在り。空閑荒廃の
最近の事情を調べてみると,天皇の命令による開発が全国的に行われている。これは,たとえ

地を占むると雖も,是れ黎元の産業の便を奪ふなり。……
空いた土地だとしても,農民たちの経済活動の障害となっている。

延喜二年三月十三日
902年3月13日

「勅旨開田」というのは天皇の命令で田んぼを開くこと。「幷びに諸院諸宮及び五位以上」──天皇家の一族とか,あるいは貴族,「院宮王臣家」が,「百姓」というのは一般農民で,「百姓の田地舎宅を買ひ取り」,そして「閑地荒田を占請するを停止すべき事」。

要するに，天皇の名前を借りて田地を開いたり，一般の農民の土地や家を買い取って，どんどん占有していったりすることはよくないよ。こんなことは「停止せよ」というのが，この法の基本的な指示です。

　「右，案内を検するに」というのは，なぜこのようなことになったかと考えると，このごろ，「勅旨開田は遍く諸国に在り」——天皇の名前を使って田地を開くことが，日本全国あちらこちらで行われ，「空閑荒廃の地を占むる」——有力者たちが，「ここは空き地だ，荒れた土地だ。天皇の許可を得て，土地を開くぞ」と言って，土地を占有してしまう。

　そのようなことをすると，「是れ黎元の」の「黎元」は農民のことです。「産業の便を奪ふ」——ひとことで言うと，農民たちを困らせている。それだけわかればいいです。

　要するに，違法な土地所有を禁止したということです。出典はいいですね。『類聚三代格』。「延喜二年」だから，902年です。

　これがいわゆる**荘園整理令の最初**と言われています。一方で「**口分田を班給せよ**」という班田の命令が出たのも延喜二年，902年ですよ。

■「人身賦課」方式の崩壊

　さて，それでは，この命令で何とか日本の中央政府の税制は，もとの租調庸制に戻ったか？　口分田班給ができたのか？　もちろんそれは**残念ながら不可能**でしたという話になります。

　戸籍をちゃんと作って，口分田を班給してという本来の方法を取るところまでいかない。基本的に戸籍制度が乱れてしまっていたのでどうにもならない。**10世紀には戸籍制度が完全にダメになっていた**ことを示すのが，次の史料です。

32 三善清行「意見封事十二箇条」/『本朝文粋』

臣 某 言す。……臣去る寛平五年，備中介に任ず。彼の国下道郡

三善清行が申し上げます。私が寛平5年に備中介になった時のことです。備中国に邇磨郷と

に邇磨郷有り。爰に彼の国の風土記を見るに，皇極天皇六年，……

いうところがあって，風土記によれば，皇極天皇が，新羅征討のため九州へ向かわれる途中，

天皇筑紫に行幸して，将に救兵を出さんとす。……天皇 詔 を下して

この地を通られた時，　　　　　　　　　　　　　　　試しに兵を集めてみたら，

試みに此郷の軍士を徴す。即ち勝兵，二万人を得たり。…… 某，任に

強そうな兵が2万人も集まったということでした。　　　　　　　　そこで備中に

到り又此の郷の戸口を閲するに，老丁二人・正丁四人・中男三人有り。

赴任して邇磨郷の戸籍を調べてみたら，　　老丁2人，正丁4人，中男3人でした。

去る延喜十一年，彼国の介藤原公利，任満ちて都に帰る。清行，邇磨の

延喜11年に藤原公利が備中介の任期が終わって都に帰って来たので，　　邇磨郷の人口を

郷の戸口，当今幾何を問ふに，公利答へて曰く，「一人も有ること無し」と。

尋ねてみたら，　　　　　　　公利が言うには「1人もいない」，0人だということで
した。

まずタイトルは三善清行の「意見封事十二箇条」。914年に醍醐天皇の求めに応じて意見を提出したもの。

「臣 某 言す」——「某」というのは自分のことです。三善清行が申す。「去る寛平五年」という言葉で，**宇多朝**ということがわからなくてはいけない。**寛平の治**です。

「備中介に任ず」——私は備中介になった。彼の国の「下道郡」に「邇磨郷」という地域があり，『風土記』によると，「皇極天皇」とあるから，ずいぶん古い話ですが，皇極（斉明）天皇6年（660年）に天皇が筑紫に行った。660年だから，例の**百済救援のための軍事行動**に関するものということになります。ただし，重祚してますから，皇極のときではなく**斉明天皇**ですが。

さて，その途上で天皇がこのあたりを通った。そこで「天皇 詔 を下して

試みに此郷の軍士を徴す」——兵隊を集めてみたら，なんと２万人もの強そうな兵隊が集まった。備中国下道郡邇磨郷という郷は，一声かければ２万人の兵隊が集まるような豊かな土地だったということです。

その後，吉備真備などの例がズーッと続いて，どんどん人口が減少していくという記述が続きます。この史料自体が，名文のサンプルのようなもので内容の正確さはほとんど無視されていますので，こだわることはありません。

そして，清和天皇のころには，課税対象となる男子は，戸籍上では70人しかいないと続いて，「某」すなわち三善清行が「任に到り又此の郷の戸口を閲するに」——自分で実際に調べたら，年寄り２人に，まともな大人が４人に，青年が３人，全部足して９人しかいない。

さらに「延喜十一年」だから911年に藤原公利という人が，彼の国に行ったので，都に帰ってきた藤原公利に「邇磨郷の人口は何人ぐらいいたか」と三善清行が聞いてみたら，ゼロだという。２万人から課税対象者がゼロ人になってしまった。

もちろん強調してるんでしょうが，要するに戸籍制度が崩れてしまって，課税ができなくなってしまったという話です。中国地方がどんどん疲弊し，荒廃して，**人口が減少し続けた**ということではないんですよ。そうではなくて，**戸籍がどんどん形骸化していった**ということ。戸籍が実際の人間をちゃんと把握して載せるということができなくなっているということです。人はたくさんいても，帳簿上からは何もわからない。ここのところをよーくわかってよ。

律令中央集権は，ともかく戸籍によって政府が人間を１人ひとり把握しなければ，すべてが始まらない。口分田の班給もできない，租調庸も取れない，何もできません。「**人身賦課**」——**人間単位に税を課する**というのが律令税制の大原則です。それが不可能になってしまう。

10世紀に入ると，戸籍制度が完全に乱れてしまって，中央政府も地方政府も，戸籍によって人間を把握できなくなってしまっているということです。

■「土地賦課」方式に転換

そこでどのようにしたのかというと，人身賦課をあきらめた。人間は嘘を

ついたり逃げたりするけれども，土地は逃げないから，**土地に対して税金をかければいい**。水田があって稲が実っている。でも，そこを耕している人間は，戸籍がないからわからない。人間に課すのは面倒なので，その土地へ行って，「おい，ここの土地を耕作してるのはだれだ？　今後は土地に税金をかけるぞ。今年の税金を 10 万円払え。払わなかったら政府の土地にしてしまうぞ」と言って，土地に対して税をかけていく。

　もちろん払うのは人間ですが，人間を把握してからその人間に税金をかけるのか，土地を把握して，その土地から生産された米などを，その土地を耕している者から税として取るのかという違いです。しょせんは，土地があって，そこを耕す人間がいるんだから一緒ですが，**課税対象をどっちから把握していくかで大きな違いが出ます**。

　人身賦課をあきらめて，土地賦課に変わった。——ここを覚えておくことです。では，

Q 「土地賦課方式」以後の田地の課税単位を何といったか？

——「**名**」

　受領（国司）が課税する対象となった土地を「**名**」あるいは「**名田**」といいました。「その土地の税を払いますから，わたしの土地として認めてください」と，税を払うことを納得して，その土地の経営を認められた農民が田堵です。

　名には，そこの耕作を認められた田堵の名前がつけられるようになりますが，これを負名といいます。

　また，田堵のうち，規模がとくに大きくなったものを「**大名田堵**」と呼ぶようになります。こうなってくると，租調庸という名目はだんだん変わっていって，「**官物**」——官に納めるもの（租米・年貢），あるいはその他の付加税を「**臨時雑役**」などと呼ぶようになります。

人身賦課	⇒	土地賦課
「租・調・庸」	⇒	「官物・臨時雑役」
	10 世紀の大転換	

■国司はどう変容していったか

　国司制度もこれにともなって変化していきます。

　土地に対する課税を**国単位**で国司に任せるようになります。すると国司は必然的に **徴税請負人**になっていく。要するに，その管轄する国の土地に対して税をかけ，これを集めて都に送ることを義務づけられる。**税を請け負うことが国司の主たる任務**となっていきます。

　天皇の代理として地方を栄えさせるための任務を負った国司ではなくて，中央政府から，「おまえ，4年間，どこどこの国の守（武蔵なら武蔵守）にするから，土地に対して課税をして，年間5億円，中央に送ってこい。もし，6億円集めたら1億円は自分のポケットに入れてもいい。その代わり，失敗しても政府は知らないゾ」──これが請負ということです。

　そこで国司たちは徴税を請け負って，がんがん税を取ろうとします。おいしい国の国司になると，死ぬまで食えるくらいの財産が貯まる。すると，今度は，政府はセコイから，豊かな国の国司などの**官職を希望者に売る**ようになります。

Q 平安中期から末期にかけての，このような官職を売る行為を何というか？ ——「成功」

また，追加料金を払うと，「もう４年やってもイイよ」ということになり，「重任」といって，同じポストの任期をもう一度繰り返すこともある。さらに成功は国司に限ったものではありません。そこで**官位制度も変質**していきます。

一方，摂関家のようなエリートの息子たちは都で政権のトップを目指していますから，国司に任命されても現地などへ行かない。

Q 国司に任命されても現地に行かないで都にとどまっていることを何といったか？ ——「遙任」

Q また，その代理人として現地に行った者は何と呼ばれたか？ ——「目代」

○ **遙**任 × 遥

中央にいて，現地に行かない国司を「遙任国司」といい，自ら任地に赴任して，実際に徴税の責任を負う国司の最上級者は**受領**と呼ばれるようになります。受領は自分の子分，「郎等」と呼ばれる私的な部下をつれて現地に行く。そして現地の実務は，現地の有力者に協力させる。やがてそのような連中が**在庁官人**と呼ばれるようになって，国衙の一角に駐在して実務を担うようになるんです。一方で，郡家(郡衙)の役割は衰退し，国衙に権力が集中していきます。

■ 税制「史料問題」はワンパターン

ところが，**受領**であれ，**目代**であれ，徴税を請け負っているものだから，土地からガンガン税を集めないと，請負額が払えない。農民だって限度を超えた税を課されれば抵抗する。次の史料は，尾張国郡司百姓等が太政官に受領を訴え出たというものです。

33　受領の暴政／「尾張国郡司百姓等解」

尾張国郡司百姓等解し申す官裁を請ふの事

尾張国の郡司・百姓が太政官の裁決を願い出る件

裁断せられんことを請ふ，当国の守藤原朝臣元命，三箇年の内に責

太政官の裁決をお願いします。　尾張国の守藤原元命が3年の間に，不法に責め取った

め取る非法の官物幷びに濫行横法　卅一箇条の愁状。……

官物と，非法の行動で，農民に害を与えた事例を31カ条にまとめて，太政官の救済を願い
出ました。

永延二年十一月八日　郡司百姓等

988年11月8日

よく出題される史料ですが，問われる部分は簡単なので，要所だけ覚えて
おけばOK。

タイトルはいいですネ。ハイ，あとは，**訴え出ているのが**「尾張国」の
「郡司百姓」で，「官裁」，すなわち太政「官」に対してのものであることを確
認し，**訴えられているのが受領である尾張守**「藤原(朝臣)元命」だという
ことです。「卅一箇条」，31カ条にわたってその過酷な徴税などが告発さ
れているわけです。そして，史料には出てきませんが，元命はクビになって
います。

大事なのは，「永延二年」，988年，10世紀末だという点です。**10世紀
の末**ですよ。このころに，**同様の例が集中している**ことを覚えておいてく
ださい。

国司の徴税請負人化が進んでいって，**受領の横暴**がしばしば現地と衝突
を起こしたわけです。土地・税制の変容を次ページの黒板にまとめておきま
した。ここは出題されても，求められる答えはワンパターンです。気楽に基
本だけチェックしておいてください。細かくは聞いてこないから大丈夫です。

土地・税制の変容

8世紀	9世紀	10世紀
戸籍・計帳　浮浪・逃亡・偽籍	→	×
班田収授法　　公営田・官田・諸司田	勅旨開田 → 田堵　負名	
	勅旨開田	
租・調・庸　→	×	官物・臨時雑役
墾田永年私財法・初期荘園　→	衰退	延喜の荘園整理令
人身賦課	⇒	土地賦課

院宮王臣家

国司・郡司　　　　　　　　　　　　　　　→　　受領
「富豪之輩」　　　　　　　　　　　　　　　　在庁官人
　　　　　　　　　　　　　　　（遙任国司・目代・留守所）

902 延喜の荘園整理令

914 意見封事十二箇条

988 尾張国郡司百姓等解

摂関政治
——平安時代の政治(3)

　今回は，おなじみの「摂関政治」です。天皇が幼少のときには**摂政**，成人すると**関白**として摂関家が実権を握った時代。その頂点が「御堂関白」と呼ばれる**藤原道長**と，その子「宇治の関白」**頼通**ですね。

　今回の範囲は，天暦の治，村上天皇の親政が終わり，967 年，その子冷泉天皇が即位したところから，藤原頼通が引退する 1068 年ころまでの約 100 年です。

摂関政治

| | 摂　　関　　政　　治 | | ➡ | 後三条親政 |

冷泉→　○　→　○　→　　　一条　→　後一条→後朱雀→後冷泉→後三条
↓
実頼→伊尹→兼通→（頼忠）→兼家→道隆→道兼→道長　→　頼通　→　教通
969 安和の変　　　　　　　1019 刀伊の入寇　　1028 平忠常の乱
　　　　　　　　　　　　　　　　　　　　　　　1051～62 前九年合戦
源満仲　　　　　　　　　　　　源頼信　　　　　　源頼義

　ストーリーは簡単です。969 年の**安和の変**で左大臣 **源　高明**が排斥されて，その後，摂政あるいは関白が天皇と一体化，**外戚**の地位を確保し，政権を保持する態勢が確立していく。その中で，藤原氏の頂点に立つ**氏 長 者**の地位をめぐる摂関家内部の争いが繰り広げられ，最終的に完全な地位を手に入れたのが藤原道長。その後継者が頼通です。

　清和源氏も登場します。天慶の乱で活躍した源経基の子**源満仲**。そして，**源頼信・頼義**父子。鎌倉幕府成立の前史ですから，しっかり学習しておかなければならないところです。

■藤原氏の全盛

「天暦の治」が終わって，冷泉天皇のときに安和の変が起こります。999の
まん中の9だけひっくり返して969年。数字の並び方で覚えてしまう。

時の左大臣 **源 高明**が，藤原氏の謀略によって失脚し，大宰権帥に左
遷された。高明の娘婿の為平親王が有力な皇太子候補だったため，その可能
性をなくそうとしたんだろうと言われてます。

このときの関白は忠平の子，藤原実頼ですが，他に，師尹などの，藤原氏
の有力者にとっての最大のライバルは，天皇家出身の高級官僚でした。とく
に醍醐天皇の息子で，「源」という姓をもらって左大臣まで昇進していた源高
明が最大のライバルになった。

天皇が「姓」を与えることを「**賜姓**」と言うんでしたね。「藤原」だって**天智天**
皇から鎌足がもらったものだ。「源」をもらった連中を「**賜姓源氏**」なんて言い
ます。さらに醍醐天皇の子が賜姓で源氏になると「**醍醐源氏**」，村上天皇の子
孫だと「**村上源氏**」と呼ばれます。

この安和の変で藤原氏のために働いたのは**源満仲**ですが，満仲の父，源経
基は清和天皇の孫ですから，彼らは「**清和源氏**」です。

■決まり文句「摂関は常置」

さて，安和の変によって中央政治はどうなったか？ 定番の表現で「**以後，**
摂関は常置」。摂政または関白に**藤原北家**のだれかがなるのが普通の状態に
なっていったということです。

すると，今度は，権力を握った**藤原氏**の内部での争いが激しくなる。かつ
ては一族の長を氏上と呼んでいましたが，平安時代になると藤原氏のトップ
などは**氏長者**と呼ぶようになります。

氏長者は摂関に就くとともに，氏寺や氏社，それに**大学別曹**（一族の子弟の
ための教育施設）の管理にもあたり，大きな力をもつ上，なによりも莫大な財
産がついてくる。

一方，中・下級の貴族たちは，摂関家などの上級貴族に取り入り，その家

の事務を扱う家司という職員になりました。

Q 藤原氏の(A)氏寺・(B)氏社・(C)大学別曹はどこか？
——(A) 興福寺　(B) 春日神社　(C) 勧学院

さて，代表的な摂関家内部の争いとしては，兼通・兼家の兄弟，それから道長と伊周の，叔父・甥の争いです。

藤原氏の内部抗争 { 兼通（兄）　vs　兼家（弟）
　　　　　　　　　 道長（叔父）　vs　伊周（甥）

実頼の系統は結局は主流となれず，**師輔の系統が主流**となっていきます。実頼の系統は小野宮家と呼ばれ，その後継者は『小右記』を残した実資です。このあとすぐに出てきます。そして最終的にチャンピオンとして絶大な権力を手中に治めたのが「御堂関白」道長です。

そこまでの過程は複雑ですが，要するに，能力だけじゃなく，子供に恵まれ，**天皇と密接な血縁関係を保つこ**とができた，幸運な人物が権力を手にしたということです。

一条天皇の外祖父として**兼家**が権力を握り，その地位は長男の**道隆**が継ぎます。**990年**，道隆は一条天皇の摂政となるんです。

■「望月」の心境の藤原道長

道隆の娘の**定子**は一条天皇の**中宮**。ところが995年，道隆がポックリ逝っちゃった。病床で息子の伊周を後継者にしようとしたんですが，間に合わなかった。そこで関白の地位は弟の**道兼**にまわる。ところが，この道兼も

直後に急死。関白に就任して 11 日後に急死。「七日関白」などと呼ばれます。兄2人がバタバタと続いて死んで，道長に順番が回ってきた。

　しかも道長は子供に恵まれた。娘の彰子を一条天皇の**中宮**にすることに成功し，道隆の娘定子は**皇后**ということになります。

　ここで，みんなが知ってる『**枕 草子**』を書いた**清少 納言**と『源氏物語』を書いた**紫 式部**について，

 の中身：道長—彰子 ＝ 一条天皇 ＝ 道隆—定子／彰子↑紫式部／定子↑清少納言

Q 皇后定子に仕えたのはどっち？　　　　　　　　　　　——清少納言

Q 中宮彰子に仕えたのは？　　　　　　　　　　　　　　——紫式部

　皇后定子に仕えたのが清少納言，彰子に仕えたのが紫式部。これは基本。ついでに，

Q 道長が建立した「御堂」と呼ばれた寺院は？　　　　　——**法成寺**

　道長の日記は『**御堂関白記**』と呼びます。もっとも，このネーミングに惑わされて，ついつい，

　　「道長は摂政・関白を歴任し，……」（✕）

なんていう誤文に惑わされないこと。**関白はやってません**。

　その**道長が絶頂期を迎えた**のが，ちょうど **1018 年ころ**と考えておいてください。めちゃめちゃよく出る史料ですが，『**小右記**』に道長の歌った「**望月の歌**」が出てくるのが **1018 年**です。

　この日記は「**小野宮右府**」——小野宮の右大臣と呼ばれた**藤原実資**のものです。「小」と「右」をとって『**小右記**』といいます。もう一度系図で実頼の孫の実資を確認してください。さて，史料を読みましょう。

34 藤原氏の栄華／『小右記』

（寛仁二年十月）十六日乙巳，今日，女御藤原威子を以て皇后に立つ
（1018年10月）16日，今日は藤原威子の立后の日だった。

るの日なり……太閤，下官を招き呼びて云く「和歌を読まむと欲す。
（その祝宴で）道長が私（実資）を呼んでこう言われた。「和歌を詠もうと思う。その返し

必ず和すべし」者り。答へて云ふ，「何ぞ和し奉らざらんや」と。又云ふ，
の歌を詠んでくれよ」と。　私は「もちろんです」と答えた。　　　　　　　すると道長が

「誇りたる歌になむ有る。但し宿構に非ず」者り。
「ちょっと自慢タラタラのように聞こえるかもしれないが，即興の歌なので軽く聞いてくれ
よ」と言われた。

「此の世をば我が世とぞ思ふ望月の虧けたる事も無しと思へば」と。
「この世は全部私のもののように思えてくる。満月のように，何も足りないものはない」と。

余申して云ふ，「御歌優美なり。酬答に方無し。満座只此御歌を誦す
私はこう答えた。「優美な御歌です。対応して詠むことなんかできません。皆でこの歌を合唱

べし。……」
しましょう。……」と。

「（寛仁二年十月）十六日乙巳，今日，女御藤原威子を以て，皇后に立つる
の日なり」――道長の娘，威子が彰子につづいて**立后**された日だ。正確に言
うと，威子が後一条天皇の「中宮」となった日です。そこでお祝いの宴会が
開かれた。

そこで「太閤」，すなわち道長が，「下官を招」いてこう言った。「太閤」とい
うのは前関白，前太政大臣などの中国風の異称です。**豊臣秀吉**も前関白で「太
閤」と呼ばれますネ。それから，水戸の「中納言」を水戸「黄門」（徳川光圀）な
んて言うのも同じ例です。「下官」は自分自身を指すので，筆者の実資のこと。

ハイ，道長は実資に「和歌を詠もうと思う。おまえもそれに合わせて和歌を
詠んでくれよ」と言った。実資はまさか断るわけにもいかないから，「もちろ
ん詠みましょう」と答えた。

すると道長がまたこう言った。「誇りたる歌になむ有る」——まあ自慢たらたらの誇りに満ちた，自画自賛のような歌なんだけど，「宿構に非ず」——あらかじめ用意しておいたものではないよ。

　そう言って詠んだのがいわゆる「望月の歌」です。**「此の世をば我が世とぞ思ふ」**——この世界は私のもの，私の思いのままになるような気がする。イヤー，一度でいいからこんな心境になってみたいものです。「望月の」——満月のように，**「虧けたる事も無しと思へば」**——まったく欠けたところはないというのです。

　一昔前のオジサンの世界で言うと，カラオケで部長がイキナリ，マイクを握って，「まず，オレが歌うから皆も必ず歌えよ」。もちろん課長などは「歌います」と言うしかない。「誇りたる歌になむ有る」——「おれは歌はうまいよ。しかも中身はべたべたに自分のことを誉めているよ」と言って，「マイウェイ」かなんかを，自分のことのように，しかも困ったことに結構プロっぽく歌い上げちゃった。何とも言えないムードになってしまうこと間違いナシ。課長は困った。

　「余」，もちろん筆者の実資は「御歌優美なり」と言うしかない。「酬答に方無し」——これに答えるような歌は詠めません。そんな方法はないので，「満座只此御歌を誦すべし」——皆でこの歌を声をあげて歌うことにしましょうということにした，というんです。だから多分，そのあと皆で，「此の世をば我が世とぞ思ふ」と歌ったんでしょうね。これがちょうど1018年のことです。

■道長時代の重要年号

　さて，この「望月の歌」前後の年号を暗記しましょう。

　道長は1016年，後一条天皇が即位すると摂政になりますが，翌年には摂政の地位を息子の頼通に譲っています。

　でも，もちろん権力が息子に移ったわけではありません。摂関イコール権力者じゃない。あくまでも父であり，**氏長者**として**道長が絶対的な権力を握っている**。頼通を摂政にしておいて，道長自身は**太政大臣**になっています。そしてその翌1018年が威子の立后，「望月の歌」を歌った年ですよ。

さあ，ここが大事なところ。道長の歌から，当時は**何の問題もない平和な時代だなんて思ってはいけない**。「この世に何の問題もない」というのは，都での道長の権力に関しては，という意味です。

「望月の歌」の翌年，1019年には，外国からの攻撃を受けているんです。それが「刀伊の入寇」です。沿海州地方に住んでいたツングース系の「**女真族**」が朝鮮半島の東岸を荒らし，さらに九州北部にまで来襲してきたという事件です。50艘余りの船団で，対馬・壱岐から北九州が被害に遭い，死者や捕虜となったものが多数出ました。

Q この刀伊の賊を撃退したのはだれか？　　　　　　　——藤原隆家

大宰権帥として現地に赴任していた藤原隆家に指揮された地元の武士団が撃退した。すなわち，都では宴会で道長の自慢たらたらの歌を高級貴族たちが合唱しているころ，**威子立后の翌年には外国の侵略**が起こっており，これを，地方で実力を蓄えていた武士団が撃退しているんです。

さあ，そこで，ゴロ合わせ。

10　1　9
「遠い国（**とおいく**に）から女真族」
ゴロゴロ》》　　➡ 1019年，刀伊の入寇

「トーイクにから女真族」で1019年を暗記したら
1019　　　　　　　　　　　それからさかのぼる！
1016　後一条即位，道長摂政
1017　頼通摂政，道長は太政大臣に
1018　威子立后（後一条中宮），「望月の歌」
1019　刀伊の入寇

いっしょに書こう！
摂

さて，ここが大事。1019年だけではもったいない。さかのぼっていきましょう。1019・1018・1017・1016です。それから，藤原隆家も系図で確認して「1019年，大宰権帥，刀伊の入寇」とメモを加えておくこと。

さて，藤原道長は1027年に没します。そこで，ようやく息子に権力が移った。頼通が権力の頂点に立つわけですが，翌1028年には「平 忠常の乱」が起こっています。摂関最盛期だからといって平和な王朝文学の世界だけを想像してはいけません。頼通の時代にはさらに「前九年合戦」が起こっています。このあたりは次回のテーマですが，年号だけはここで覚えておく。

■頼通時代の重要年号

道長の「御堂関白」に対して，

Q 「宇治の関白」と呼ばれたのはだれか？　　　　　　　——藤原頼通

これは藤原頼通が建てた宇治の平等院鳳凰堂からついた呼び名ですね。そこで，この「前九年合戦」，「平等院鳳凰堂の建立」も合わせて，頼通の絶頂期の年号も覚えてしまいます。

11世紀後半に入って！　———→　頼通の絶頂期
- 1051　前九年合戦（～1062）
- 1052　（永承7）末法第一年
- 1053　平等院に鳳凰堂完成　　10円硬貨

いいか，「11世紀後半」は1051年から。そこで，

11世紀後半に入ったら「前九年合戦」

と覚えてしまう。

そして，当時の仏教的な時代の捉え方ですが，翌永承7年，1052年から，

272

いよいよこの世は仏教の教えも行いも衰えていく，滅亡への最後の段階に入ると考えられていました。それが「**末法第一年**」。仏教史，思想史では頻出の年号です（p.307）。

　そんな，末法の世の不安から，死後の浄土への憧れが強くなり，**浄土教**が広がっていく中で，藤原頼通は**この世に浄土を再現しようと**して平等院を建立し，翌1053年には鳳凰堂が完成するのです。

　ここは，「11世紀後半に入って」というキッカケから1051・1052・1053年と一挙に暗記してしまう。このころが頼通の絶頂期と意識してください。ここも，**国風文化**のところでやりますが，ここでしっかり年号は覚えてしまおう。

◀**平等院鳳凰堂**（京都府宇治市）
1053年，藤原頼通が建立した阿弥陀堂。まさにこの世に再現された貴族あこがれの浄土。

■ 国政はどう運営されたか

さて，ここで，摂関政治の特徴をまとめておきます。まず基本から。

Q 天皇が幼少のときに政務を代行するのは？　　　　——摂政

Q 成人後の天皇の後見役となるのは？　　　　　　　——関白

基本的に藤原氏のそれらの地位独占を可能にしたのは，「外戚」という天皇との血縁関係です。外戚の「戚」を書けない人はいっぱいいますから，一度シッカリ書いてください。

さて，実際の国政はどのようにして運営されたかというと，政治はあくまでも**太政官**が中心です。もっとも，当時はかつてのような正式の役所を使ってやるのではなくて，近衛府の建物を使って最高会議が行われます。これを「**陣定**」と呼びます。一般的な政務や儀式は，担当の公卿が処理していきます。この担当の公卿を「**上卿**」といいます。そして**宣旨**(天皇の命令を伝える文書)や**太政官符**(太政官から下される公文書)によって行政は行われていた。天皇と太政官をつなぐ役割を担っていたのが**蔵人所**です。

摂関は天皇と一体化して役人の任免権を握り，要職，おいしいポストを独占していくわけです。もっとも，「刀伊の入寇」が現地の武士勢力によって解決されたことが象徴するように，中央政府の地方に対する責任感は希薄です。もちろん，**日宋貿易**の利益などについては執着しますが。

そして通常の地方統治は国司，**受領**に委任し，税金を集めて中央に納めさせることに関心をもっているという状態です。

そして，「**年中行事**」を重視するのが当時の貴族の在り方です。

学校でいうと，クラスのことは全部担任に任せ，ともかく昔からの形式をあくまでも守って「卒業式」，「入学式」などの儀式を維持することだけに興味のある校長先生みたいなものです。「わが伝統ある○○高校は……」ばかりでは，もう改革はしないぞということになってしまうよね。

平安時代もこのころになってくると，ソロソロ疲れが出てくる。**奈良時代**を勉強していたころに比べて，復習も甘くなる。それが普通です。ということは，不得意な分野になっていく。つまり，このあたりから力を入れていくことが「受験勉強」ということです。

　そこで，今回はもうこれ以上進まない。終わりです。その代わり徹底的に，史料も，系図も，年号もガッチリ，すぐに暗記してしまうこと。そうすれば次につながります。

　そのためにも，まずは声に出して藤原氏の系図を確かめよう。

冬嗣，良房，基経。時平・忠平兄弟，
　実頼，兼家，道隆，道兼，道長，頼通
「ふゆつぐ，よしふさ，もとつね。ときひら・ただひら兄弟，
　さねより，かねいえ，みちたか，みちかね，みちなが，よりみち」

古代 (16)
荘園の発達・武士の成長

　今回は古代史で一番やっかいな「荘園公領制」と「武士の成長」というテーマです。荘園公領制は，どうしても説明が難しくなりますが，イメージさえしっかりつかめば，実際の入試問題では，それほどの難問は出ません。

　10世紀の大転換の中で，**受領**が誕生し，徴収する税が「**官物・臨時雑役**」と呼ばれるようになったことを思い出しておきましょう。

　一方，「武士の成長」はしっかり，確実に暗記しておかなければならないテーマです。中世につながっていく大事な時期なので，ここで手を抜くと，中世の学習に響きますから，覚悟を決めていきましょう。

　源頼朝による**武家政権の確立**までのうち，今回は**前九年合戦**までです。

武士の成長

（安和の変）

清和天皇 ─ ○ ─ 源経基 ─ 満仲 ─ 頼信 ─ 頼義 ─ 義家 ─ 義親 ─ 為義 ─ 義朝 ─ 頼朝

天慶の乱		平忠常の乱	前九年合戦	後三年合戦	保元・平治の乱

　もう一度，天慶の乱からやりますので，10世紀〜11世紀の年表を，ちょっと見ておいてください。

■ **10 世紀の土地・税制**

さあ，まず 10 世紀の復習からいきますよ。黒板を見てください。

　　戸籍制度がまったく**形骸化**してしまったことを指摘しているのが**三善清行**の「**意見封事十二箇条**」(p.258，史料 32)。戸籍で人間を掌握することが困難となって，**土地に対する課税に転換**していくんですね。そこで，復習。

Q 国司に税を払うことを約束した有力農民を何と呼んだ？　　　——**田堵**

Q その税の対象になった土地の呼び名は？　　　　　　——**名**（**名田**）

Q 名にその請負人の名前を付けたものは何と呼ばれたか？　　——**負名**

Q 国司制度も変質し，現地に赴任（ふにん）せず，都にいたまま目代（もくだい）などを派遣する国司を何と呼んだか？
——遙任国司（ようにん）

Q 守（かみ）・介（すけ）などの国司のうち，現地に赴（おもむ）いた最上級者は何と呼ばれたか？
——受領（ずりょう）

さて，**徴税請負人化していった受領**（ちょうぜいうけおいにんか）は，ともかく請け負った額の税を集めなければならない。いや，それだけじゃ食っていけない。そこでガンガン税を取りまくる。うまくやったら大儲（もう）け，都に倉が建つ。

実際に富裕化（ふゆうか）した受領の話やあくどい受領の逸話（いつわ）が，説話（せつわ）なんかに盛んに登場します。

■寄進地系荘園の成立

さて，このような土地・税制の転換の中で，新しい動きが出てきます。すなわち，「荘園」（しょうえん）と呼ばれる**私的な土地の所有形態**がだんだん現れてくる。

そこで，例の「田堵」（たと）のような，10 世紀以降，土地経営をやっていた連中の中から，経営規模（きぼ）を拡大・強化した「**大名田堵**」（だいみょうたと）などが現れてきます。あるいは，受領として地方に赴任し，任期が終わったあとも都に帰らないで現地にとどまる。そして現地で農業経営を始める連中も出てくる。その子たちもどんどん土地経営を拡大していく。このように地元に定着して土地開発を進める動きを「**国司の土着**」といいます。

彼らの中から有力な地方武士団が現れてくる。

Q このような，土着した国司やその子孫などの大土地経営に成功した者を何と呼ぶか？
——開発領主（かいはつりょうしゅ）

文字通り，大土地を開発していった**大農場経営者**です。

当然，都に税を集めて送らなければいけない受領たちと現地の開発領主の利害は対立します。開発領主はなるべく税金を取られたくない。受領のほうはたくさん取ってポケットに入れて，請け負った額を中央に納め，自分の取り分も確保しなきゃならない。

　対立したときどうなるかはケース・バイ・ケースです。話がついて一定の
税を国衙，受領に払って，大土地経営を続ける者もいるし，開発領主の２代目，
３代目なんかがちょっと気を抜いたり，能力がなかったりすると，受領につ
けこまれて土地を丸々取り上げられるようなことも当然起こってくるでしょ
う。何といっても，国司の権威，権限は強い。政府も受領にさまざまな権限
を与えていきます。すると，弱小な土地経営者だと，とても受領の徴税に堪
えられないということになる。

　そんなときに，有力者にコネがあれば，これに頼ってなんとかしてもらお
うと思いますね。**権威のある人に寄付をしてでも，国司（受領）の徴税を
抑えてもらおう**ということです。破産するよりはマシだということだね。

　そこで，開発した土地を摂関家，あるいは有力な寺や神社に「寄進」する者
が出てきます。

　「寄進」するというのは，今風に言えば，「寄付」。権力者や有力な寺社に寄
付し，その名義を借りて，現地での権利を確保しようとする行為です。

　ちょっと，これでは抽象的なので，その具体例を，頻出の史料で確認し
ておきます。

史料

35-(1)　荘園の寄進 (1)/「東寺百合文書」

鹿子木の事
鹿子木について

一，当寺の相承は，開発領主沙弥寿妙嫡々の相伝なり。
この土地は開発領主である寿妙から代々受け継がれてきている。

一，寿妙の末流高方の時，権威を借らんがために，実政卿を以って
寿妙の子孫の中原高方の時に，権威を頼り，藤原実政に領家になってもらい，

領家と号し，年貢四百石を以って割き分ち，高方は庄家領掌進退
年貢400石を寄付することとし，　高方は現地の支配を認めても

の預所職となる。
らって預所職に任命された。

■開発領主の脱税

　出典の「東寺百合文書」は，京都の**東寺＝教王護国寺**に伝わった古文書です。「百合」というのは100箱という意味で，東寺の膨大な文書を整理して100の箱に納めたのは，江戸時代前期の学問好きの大名，加賀（金沢）藩主前田綱紀です。

　さて，史料の内容にいきますよ。場所は「肥後国」，現在の熊本県，「鹿子木」というところ。ここの「開発領主」が「沙弥寿妙」という人。「沙弥」というのは僧侶の称号です。この人は出家したあとの名前で出てきています。

　「当寺の相承は」の「当寺」は東寺を指します。開発領主の権利が，東寺にどのように伝わってきたかということです。「嫡々」というのだから，寿妙から息子，孫へと「相伝」，相続されてきた。

　ところが，「寿妙の末流高方の時」，問題が発生した。高方は中原高方という人物ですが，高方は寿妙の孫と推定されています。国司（受領）がやってきて多額の税を払えと言ったんでしょう。そのあたりは，史料は当たり前のこととして書いていません。いきなり「権威を借らんがため」とくる。では，

❓ 高方はなぜ「権威を借りる」必要があったのか？

　　　　　　　　　　——「国司（受領）の徴税から逃れるため」です。

　めちゃめちゃな税金を取られそうになってヤバイ。そこで税金を取りに来た国司，受領よりもうんと偉い人，その偉い人の「権威を借り」て，要するにトラの威を借りて，脱税しようとした。

　「実政卿を以って領家と号し」——大宰大弐だった藤原実政に「領家」になってもらった。国司の「守」より位の高い「大宰大弐」で従二位の実政なら圧力をかけてくれる。九州の国々，西海道諸国は**大宰府**の支配下にあるので，守も遠慮する。そこで，「中原高方は藤原実政に**荘園を寄進した**」わけです。

　その寄進の年は1086年。白河上皇が「院政」を開始した年です。

　藤原実政は「領家」という職を引き受ける代わりに，当然，名義料，名前を貸したお礼を取ります。高方は寄付をしなきゃならない。それが「年貢四百石」です。1回限りではありませんよ，「年貢」——「年ごとの貢物」ですから，毎年，米400石を現地から送るわけです。すなわち，それまで自分が得てい

た現地の農民などから徴収していた税のうちから「割き分ち」——一部分を年貢の分に割いたということです。

　収入は減るわけですが，国司（受領）から要求される税に比べれば，まだ負担は軽かったんでしょう。もっとも，藤原実政は権威のある都の貴族です。この人物がアクドイ人物だったりすると，現地そのものを今度は取られてしまうかもしれない。

　そこで，高方は「庄家領 掌 進退」——現地の支配権を認めてもらい，「預所職」ということにしてもらいました。「預所」は「アズカッソ」と読むのですが，「アズカリドコロシキ」でもかまいません。荘園現地の管理者を一般的に荘官と呼びますが，具体的には「預所」「公文」「下司」あるいは「地頭」など，さまざまな名称があります。ここでは「預所」。

　そこで，一定の寄付を受けて国司の課税を防いでくれる実政が「領家」職。高方は実政に年貢を納入する義務を果たす代わりに，現地の支配権を認められて，「預所」職という「職」（土地からの収益権）につきます。この鹿子木という土地に「職」という権利が設定されたわけです。

　このように，土地の上に「職」という名目の権利が重なり合って存在するような土地支配が「荘園公領制」と呼ばれる中世の土地・税制の基本となっていきます。ところで，

Q 国衙，受領が徴収しようとした税のことを当時何といったか？

 官物・臨時雑役。

ハイ，よく覚えてた。それじゃ，続き。

35-(2)　荘園の寄進 (2)/「東寺百合文書」

一，実政の末流 願西微力の間，国衙の乱妨を防がず，
（さねまさ　まつりゅうがんさい　びりょく　あいだ　こくが　らんぼう　ふせ）

　　藤原実政の子孫の願西は権威がなく，国衙からの徴税を抑えられなかった。

この故に願西，領家得分二百石を以って，高陽 院 内親王に寄進す。
（ゆえ　がんさい　りょうけとくぶん　こく　もっ　かやのいんのないしんのう　きしん）

　　そこで，願西は領家としての収入のうち200石を高陽院内親王に寄進することにした。

件 の宮薨去の後，御菩提の為に，勝功徳院を立てられ，かの二百石
（くだん　みやこうきょ　のち　おんぼだい　ため　しょうくどくいん　た　こく）

　内親王が死んだ後は，その冥福を祈るために建てられた勝功徳院の運営のためにその200石分

を寄せらる。其の後，美福門院の御 計 として御室に進付せらる。
（よ　その　ご　びふくもんいん　おんはからい　おむろ　しんぶ）

　　があてられたが，その後，美福門院の指示で（その200石分は）仁和寺に寄付されたのである。

これ則ち本家の始めなり。……
（すなわ　ほんけ　はじ）

　　これが本家の成立した経緯である。

■寄進地系荘園の構造

　今度は，「領家」職の相伝についての部分です。「実政の末流 願西」——実政から「願西」(藤原隆通)に400石の年貢の権利が譲られていったということですよ。

　ところが，この願西は「微力」だった。ということは，国司を抑えるだけの力，権威がなかったということ。

　「えっ！ 実政が国司に圧力をかけてくれたから税はとられないんじゃないの？」と，疑問に思うでしょう。実政が国司の課税を抑えてくれたからといって，この鹿子木が，国家が正式に認めた無税の土地になったわけではないんです。

　そこで「国衙の乱妨を防がず」——「国衙」は国司，受領が執務する**今の県庁のようなもの**ですから，要するに，国司からの徴税を抑えることができない。それじゃあ何のために荘官である「預所」は400石の年貢を「領家」の願西に払っているのかわからないだろう。年貢が来なくなるに決まってる。願西は困った。

そこで願西は年貢400石の半分，200石をあきらめたんです。「領家得分二百石を以って」——要するに半分の200石を「高陽院内親王に寄進」することにした。何らかのコネがあったんでしょう，皇室に寄付した。

「得分」というのは「職」にともなう経済的な収益のことです。領家職にともなう年貢400石の得分の半分を鳥羽天皇の娘に寄進した。高陽院内親王ということは，事実上，天皇家です。これ以上の権威はありません。

高陽院内親王の母は，鳥羽法皇が寵愛した「美福門院」。法皇の寵を得て，権勢を振るった女性です。

その天皇家の家長が院政の主である鳥羽院ということになります。このような皇室の経済基盤となった荘園を「皇室御領」といいます。国衙が徴税できるわけがないよね。

さて，「件の宮薨去」——高陽院内親王が死んでしまった。そこで，「御菩提の為に，勝功徳院を立てられ」——高陽院内親王の冥福を祈るために，勝功徳院が建てられた。そして，願西から寄進された200石は勝功徳院に寄付された。

さらにその後，この200石は美福門院の指示で「御室」に与えられた。「御室」は宇多天皇に縁の深い仁和寺のことです。結局，願西が寄進した200石は，めぐりめぐって仁和寺に行きつく。

高陽院内親王→勝功徳院→御室（仁和寺）

と，その納入対象は代わっていきますが，皇室，具体的には美福門院が支配していったわけです。「これ則ち本家の始めなり」——これが「本家」職が設定された経緯だということ。

このような構造をもつ荘園が寄進地系荘園です。

＊下地から生産された物＝上分を，職にともなう得分
　として分配するシステム。

　現地の支配権を認められたのが「荘官」。この場合は預所「職」です。他に下司職・公文職・地頭職など。彼ら荘官は現地の最高の経営者で，「在地領主」と呼びます。その上に領家「職」，さらにその上に本家「職」が乗っかる。1つの土地の上に「職」という名目で経済的な収益をともなう権利が，重なり合って存在するという支配形態が形成されます。「職」が重なり合った状態を「職の重層性」などと表現します。

　また，「領家」「本家」などを「荘園領主」と呼び，そのうち，実際に現地の荘官などを支配する，実質的なトップの役目を果たしているほうが「本所」と呼ばれます。

■不輸・不入の権

　さて，寄進によって「職」が設定されたからといって，これで完全というわ

284

けではありません。皇室などに寄進したものは潰されることはないでしょうが、そうじゃない場合、鹿子木荘のような場合、仮に願西にコネもなく、おろおろしているうちに国司に課税されてしまうことだってありえたでしょう。

現在わかるのは、コネがあるなりして、なんとか生き残った土地だからで、多くの土地はその後、受領の徴税の対象となっていったでしょう。あるいは、荒廃して消滅した荘園も多いはずです。

国司の徴税を完全にシャットアウトするためには、無税の土地として中央政府に認めてもらえばいい。

Q 荘園が国家から認められた租税免除の権利を何と呼ぶか？
——不輸の権

「不輸」の「輸」というのは「物を運ぶ」という意味ですが、この場合は租税を国衙に「運ぶ」ということなので、それが「不」要。「運ばなくてもいい」ということで、「不輸」というのは**無税の特権**ということになります。鹿子木荘の場合は、本家が成立した鳥羽院政期に不輸の権を与えられたんでしょう。

不輸の権は、具体的には、太政官・民部省が、太政官符・民部省符という正式の文書を与えて確立します。そしてこれを得た荘園を官省符荘と呼びます。

Q 官省符荘の「官」・「省」とは具体的に何を指すか？
——（官）太政官，（省）民部省

税だから「大蔵」省なんて間の抜けたことを言ったら、第8回の二官八省一台五衛府に逆戻りだよ。戸籍・租税、民政は「民部省」。

さらに、官省符を得たからといって、それで終わりというわけにはいきません。開発が進んで耕地が広がっていくと、その**新しい田畑に対しては税がかかります**。

国衙から検田使などと呼ばれる税務調査官がやってくる。このような国衙の干渉を排除するためには、さらに別の権利を得ないといけない。

Q 国衙の検田使が荘園に立ち入ることを拒否できる権利を何と呼ぶか？
——不入の権

　もちろん，一部の荘園がそこまでいったということです。すべての荘園が「不輸」あるいは「不輸・不入の権」を獲得したわけではありません。

　また，その国の国司（受領）から同じような不輸の権利を認めてもらう場合もあります。もっとも，その国司が任期がきて交替してしまい，次の新しい国司は認めてくれないという場合も多いので，しっかりした権利ではありません。

Q 国司が与える免税の証明書によって不輸の権を得た荘園を何というか？
——国免荘

　そのような行為を「国司免判」と呼びます。

■ 似たものどうしの荘園と公領

　さて，ここで注意しなければならないのは，当時の日本の耕地の大部分がこのような不輸の権を得たわけではないということ。

　正確な統計など残っているわけはないので，推定ですが，ちゃんと税を納めている土地も多かった。ひょっとしたら大規模な土地，現地でも，とくに有力な連中は，しっかり受領なんかと提携して，一定の税を払い，安定した経営をしていた可能性も高い。受領だって，現地の有力者を完全に敵にまわしてはやっていけないからね。

　このように，ちゃんと税を「国衙」に納めている土地を国衙領と呼ぶ。あるいは，荘園を「私領」と呼ぶのに対応して，国衙領は「公領」とも呼びます。

荘園・国衙領の構造

私領〈荘園〉 / 公領〈国衙領〉

政府
貴族・寺社（荘園領主）

本家・領家 ── 受領・国衙
任命 → / 年貢 公事
荘官 ── 開発領主（在地領主）── 郡司・郷司
管理 → / 年貢 公事 夫役
名主 / 名主
農民 / 農民

　しかし，国衙領（公領）でも荘園（私領）でも，現地の一番の責任者として，国衙領（公領）なら郡司とか郷司，荘園（私領）なら預所・公文・下司などの名称の荘官がおり，その下は名主などと呼ばれる現場の責任者がおり，その下に農民がいるという点では何の変わりもありません。

　最終的に税が国衙に行くか，特定の荘園領主に行くかが違うだけだということです。その意味で，荘園と公領の現場には大差はない。抽象的に言えば，「荘園と公領は同質化していった」ということです。

■「自力」が一番！の時代

　さて，開発領主，郡司・郷司，あるいは名主でも，自分のことは自分で守らなければならない。そういう時代がやってきた。国司は一国の治安なんかより徴税に必死です。朝廷も国司に民生の安定を要求するより，税を請け負わせ，ちゃんと都に税を送ってくればそれでいい。そこで，だれもが自分のことは自分で守ろうとする。「**自力**」だけが頼りという，これは**中世的な世界**に近づいてきます。

　地方で海賊や山賊のような武力集団が暴れまくるような場合，朝廷は「**押領使**」「**追捕使**」といった**令外官**を任命して広域犯罪に対処するのですが，やがて，国ごとに設置されるようになります。具体的には，国司（受領）が国内の武士から候補者を選んで中央政府に推薦し，任命された。要するに，地方の反乱を地方の武士を使って鎮圧したということです。押領使と追捕使は内容的には違いはありません。

■地方行政

　平安末期の地方行政制度については，第14回で一部やりましたが（p.261），いろんな言葉が出てきたので，あらためてまとめておきましょう。国衙を拠点に徴税のために赴任してきたのが**受領**ですね。

　まず，この受領の地位が**成功**の対象となります。政府の指定する土木事業や儀式などの費用負担に応じて「守」などの地位を得るのが成功です。種々の官職を献金で得る。国司の場合は，その利権を得ることが目的です。

　また，任期が終わったところでもう1期，受領の地位を繰り返すことを**重任**といいます。そして，彼らの多くが，最初だけ現地に行くが，都に帰り，その後はほとんど現地には行かないようになります。

　正式の国司がいない国衙のことを「**留守所**」と呼びます。京にいる，**遙任**の受領は自分の部下などを現地に送ります。それが**目代**です。

　それでは，国衙の徴税や治安維持といった実務はどうしたか？ ということになりますね。その実務を担ったのが**在庁官人**です。国衙に，「税所」「田

所」などなど，「〜所」という部署が置かれて在庁官人が執務したのです。国衙軍も構成されます。「押領使」あるいは「追捕使」も置かれます。もともと，強盗団の鎮圧などのために中央から派遣された押領使などの中・下級貴族で，現地に残り，「兵」となった武士も有力な在庁官人となることが多かったのです。

受領と地方行政

① 成功・重任が多くなる。

② 交替のときのみ任国に下向，通常は遙任。

③ (受領は遙任)留守所に目代を派遣。

④ 留守所の実務は在庁官人が分担。

現地で土地支配を進める地方のボス，**受領**などを助けて地方行政の一部を任されている**在庁官人**などは，自分たちの生活や地域を守るためにも武装しています。組織化も進む。「**国衙軍制**」などと呼ばれる国衙を中心とする地方の軍事組織が整備されていく。受領が率いる「**館 侍**」や，地方の武士を組織した「**国 侍**」などが現れます。家子と呼ばれたのは，有力武士に従う一族の者，郎等(郎党)というのは一般的な従者のことです。**小武士団が形成されていく**わけです。

とくに，中央から下ってきて，そのままもう都に帰らず大開発などを始めた「土着」した国司の一族なども，かなり大きな武士団を形成していきました。

そして，これらの地方の武士団を中央の名門の武士が統括していく。「**武家の棟梁**」などと呼ばれる武士です。

中央でも，権力者もボディーガード，親衛隊をもっていないと安心できない。天皇家だって，集めた荘園からの利益，財産を自分で守らなきゃならない。

Q 宇多天皇のころ，9世紀末に御所のガードマンとして組織された武士は何と呼ばれたか？

——滝口の武者です。

単に「滝口」でもイイですよ。

摂関家などの高級貴族も，「侍」と呼ばれる武装した従者を組織して財産，生命を守る必要がある。摂関家に土地を寄進した荘官が一種の奉仕として，都へ行って摂関家の門番やガードマンをやる。

摂関家にはそうした専門の武士が配備されていて，その代表が源満仲などの清和源氏でした。では，院が権力を握ってから，

Q 白河上皇のとき，院を警護するために組織された専属の部隊は何と呼ばれたか？
——北面の武士

院の御所の北面に置かれたので，その名がつきました。

3 武士団の反乱

📖 授業ノート p.54 参照

■天慶の乱

　さて，地方で勢力を蓄えたこのような武士団の抗争が，大規模なものとなって放置できないレベルに達し，現地で解決できなくなると，中央貴族層から台頭した名門の武士がその鎮定に向かうこととなります。時代を追ってこれをチェックしていきましょう。

Q 10世紀前半，朱雀天皇のときに起こった日本で最初の大規模な武士団の反乱とは？

　　　　　　　——天慶の乱(平将門の乱・藤原純友の乱)

　年号，関係する人名，そして場所を確認していきます。

▶平将門の乱(939～940年)

　下総の**猿島**を根拠地とする**平将門**が，内紛から伯父の平国香を殺害し，やがて常陸，下野，上野の国府を襲撃し，自ら新しい天皇だ，「**新皇**」と称して，公然と国家に対する反乱の様相を呈したのが，「平将門の乱」です。

　キーワードは「**新皇**」です。難関大だと「**常陸→下野→上野**」という襲撃した国府(国衙)の順番を聞いたり，順番を変えて「誤文」として選ばせるものもあります。そして，鎮圧したのが国香の子の平貞盛と藤原秀郷です。

```
┌ 平　貞盛
│　　　　　　　　✂  ──→ 平将門
└ 藤原秀郷      鎮圧
```

　将門，国香，貞盛などは同族です。桓武天皇の子孫で，「**平**」姓を名乗り，東国に土着して土地を開発し，**武士団**を形成していった典型的な**桓武平氏**です。

　藤原秀郷は下野国の地方武士で，経歴はハッキリしませんが，多くの東国武士の祖となる武士です。平将門の乱のときには**下野押領使**に任命されています。その子孫は小山氏・結城氏など代表的な東国武士となっていきます。

後世,「俵藤太」と呼ばれ，伝説化される武士の代表でもあります。

▶藤原純友の乱(939 〜 941 年)

一方，西の方で起こったのが藤原純友の乱。純友は，藤原氏といっても中・下流の貴族出身で，伊予掾だったらしい。その後，瀬戸内海の海賊を率いて反乱を起こします。根拠地は「**伊予の日振島**」とされています。豊後水道にある小さな島です。

大宰府を焼き払ったり，瀬戸内海沿岸から淀川まで荒らし回ったりした。このために，西国からの年貢，官物，要するに荘園からの年貢や国衙領からの税が京都に入ってこなくなり，経済的にも中央政府は放置できない状態が続きます。最後には，**源経基**と**小野好古**によって鎮圧されます。

$$
\left\{
\begin{array}{l}
源　経基 \\
小野好古
\end{array}
\right.
\xrightarrow[鎮圧]{} 藤原純友
$$

やがて，村上天皇の「**天暦の治**」，そして「**安和の変**」。

Q 「安和の変」で摂関家に協力した武士は？　　　——源満仲

源満仲は経基の子ですよ。満仲は摂津国の多田荘の経営で富を築き，摂関家と結びついて台頭していきます。

そして，摂関最盛期，藤原道長の絶頂期に起こったのが 1019 年，「**刀伊の入寇**」です。これは国内の武士の反乱ではありませんが，九州，大宰府周辺の武士が活躍したんでしたね。

▶平忠常の乱(1028 〜 31 年)

道長が死んで，藤原頼通が政権のトップに立ってすぐに起こったのが「**平忠常の乱**」。関東地方でまた大反乱です。平忠常も平将門と同族ですよ。もちろん系図に載っていますから確認してください。「**前上総介**」です。

反乱の中心は安房・上総・下総——**房総**地方です。そして，これを鎮定したのは満仲の子の**源頼信**です。朝廷の命を受けた源頼信に平忠常は鎮定されてしまいます。

この源頼信の活躍によって，経基・満仲の系統の清和源氏が「武家の棟梁」として東国の武士たちに恐れられるようになり，その従者となるものが多くなっていくわけです。

▶前九年合戦（1051〜62年）

11世紀後半に入った年に起こった東北地方の反乱が「前九年合戦」です。

1051年，"11世紀の後半に入った年"ときたら，これがピーンときてほしい。

翌年は「末法第一年」，さらにその翌年には1053年，宇治の平等院に鳳凰堂が完成（p.272）。いいですね。**中央と地方を一緒に整理していくことで**すよ。バラバラに，中央の政治と武士団の反乱を分けないように。さて，次は文化史がらみの定番の問題。

Q 「前九年合戦」を描いた軍記（物）は？　　　　　　　　——『陸奥話記』

　「前九年合戦」は陸奥の豪族安倍頼時の反乱で，これを鎮定したのは頼信の子，源頼義です。陸奥の安倍氏の反乱なので『陸奥話記』。1051 〜 62 年。長い戦いです。

　前九年合戦の詳細は，後三年合戦とあわせて，第②巻で扱います。

　今回はここまで。

第17回 平安時代の文化

平安時代の文化は，大きく分けると**9世紀**の「**弘仁・貞観文化**」と**10世紀以降**の「**国風文化**」となります。ただし，「弘仁・貞観文化から国風文化に代わった」というのではなく，弘仁・貞観文化を前提に，日本的な要素が加わっていったのが国風文化だと考えましょう。

もちろん，国風文化の時期に登場するさまざまな要素がありますから，両者の違いにも気をつけなければなりません。

まず，キーワード，キーフレーズを確認しておきます。さまざまな文化財を学習していくときの前提となるキーワード，キーフレーズです。**「唐文化を消化吸収」**ときたら，弘仁・貞観文化。**「日本の風土や嗜好が加わった」「日本的」**ときたら，**国風文化**。そして各分野について，目を通しておいてください。

平安時代の文化

弘仁・貞観文化	国風文化
唐文化の消化吸収　（907 唐滅亡）	日本的（固有の風土・嗜好）
密教・神秘的	浄土教・阿弥陀仏の救済
一木造	寄木造
曼荼羅	来迎図
勅撰漢詩集	勅撰和歌集
「文章経国」	平がな・片かな ➡ 物語・随筆
三筆	三跡（蹟）

■弘仁・貞観文化のキーワード

今回は，古代の締めくくり。平安の文化です。

キーワードは，「**唐文化を消化吸収**」。こうきたら，弘仁・貞観文化ですよ。嵯峨天皇のときの元号「弘仁」，清和天皇の「貞観」の時期で，ほぼ9世紀の文化。平安京の成立とともに起こった文化ということです。

▶密　教

新しい仏教，天台宗・真言宗がおこり，密教が盛んになってくる。そこで美術は密教美術ということになりますから，そのキーワードは「**神秘的**」。

「密教」というのは，奈良時代の「**顕教**」に対する言葉です。奈良時代の仏教の基本は，教理研究を通して悟りを開こうとする仏教。これに対し，秘密の呪法の伝授，要するに普通の人には理解できない呪文や儀式を習得した人にだけ可能な仏教，秘密のベールに包まれた仏教が密教です。

弘仁・貞観文化（桓武～嵯峨朝中心）

唐文化を消化，吸収

密教 ➡ 神 秘 的 ➡ 加持祈禱

■天台宗・真言宗

804年，遣唐使で中国に行った最澄によって天台宗が，空海によって真言宗が成立します。

ここは最澄と空海の区別が焦点となります。最澄と空海の共通点をまず確認し，それから違いをチェックしてください。

両者とも奈良の大寺院とは縁を切って，山岳に修行の場を求め，新しい仏教を確立していきます。比叡山の延暦寺，高野山の金剛峰寺。これは知ってるね。

2人とも**804年**の遣唐使で入唐。ただし，桓武天皇の期待の僧侶，**最澄**は長期滞在は許されず，翌年には帰ってきます。しかし最澄がもたらした仏教哲学(天台教学)はその後の**仏教研究の中心**となり，やがて，比叡山延暦寺は平安京を護る「**王城鎮護**」の寺院とされます。

　また，最澄は東大寺の戒壇などとは別に，**独自の戒壇**の設立を目指します。いわゆる天下の三戒壇とは別に，**大乗戒壇**の設立を願い出るのですが，当然ながら東大寺・興福寺などの南都(奈良)の寺院は反発します。

　最澄からすれば，自分の弟子を奈良の戒壇で受戒させるわけにはいかない。そこで，『**山家学生式**』で天台宗独自の修行と受戒の必要性を説明し，これに対する南都の批判に対して『**顕戒論**』で反論します。そして，ようやく大乗戒壇設立の勅許が嵯峨天皇から与えられたのは，その死の直後になってしまいます。

　一方，若い**空海**はしっかり**密教**を学んで806年に帰ってきます。嵯峨天皇から京中の**東寺**を与えられ，いち早く，朝廷に密教を持ち込みます。東密と呼ばれる真言宗の密教です。

　最澄のもたらした天台宗が密教を取り入れるのは，**円仁・円珍**のときです。**円仁**は**838年**の遣唐使，最後に行った遣唐使でしたね(p.193)。

Q 円仁が唐での体験などをまとめた著作は？
　　　　　　　　　　　　　　　　　　──『**入唐求法巡礼行記**』

　円珍は藤原良房などの支援を受け，**851年**に唐の商人の船に乗って入唐，帰りも唐商人の船で帰ってきます。この両者によって確立した天台宗系の密教を「**台密**」と呼びますが，台密はやがて円仁の弟子の系統と円珍の弟子の系統に分かれ，**円珍の系統は園城寺に拠点**を移します。円仁の系統を**山門派**，円珍の系統を**寺門派**と呼び，両方とも**僧兵**を擁して対立するようになります。

真言宗・空海　　　　　　➡　　東密（嵯峨天皇から平安京の東寺を与えられる）

高野山金剛峰寺

天台宗・最澄　円仁・円珍　➡　　台密　┌ 円仁系 → 山門派（延暦寺）

比叡山延暦寺　　　　　　　　　　　　　└ 円珍系 → 寺門派（園城寺）

さて，密教では，加持祈禱と言われる，呪文を唱えて仏の加護を求める行法が流行します。経典の研究や法会によって国家の平和を願う奈良仏教に対し，密教はその神秘的な力を加持祈禱によって表すことで国家を護ろうとしたのです。もっとも，やがて，貴族などは，自分自身の利益のために加持祈禱を求めるようになります。

▶空海の著作・作品

最澄の大乗戒壇設立運動に関する『山家学生式』と『顕戒論』をしっかり覚えてしまうこと。そして，それから空海です。

仏教，儒教，道教からなぜ仏教を選んだかという理由を書いた本『三教指帰』，あるいは『十住心論』のような理論書が中心ですが，漢詩文の評論，一種の文学書『文鏡秘府論』，詩文集『性霊集』。そして書道の名人，三筆の１人としての作品，『風信帖』もしっかり覚えてください。

最澄と空海については次ページの表でも確認しておいてください。

▶神仏習合

山岳に仏教が入っていきますと，日本固有の山岳信仰との間で，いわゆる「神仏習合」が進みます。奈良時代の神宮寺や神前読経は覚えてますね。平安中期になると，仏教の立場から，「神は仏が形を変えてこの世に現れたものだ」とする「本地垂迹説」が出てきます。大日如来は，日本では天照大神という神の姿で現れたといった考え方です。仏は「本地仏」で，仮の姿をとって天照大神という名で日本に現れた「垂迹神」だというのです。仮の姿で現れることを「権現」と言います。「権」は「仮の」という意味です。

最澄 vs 空海

	天台宗	真言宗
開祖	最澄（伝教大師）：767～822	空海（弘法大師）：774～835
経歴	※近江出身 804年入唐→ 805年…帰朝 806年…桓武没 822年…大乗戒壇 勅許（嵯峨）	※讃岐出身 804年入唐→ 806年…帰朝 816年…高野山開創 823年…東寺を賜る（嵯峨）
著書	『山家学生式』…天台宗独自の大乗戒壇の設立と修行を主張。 『顕戒論』…上の書物に対する南都の批判に反論。	『三教指帰』…儒教・仏教・道教を戯曲風に対比。 『(秘密曼荼羅)十住心論』…真言密教，大日如来について説く。 『文鏡秘府論』…空海編集の漢詩文の評論。 『性霊集』…空海の詩文を集めたもの。 『風信帖』…最澄に送った書状。 ※空海は三筆の1人。
寺院	比叡山延暦寺	高野山金剛峰寺・東寺（教王護国寺）
経典	法華経	大日経
密教	台密（円仁・円珍）	東密

また，彫刻では，僧侶の姿をした神像が現れます。さらに，仏教か神道か区別がつかないような修験道という信仰も生まれてきます（p.311）。

■学問・教育・文学

続いて学問・教育・文学。学問では**明経道**に加えて，歴史や漢文学を学ぶ**紀伝道**が重視されるようになります。後には**文章道**とも呼ばれるようになる。

貴族は，出世するためには，漢文学，文章ができないといけない。文章力こそが国を支えるんだという「**文章経国**」の思想です。そこで，

Q 有力な貴族たちが一族の子弟の勉学の便宜のために大学のそばに建てた**寄宿舎**を何というか？　　　　　　——大学別曹

その中で最大のものが藤原氏の**勧学院**です。代表的な氏ごとの大学別曹の名称も必須の暗記モノ。

橘氏の**学館院**は嵯峨天皇の皇后，「**檀林皇后**」と呼ばれた**橘嘉智子**が創立したものです。橘嘉智子は橘奈良麻呂の孫にあたる。仁明天皇の母ですし，娘は淳和天皇の皇后になっています。

```
式部省・大学寮  ⇕
                ┌── 勧学院…藤原氏
                ├── 弘文院…和気氏
大学別曹         ├── 学館院…橘 氏（橘嘉智子）
                └── 奨学院…在原氏
```

さあそこで，そのような貴族中心の大学別曹に対して，

Q 空海が平安京の中につくった，だれでも入れる民間の教育機関は？　　　　　　　　——綜芸種智院です。

残念ながら，これは空海の没後，衰えてしまいます。

■勅撰漢詩集の編纂

文学でいちばん注目すべきは，国家の正式の事業としての勅撰漢詩集——
『凌雲集』・『文華秀麗集』・『経国集』の編纂です。

漢詩集

現存最古：751 懐風藻

	814	818	827
勅撰漢詩集：	凌雲集 ➡	文華秀麗集 ➡	経国集
〈天皇〉	嵯峨天皇	嵯峨天皇	淳和天皇
			(833 令義解)
私家集：	性霊集（空海）		菅家文草（菅原道真）

現存最古の漢詩集といえば『懐風藻』ですが，これは勅撰ではありませんよ。
時期も天平文化，奈良時代。また，平安文化ですが，空海の『性霊集』，菅
原道真の『菅家文草』は私撰。勅撰ではありませんよ。

そして，勅撰漢詩集は，ともかく順番が大事。はい，3回繰り返して，順
番がしっかり出てくるように。

「りょううんしゅう・ぶんかしゅうれいしゅう・
けいこくしゅう」

あまり勧められるものではありませんが，とりあえず，アタマの音から関
連づけて……。

「理系文系」	→	り系	ぶん・けい

↓　↓　↓

凌　文　経　　×凌

そして，『凌雲集』の「凌」。「冫」(ニスイ)ですよ。

『凌雲集』の撰者の小野岑守は大宰大弐のときに公営田(p.255)の建議を行い，これを実施した人物ですよ。良岑安世は桓武天皇の皇子で，「良岑」は賜姓です。父親は違いますが，母親が藤原冬嗣と同じです。

注意するのは，嵯峨が淳和に譲位した後だから，『経国集』は淳和天皇の勅撰となることです。

他に文学では，説話文学の源流となった薬師寺の僧，景戒の『日本霊異記』などが現れてきます。説話集は院政期から鎌倉文化でいっぱい出てきますので，平安初期の『日本霊異記』はズーッと古いことに注意しなければならない。

さて，次は密教美術，建築・彫刻など。

■建　築

▶室生寺金堂・五重塔(密教建築)

山に仏教が入っていく山岳仏教ですから，山の中腹に建てられた室生寺，これが弘仁・貞観期を代表する建築物で，室生寺金堂・五重塔を覚えておけば，ほとんど入試はOKです。

山腹の傾斜地のちょっとした空間を使って建てられますので，この金堂お

◀室生寺金堂
山の斜面を利用しているため，張り出した部分が舞台のようになっているので，一度見たら忘れない。

よび五重塔は平野部や盆地の平地に建てられたものに比べると，非常に「**小ぶり**」です。小規模です。

　　法隆寺の五重塔は「**重厚，どっしり**」，**薬師寺の東塔**は「**構成の美**」でした。で，「**小型の，小規模ながら**」とくると，もう室生寺の五重塔ということになる。

■ 彫 刻

　　次は密教関係の仏像ですが，密教彫刻の特徴をひとことで言うと，「**一木造**」という制作技法です。

　　はい，思い出しましょう。金銅像，木像が古い形ですが，やがて**天平文化**で乾漆像，塑像，そして，弘仁・貞観期になると一木造。一木造というのは，主要な部分を1本の木からほぼ完全に彫り出してしまう技法です。

　　ついでに，次の国風文化で寄木造が登場します。

```
                      （天平）     （弘仁・貞観）    （国風）
    金銅像    →    乾漆像   →    一木造    →    寄木造
    木  像          塑  像
```

　　この一木造の仏像は有名なものがたくさんあり，受験生の悩みのタネです。神護寺薬師如来像，室生寺の金堂釈迦如来像・弥勒堂釈迦如来像，河内の観心寺如意輪観音像，元興寺薬師如来像，法華寺十一面観音像などです。

　　これはおのおのお寺の名前で区別がつけば，だいたいいけます。室生寺なら両方とも弘仁・貞観文化の密教仏。「**河内の〜**」と言ったら，もう**観心寺**です。あるいは元興寺の場合は「もともと法興寺が平城京に移って元興寺」というようなキーワードでいけます。

　　また，法華寺はもともとは**平城京**遷都のころに，**藤原不比等**の邸宅があったあたりですから，お寺の名前で何とかなるでしょう。法華寺は総国分尼寺としても出てきますよ。しかし，十一面観音は弘仁・貞観期。

　　もう1つ。間違えやすいのは**薬師寺**の**僧形八幡神像**・神功皇后像。例に

よって「薬師寺だからって白鳳じゃないよ」というやつです。僧形，すなわちお坊さんの姿をした八幡神，神様の像ですからまさに神仏習合，神と仏が一体化した結果，現れてきた彫刻作品ということになります。

■絵　画

▶曼荼羅／不動明王像

続いて絵画ですが，これも密教絵画ということになります。

Q 仏の世界を特有の構図で表現し，悟りや仏の教えを示した密教の絵は何と呼ばれるか？
　　　　　　　　　　　　　　　　　　　　　　　　——曼荼羅

くれぐれも曼荼羅と書かないように。天寿国曼荼羅のところでも言いましたよ（p.126）。

曼荼羅は，入試に出るのは神護寺両界曼荼羅と教王護国寺（東寺）両界曼荼羅です。「両界」というのは「金剛界」と「胎蔵界」で，大日如来の智恵と慈悲をそれぞれ表現したものだそうです。

曼　〇茶　罗　×茶

それから密教で重んぜられた不動明王の絵画としては，俗に，園城寺の黄不動と呼ばれる不動明王像なんかがあります。園城寺は三井寺とも呼ばれる寺ですが，「寺門派」の拠点ですよ。

画家としては百済河成という人物が活躍したとされています。

■書　道

唐文化を消化吸収したということは，イコール唐の書道の名人と同じような書道の名人が現れます。これが「三筆」。

Q 「三筆」と言われた名人とは？　　——嵯峨天皇・空海・橘逸勢

空海は，もちろん先ほどから何度も言っていますし，橘逸勢はもう100パーセント，遣唐使や承和の変とのからみで出てきます。

唐風のいわゆる楷書，きっちりした字ですよ。三筆と次にやる国風文化の

「三跡(蹟)」を混乱しないこと。空海については，その書道の作品の『風信帖』，この１つを覚えておけば，ほぼいけます。

■史　書

　続いて，歴史学の分野。六国史の２番目，『続日本紀』は最もレベルの高い良質の正史として有名です。また，

Q 菅原道真が六国史の内容を部門別に分類し，編纂した史書は？
——『類聚国史』

> **六国史**
> ①『日本書紀』　　②『続日本紀』　　③『日本後紀』
> ④『続日本後紀』　⑤『日本文徳天皇実録』　⑥『日本三代実録』

　道真はちょうど弘仁・貞観文化から国風文化へ移る 10 世紀初頭，901 年に大宰府に左遷されるので，時期的にはちょっとややこしいですが，橘逸勢とともに外交史・政治史がらみで頻出の人物ですから，絶対に失点してはいけないところです。

Q 『日本三代実録』の「三代」とはだれを指すか？

 ……？

　ハイ，⑤は文徳天皇ですね。ということは，それに続く３代だから，……？

　清和(天皇)，陽成，光孝。

　そのとおり。そして，これが最後で，宇多天皇以降の正史は途絶えてしまったままということです。

■国風文化の特徴

では，いよいよ古代文化も最後，国風文化です。

摂関政治が本格化し，11世紀に入ると藤原道長・頼通の絶頂期を迎え，浄土教の思想が発達してきます。特徴は簡単。

国風文化 (10世紀以降，摂関政治)

　日本的な文化…平がな・片かな・和歌・物語・随筆
　　　　　　　　寝殿造
　浄土教の発達…阿弥陀堂建築・阿弥陀仏

　もちろん貴族の仏教の中心は密教です。現世利益，この世での現実の利益を願う。国家の安定など，鎮護国家の思想を背景に「**現世利益**」を求める密教。それがだんだん，個人の要求にこたえる現世利益，「娘が安産で男の子を産みますように」とか，「出世できますように」とか，「おいしいポストが回ってくるように」といった，今で言うと合格祈願みたいな現実的な利益が中心になってくる。

　現世利益を求める密教に対して，やがて「この世はもうだめだ。この世は汚らしい。**穢土**だ。清らかなハスの花の咲く平和な**浄土**に行きたい」という来世に対するあこがれが人々をひきつけるようになる。浄土へのあこがれが強くなってきます。

　また，唐文化の消化，吸収が進む段階を経て，今度は日本的な，日本らしい要素が加わってくる。いわゆる「**国風化**」。日本人の趣味，嗜好，あるいは風土，季節に合ったように，文化のあり方が変えられていったんだということです。

◾平安仏教

　そこで, いちばん大事なのは, 浄土教の思想とか浄土教美術というふうに, やっぱり仏教がキーポイントになりますので, 飛鳥文化からの**仏教と文化のポイント**をここで確認しておきましょう。

◾浄土教と末法思想

　10 世紀以降の浄土教の隆盛の背景には政変あるいは天災などの社会不安に加えて, 「**末法思想**」が関わってきます。

　末法思想とは正法から像法という世を経て, やがて仏法が衰えて末法の世になるという仏教の思想です。お釈迦様が死んでから, だんだん世の中は段階を追って悪くなっていくという下降史観, 簡単に言えば「昔はよかったね」という思想, 歴史観の 1 つでして, 日本では**永承 7 年**, **1052 年**から末法の世に入ると言われた。

　実際に武士団が台頭して戦乱が起こる。そのような中で, 今, 自分が生きている現世ではなく, 死後, 来世ではせめて清らかな, 平和な浄土にいきたいというあこがれが高まる。

末法思想

釈迦の死 　釈迦の教えを守っている 　(来世) 阿弥陀の浄土へ!

形だけは釈迦の教えが生きている

1052年(永承7)

正法

像法

末法

阿弥陀仏の救済

すべて忘れてこの世は破滅
「世も末だ!」

×××××

この世は地獄

Q 浄土教の教えを説き，「市聖」と呼ばれた僧は？

——空也です。

　空也が都で浄土教を説いたのは，末法に入るかなり前，つまり10世紀の前半から半ばにかけてでした。

■源信『往生要集』

　浄土教を理論化したのは源信で，恵心僧都あるいは横川僧都とも呼ばれた，比叡山で学んだお坊さんです。源信が書いた『往生要集』という本は，10世紀後半，985年ぐらいに成立したと言われていますが，とくに貴族層がこの思想に深く心を奪われていきました。

　はい，史料，『往生要集』の序文です(次ページ)。出だしのところだけは超丸暗記！——「夫れ往生極楽の教行は，濁世末代の目足なり」。あとはサラーッと1回，意訳を読んどきゃOKです。

36 浄土教の流行／『往生要集』序文

夫れ往生極楽の教行は，濁世末代の目足なり。……是の故に念仏の
往生極楽を願うための信仰こそ，この汚れた末法の救いである。　そこで阿弥陀仏を念

一門に依りて，聊か経論の要文を集む。　　　　　　　　　之を披き
ずることで救われるという方法を明らかにするために必要な経典を選んでみた。これを参考

て之を修すれば，覚り易く，行ひ易からむ。
にすれば，容易に，簡単な方法で極楽往生が可能となるであろう。

『往生要集』は10世紀後半ですよ。

そうすると，阿弥陀様を信じて現世で教えを守った人が来世で極楽往生したというような，予備校で言う合格体験記のような本が出てきます。こういうのを「往生伝」と言います。「A君は〜大学にこうやって合格した」と同じです。「Bさんはこうして死後，極楽浄土に行った」というわけです。

最初のいわゆる往生伝とされるのは慶滋保胤の『日本往生極楽記』。それと，三善為康の『拾遺往生伝』など。

慶滋保胤は源信とも交流のあった貴族で，随筆『池亭記』でも有名です。10世紀末には平安京，とくに**右京が荒れ果ててしまった**ことがリアルに書かれているところが入試で問われるところでもあります。保胤は浄土教に熱心で，早く出家しています。

■天台宗の分裂と世俗化

一方，天台宗のほうは例の『入唐求法巡礼行記』で有名な円仁の系統の**山門派・延暦寺**のグループと，山を下りた円珍の系統の**寺門派・園城寺（三井寺）**を拠点としたグループが争ったりしますが，彼らはやがて院政期にかけて僧兵を擁し，世俗権力としても力を持つようになります。

```
┌─ 東密
│         ┌─ 円仁…山門派・延暦寺
└─ 台密 ─┤
          └─ 円珍…寺門派・園城寺（三井寺）
```

　延暦寺，あるいは摂関家・藤原氏の氏寺，興福寺なども多くの荘園を保有し，神人・僧兵などの武力を蓄えるようになってくる。そのような世俗化が進んでいくのが，仏教のもう1つの流れです。

■ 経　塚

　貴族たちの信仰も盛んです。法華経などの経典を金銅製の筒に入れて，地中に埋納すること（経塚）が盛んになります。お茶の缶のような容器に経典を入れたもので「経筒」と呼びますが，その最古の例が，1007年に藤原道長が金峰山に埋納したものです。金峰山は，先ほど出てきた**修験道**の中心，吉野山に続く山です。

　『御堂関白記』にも，道長自身が山に登り経筒を埋めたことが記されているのですが，その現物が江戸時代に発見されています。「大日本国左大臣藤原朝臣道長」という銘文のあるもので，教科書などに写真で紹介されています。道長と言えば「御堂」，**法成寺**ですが，こちらも忘れないようにしましょう。

■ 御霊信仰

　もう1点。さまざまな政変で不遇の死を遂げた人の**怨霊**がこの世にたたりをなすという信仰があります。そこで，この世に災いをなす人々のウラミをなんとか慰めようという**御霊信仰**も盛んになります。いわゆる「たたりじゃ！」というやつですね。ここは第14回（p.249）でくわしくやりましたので，必ず，もう一度，確認しておいてください。

■ 奝然・成尋の渡宋

あと，仏教関係では 10 世紀末の**奝然**や 11 世紀半ばの成尋など，商人の船などを利用して宋に渡り，新しい文物をもたらしたことも注意しておきましょう。正式な国交のない中で，中国の仏教の聖地を訪れることはめったに許されなかった当時としては珍しい例です。

奝然は 983 年に渡宋を許可されて皇帝に拝謁し，経典を与えられただけでなく，大きな仏像，釈迦如来像を造らせて，これを日本に持って帰ってきます。経典は摂関家に献上されますが，釈迦如来像は，その没後，嵯峨にこれを安置する**清凉寺**が建立され，貴族などの厚い信仰を集めました。

■ 修験道

仏教と固有の信仰がいっしょになって，現在でも「山伏」と呼ばれる人々によって行われている**修験道**も盛んになってきます。

熊野・吉野・白山・出羽三山などの霊山で，厳しい修行により呪術力を獲得し，独自の儀礼によって治病や各種の祈禱に従事した修験道は，現在でも盛んです。

修験道で呪術的な超能力を身につけた山伏は，長い髪の毛で笈を背負い，杖をもって諸国を廻り，庶民の依頼に応えて祈禱を行うのです。現在でも山伏のさまざまな修行の様子がニュースなどでよく取り上げられますし，世界文化遺産の**吉野**，**熊野**も有名でしょう。平安中期以降，修験者・山伏の活動が活発化します。

■ 文 学

国風化のトピックスとして一番にあげられるのは，**平がな・片かな**の使用が一般化したことです。漢文，漢字ばかりではなくて，表音文字，音を表す平がなが盛んに使われるようになった。そして，それが豊かな文学を生み出していきます。

漢詩文は貴族の教養として相変わらず大事ですが，プラス和歌が重んぜられるようになる。勅撰漢詩集に代わって勅撰和歌集が編纂されるようになります。これが皆さん知っている 905 年の『**古今和歌集**』に始まる勅撰和歌集

ですね。そして，ちょうどその300年後の1205年にできたのが『新古今和歌集』。これは**鎌倉時代**ですよね。

平がなによって人間の細やかな感情が表現できるようになる。要するに本格的な小説や随筆が日本に登場します。**物語文学**が生まれる。いわゆる王朝文学の登場です。

重要な作品がいつごろ成立したか。具体的に，～年とわかるものなどありませんから，大まかな時期，順番を見ておいてください。

	9世紀	10世紀	11世紀
日記文学：		土佐日記　蜻蛉日記	更級日記
物　語：	竹取物語	伊勢物語	源氏物語
随　筆：			枕草子

作品の説明は古文の先生などに任せて，ここでは日本史の試験でのキーフレーズを覚えていきましょう。

▶日記文学

まず，日記文学は文字通り日記の形をとった文学作品ですが，「その最初」とくれば，**紀貫之『土佐日記』**です。土佐守の任期が終わり，京に帰る旅の日記です。当時，「平がな」は女性が使うものだったので，男性である紀貫之が旅をする女性の日記ということにして，女性に仮託して書いたもの。

『**蜻蛉日記**』は藤原道綱母の作。『**更級日記**』は菅原孝標女の作。実際には作者を暗記していればOKですが，ちょっとやっかいなところがあります。この2人は叔母と姪の関係にあるんです。道綱母の姪にあたるのが菅原孝標女なんです。ここはこれ以上突っ込むのはやめておきましょう。

姪にあたる菅原孝標女の『更級日記』のほうは，物語が大好きな少女の自伝のような作品です。

▶物　語

次は物語。仮名の散文で書かれたお話です。『**竹取物語**』と『**伊勢物語**』を

しっかり区別します。

『竹取物語』は「かぐや姫」のお話です。非現実的な，伝奇物語ですが，源氏物語の中で「物語」の始まりとされている作品です。やがて，物語は写実性を高め，『源氏物語』が現れて物語文学は完成，というか頂点に達するわけです。

一方，和歌を核とする物語を「歌物語」と呼びます。『伊勢物語』は，後世，日本史の美男子の代名詞となる在原業平を想定して書かれた，和歌を核とする物語です。内容は，もちろん恋愛ものです。

さて，そこで次に紫式部の『源氏物語』，清少納言の『枕草子』。物語文学や随筆のチャンピオン。これはみんな知ってるよね（p.268）。両作品とも『白氏文集』など中国文学への深い理解を背景にもっています。念のため，もう一度，藤原氏との関係を見ておいてください。

このあたりになると日本史の教師は大変悩みが深い。「これは文学史でやってくれ」と言いたくなる。しかし難関私大は結構この王朝文学が好きなので，日本史でもやらなきゃいけません。

あと，藤原公任の『和漢朗詠集』。これは日本と中国の代表的な歌謡の名作を集めた，今で言うとカラオケのヒット曲集，演歌もあればポップスもシャンソンもあるみたいなやつです。

ほかに辞書の類として源順の『倭名類聚抄』，さらに藤原明衡が名文を集めた漢詩文集『本朝文粋』。「三善清行意見封事十二箇条」や慶滋保

胤の『池亭記』も，この『本朝文粋』に収められています。**藤原明衡**には，他にも当時の風俗を描いた『**新猿楽記**』もあり，難関大の好きな学者です。

■ 建 築

建築は寝殿造と呼ばれる貴族の住宅の建築様式，そして，阿弥陀堂建築の代表，宇治の**平等院鳳凰堂**。

寝殿造は瓦の屋根ではなく，檜皮葺，柱なども色をつけない白木造の開放的な建物です。貴族は，そこで畳や円座を置いて座ります。注意するのは床全体に畳を敷いたわけではないというところです。畳を敷きつめるのは室町時代です。

浄土思想が盛んになると，この世に浄土を再現しちゃおうと考える金持ちが現れる。考えることが厚かましい。死んでから極楽往

▲平等院鳳凰堂

生するのはわかっているが，それを確信するために，生きてるうちに目で見たいからつくっちゃえと。

それが**藤原頼通**，「宇治の関白」のつくった平等院鳳凰堂です。これは十円玉でもおなじみのやつですよね。宇治の**関白頼通の絶頂期**。でも，前九年合戦が始まっている。

このあたりの年号と事項を確認しておきましょう。

┌ 1051年…**前九年合戦始まる**（『陸奥話記』）
├ 1052年…**末法第1年**（永承7年）
└ 1053年…宇治平等院鳳凰堂，完成

建築はほとんどこれだけです。念のためにもう1つ，**日野**の**法界寺阿弥陀堂**。これもときおり出題されます。

■彫　刻

それから彫刻はもうほぼ一発。

Q 仏師定朝が完成した仏教彫刻の技術は？　　　──寄木造

Q 定朝の代表作は？　　　　　──平等院鳳凰堂阿弥陀如来像

日本人が見ていちばん，「あー，仏だな」という感じのする仏像がこれだということになります。

■絵画・書道・工芸

次に絵画，書道，そして工芸品。

絵画はまさに国風化。**巨勢金岡**などに代表される**大和絵**が確立。

また，浄土の主である阿弥陀様が救いに来てくださる，お迎えに来てくれるさまを描いた**来迎図**が現れます。はい，もう一度。密教は曼荼羅ですが，浄土教美術では来迎図。

高野山聖衆来迎図は阿弥陀様が救いの手を差し伸べに来てくださる図です。

書道は楷書のいわゆる「三筆」に代わって**和様**の書道，すなわち**草書**，やわらかい，優美な文字が重んぜられるようになって，「三跡（蹟）」が現れてきます。

Q 「三跡」と呼ばれた名人とは？　　──小野道風・藤原佐理・藤原行成

Q 藤原佐理の遺した代表的な書状は？　　　　──『離洛帖』

これは絶対外せません。ほかに小野道風の作品として『屏風土代』，藤原行成の『白氏詩巻』。

さて，美術の最後，蒔絵・螺鈿です。

寝殿造などの建築にともなって高度な技法が発達し，見事な調度品が現れます。その代表的な技法が**蒔絵**と**螺鈿**です。区別をしっかりつけておきましょう。

蒔絵は漆で文様を描き，乾く前に金や銀の粉などを蒔き付けたもの。螺鈿というのは，貝殻の内側の真珠のような光沢のある部分を切り取り，それを漆器の表面に嵌め込んだものです。貝は，奄美大島などの南島で採取される，肉の厚いものが使われました。

漆が共通の素材ですが，それをさらに装飾する素材が違うのです。

インターネットで検索すれば教科書などに掲載されている「片輪車螺鈿蒔絵手箱」の写真がいっぱい出てきます。表面が蒔絵の技法と螺鈿の技法で装飾されています。

第②巻で触れますが，このような美術工芸品は日宋貿易の主要な輸出品となったことも，この際，覚えておきましょう。

■貴族の生活（衣食住）

よし，あと一歩。教科書だと１ページ分。貴族の生活。まず男子の**衣冠・束帯**といった正装，それから女子の正装は**女房装束**，いわゆる十二単というやつですね。略装は小袿と袴。庶民のほうの**水干・直垂**，これらは必ず次ページのイラストを見て覚えておいてください。

当時の食事はまだ朝夕２回です。それも簡素な食生活だったようです。また，仏教の基本的な思想である生命の尊重，生物を殺すことを避けようという考えから，「獣肉」は食べないようにしていました。日本人が１日に３回，三食，食べるようになるのは，織田信長とか豊臣秀吉のころ，近世からです。

▲束帯　　　　　▲女房装束　　　　▲水干

　住環境はもちろん上級貴族は寝殿造ですよ。寝殿造の「対屋」とか「釣殿」とかいったような教科書にのっている復元図に書いてある言葉も覚えておく。いいですね。

　はい，あとは儀式が重んぜられた時代ですから，今で言ったら成人式にあたる男の子の元服，女子の場合の裳着なども覚えておきましょう。

　彼らは年中行事を大事にしました。年中行事には，大祓，賀茂祭，灌仏といった神事や仏事のほか，七夕や相撲などが含まれます。また，源高明の『西宮記』や藤原公任の『北山抄』は，行事ごとに次第や作法を記した儀式書です。

　さらに，今で言えば迷信ということになるんでしょうが，彼らは占いも好きだった。特定のものを避けたり遠ざけたりする物忌。それから特定の方角に進むことを嫌う方違。そこで陰陽道が重んぜられるなど，さまざまな信仰と儀式に縛られた生活を平安貴族たちは送ったのだということになります。

　お疲れさまでした。ここで一休み。……といきたいところですが，あまり休んでいると，これまでの努力が無駄になってしまいます。年表・ダウンロード音声でザーッと復習し，授業ノートで基本的な用語を確認しましょう。

　そして，なるべく間を空けないで，第②巻，中世にとりかかってください。

（第②巻につづく）

索　引

318

石川 晶康 *Akiyasu ISHIKAWA*

人に頼まれると否と言えない親分気質で，現役高校生クラスから東大・早慶大クラスまで担当する，河合塾日本史科の中心的存在として活躍。学生に超人気の秘密は，歴史を捉えるいろいろな視点からのアプローチで，生徒の頭に上手に汗をかかせる手腕に隠されていたようだ。

河合塾サテライト講座などの映像事業のパイオニアでもある著者は，日本はもちろん，アジア各地まで足を伸ばし，「歴史の現場に立つ」ことを重視する。その成果は，本書にも歴史の現場の史料として活かされている。

〈主な著書〉

『日本史探究授業の実況中継 1～4』『石川晶康日本史Bテーマ史講義の実況中継』『トークで攻略する日本史Bノート①・②』（語学春秋社），『マーク式基礎問題集・日本史B（正誤問題）』『誤字で泣かない日本史』『ウソで固めた日本史』（河合出版），『結論！日本史1・2』『結論！日本史史料』（学研），『日本史B標準問題精講』『みんなのセンター教科書日本史B』『一問一答日本史Bターゲット4000』（旺文社），〈共著〉『教科書よりやさしい日本史』（旺文社），『早慶大・日本史』『"考える"日本史論述』（河合出版），『日本史の考え方』（講談社現代新書）ほか。

〈写真提供〉

（学）河合塾メディア教育事業本部，国立科学博物館，奈良文化財研究所

日本史探究授業の実況中継 1

2023 年 11 月 1 日　初版発行
2024 年 8 月 30 日　初版第 5 刷発行
著　者　石川 晶康
発行人　井村 敦
編集人　藤原 和則
発　行　（株）語学春秋社
　　　　東京都新宿区新宿 1-10-3
　　　　TEL 03-5315-4210
本文・カバーデザイン　（株）アイム
印刷・製本　壮光舎印刷

ここからブレイクスルー

日本史探究
授業の実況中継
［原始 〜 古代］

1

授業ノート

日本史年表

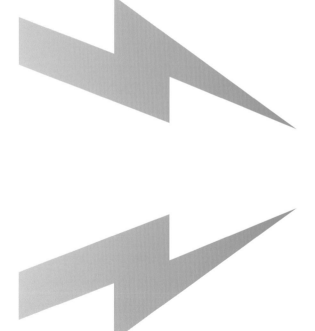

語学春秋社

日本史探究
授業の実況中継 1

授業ノート
───────
日本史年表

語学春秋社

目　次

授業音声『日本史年表トーク』ダウンロードのご案内

　別冊 p. iv ～ xvii に掲載「日本史年表」の音声ファイル（mp3 形式）を無料ダウンロードできます（パソコンでのご利用を推奨いたします）。

手順①　語学春秋社ホームページ（https://www.goshun.com/）にアクセスし、「実況中継　音声ダウンロード」のページからダウンロードしてください。

手順②　音声ファイル（mp3 形式）は，パスワード付きの zip ファイルに圧縮されていますので，ダウンロード後，お手元の解凍ソフトにて，解凍してご利用ください。なお，解凍時にはパスワード D7rLBFwm をご入力ください。
　※お使いのパソコン環境によって，フォルダ名・ファイル名が文字化けする場合がありますが，音声は正しく再生されますので，ご安心ください。

日本史年表トーク

時代	年	天皇	政 治・社 会・経 済
旧石器時代	650万年前		猿　人
			原　人
			旧　人
			新　人 ⟶ 港川人・山下町洞人・浜北人
縄文時代	1万年前		草創期
			早　期
			前　期
			中　期
			後　期
			晩　期
弥生時代	BC4世紀		前　期
	AD1世紀		中　期
			小国の分立　　　　　　　　🔍史料1『漢書』地理志
			後　期
	57		奴国王の遣使　　　　　　　🔍史料2『後漢書』東夷伝
	107		帥升らの遣使　　　　　　　🔍史料2『後漢書』東夷伝
古墳時代	239		卑弥呼の遣使　　　　　　　🔍史料3「魏志」倭人伝
	266		倭女王(台与？)西晋に朝貢
			(出現期)
			(前　期)
	369？		百済王，七支刀を倭国王に贈る　ヤマト政権の成立
	391		倭，朝鮮半島に出兵
			🔍史料4「高句麗広開土王(好太王)碑文」
		讃珍	(中　期)
	404		倭軍，もとの帯方郡に侵入(高句麗広開土王碑)

文 化・史 料・ゴロ覚えなど	中国	朝鮮
《更新世》＝氷河時代		
打製石器		
細石器　　　　　　　　　　　　（1946，群馬県 岩宿遺跡）		
《完新世》＝温暖化，日本列島の形成		
土器		
磨製石器　骨角器　竪穴住居		
（1877，東京都 大森貝塚）		
三内丸山遺跡		
菜畑遺跡　板付遺跡　亀ヶ岡遺跡		
水稲農耕　弥生土器　　貝塚後期文化　　続縄文文化	BC221 秦	高句麗 三韓
青銅器・鉄器	BC206 前漢	
"夫れ楽浪海中に倭人有り，分れて百余国と為る"	AD25	
	後漢	
ゴかんじょにナこくの遣使		
"建武中元二年，倭の奴国，奉貢朝賀す"		
"倭国王帥升等，生口百六十人を献じ…"		
卑弥呼にフミクる　"倭人は帯方の東南大海の中に在り"	220 三国	
	265	
古墳文化	西晋	
箸墓古墳	316	高句麗 新羅 百済
	五胡十六国 東晋	
サクイはなかった広開土王碑文　"倭，辛卯の年を以て，来りて…"		
大仙陵古墳　誉田御廟山古墳		
	420 宋	
	439 北魏	

v

時代	年	天皇	政治・社会・経済
		済(允恭)	
		興(安康)	
	471		史料7 稲荷山古墳出土鉄剣銘
	478	武(雄略)	武の上表　　　　　　　史料5『宋書』倭国伝
古墳時代			（後　期）
	507	継体	大伴金村ら継体天皇擁立
	512		大伴金村，任那4県を百済に割譲
	513		
	522		
	527		筑紫国造磐井の乱
		（安閑・宣化）	
	538		仏教公伝「戊午説」　　　史料8『上宮聖徳法王帝説』
	540	欽明	大連大伴金村失脚
	552		仏教公伝「壬申説」　　　　　史料9『日本書紀』
	562		新羅，加羅(任那)を滅ぼす
	587	用明	蘇我馬子，物部守屋を滅ぼす
	589		**隋の中国統一**
	592	崇峻	蘇我馬子，東漢直駒に崇峻天皇を殺させる　推古即位
	593	推古	厩戸皇子(聖徳太子)摂政となる
	594		
	600		隋に使者を派遣　　　　　史料11『隋書』倭国伝
飛鳥時代	603		冠位十二階
	604		憲法十七条　　　　　　　史料10『日本書紀』
	607		遣隋使・小野妹子　　　　史料11『隋書』倭国伝
	608		妹子，隋使裴世清とともに帰国　史料12『日本書紀』
			遣隋使／高向玄理・旻・南淵請安ら留学
	614		遣隋使／犬上御田鍬
	618		**唐(～907)**
	622		厩戸王(聖徳太子)没　(626 馬子没)
	630	舒明	第1次遣唐使／犬上御田鍬
	643	皇極	蘇我入鹿，山背大兄王を襲う

文 化・史 料・ゴロ覚えなど	中国	朝鮮 高句麗	新羅	百済
シナイじゃないよ，鉄剣だよ "辛亥の年…獲加多支鹵大王…"（471）				
"興死して弟武立ち，自ら使持節都督倭…"	斉 …479…			
群集墳	502 梁			
百済から五経博士				
司馬達等来朝（仏教私伝）				
石人はイツニナっても石のまま（527）				
ゴミハゴゴニ捨てること（538552） "志癸嶋天皇の御世の戊午の年…"	…535… 東魏			
ゴミハゴゴニ捨てること（538552） "（欽明天皇十三年）冬十月"	西魏	…557… 陳		
	…581… …589…			
馬子は天皇殺したゴク悪人（592）	隋			
仏教興隆の詔				
"開皇二十年，…多利思比孤…使を遣して闕に詣る"				
ムレヨる民に 17 条 "篤く三宝を敬へ"（604）				
煬帝怒ったブレーナ国書 "日出づる処の天子…"（607）				
"唐客裴世清罷り帰る。則ち復た小野妹子臣を…"				
（終末期古墳）　　飛鳥文化				
	…618… 唐			
ムサレる夜にげろハクヨ（630894）				

時代	年	天皇	政 治・社 会・経 済
飛鳥時代	645	孝徳	乙巳の変／中大兄・中臣鎌足ら入鹿を殺す
			難波長柄豊碕宮に遷都
	646		改新の詔　　　　　　　　　　🔍**史料13**『日本書紀』
	647		淳足柵
	648		磐舟柵
	655	斉明	斉明（皇極重祚）即位
	658		阿倍比羅夫の東北遠征（～ 660）
	660		**百済の滅亡**
			百済の将鬼室福信，救援と人質の王子余豊璋の返還要請
	661	（天智）	斉明，百済救援に進発　筑紫朝倉宮で没
			→中大兄皇子（天智）称制
	663		**白村江の戦い**
	667		近江大津宮遷都
	668	天智	天智即位　近江令制定　**高句麗の滅亡**
	669		中臣鎌足に大織冠と藤原の姓を与える　→鎌足没
	670		庚午年籍
	671		近江令施行　天智天皇没
	672	（弘文）	**壬申の乱**（大海人皇子，大友皇子を破る）
	673	天武	大海人皇子，飛鳥浄御原宮で即位（天武天皇）
	675		部曲を全廃
	676		**新羅の半島統一**
	684		八色の姓
	686	（持統）	天武没→皇后称制（690 即位）
	689		飛鳥浄御原令施行
	690	持統	庚寅年籍
	694		**藤原京遷都**
	697	文武	文武即位
	701		大宝改元　**大宝律令**
	702		遣唐使／粟田真人　山上憶良
	708	元明	和銅改元　和同開珎（銀銭・銅銭）を発行

文 化・史 料・ゴロ覚えなど	中国	朝鮮
大化改新ムシゴはん 6 4 5	唐	高句麗 新羅 百済
"初めて戸籍・計帳・班田収授の法を造れ"		
（八角墳）		
		660
ロクロクミないで大敗北 6 6 3		
		668
法隆寺全焼（『日本書紀』）		
（甥をつぶして）ロクナニんげんじゃない 6 7 2		
白鳳文化		
		676
		新羅（半島統一）
北を背に南をムクヨ藤原京 6 9 4		
★8世紀とともに		
250 年後（958 年）　➡　皇朝（本朝）十二銭の最後, 乾元大宝		

ix

時代	年	天皇	政　治・社　会・経　済
奈良時代	710	元明	**平城京**遷都
	711		蓄銭叙位令　　　　　　　　🔍 **史料17**『続日本紀』
	712		出羽国
	713		大隅国
	717	元正	遣唐使／阿倍仲麻呂・吉備真備・玄昉ら留学
	718		養老律令
	720		隼人の反乱　藤原不比等没
	721		長屋王を右大臣とする
	722		良田百万町歩開墾計画
	723		三世一身法　　　　　　　　🔍 **史料20**『続日本紀』
	724	聖武	聖武即位／長屋王を左大臣とする　多賀城設置
	727		渤海使初めて来朝
	729		長屋王の変　光明子立后
	737		天然痘流行，藤原四子没
			（翌年，橘諸兄，右大臣となる）
	740		藤原広嗣の乱　恭仁京へ遷都
	741		国分寺・国分尼寺建立の詔
	743		**墾田永年私財法**を施行　　　🔍 **史料21**『続日本紀』
			（近江紫香楽宮）**盧舎那大仏造立の詔**
	744		難波宮に遷都
	745		平城京に還都　玄昉を筑紫に左遷
	749	孝謙	孝謙即位　紫微中台の長官に藤原仲麻呂
	752		大仏開眼供養
	754		
	756		聖武太上天皇没
	757		橘諸兄没(前年，左大臣辞任)
			藤原仲麻呂を紫微内相に任ずる　養老律令施行
			橘奈良麻呂の乱
	758	淳仁	淳仁即位／藤原仲麻呂を大保(右大臣)に任じ，恵美
			押勝の名を与える
	761		

文 化・史 料・ゴロ覚えなど	中国	朝鮮
ナント見事な平城京 [710]	唐	新羅
セブンイレブンへ行って位階をもらおう "其多少に随ひて…位を授けん" [711]		
『古事記』		
「風土記」撰進の命		
（大宝律令と）大差はナイヤ養老律令 [718]		
天平文化		
『日本書紀』		
ナニサ, どうせ国のもの "…三世に伝へしめん。…其の一身に給はむ" [723]		
（四子）はナニクわぬ顔で光明子立后 [729]		
ナミだ, ナみだで四子没 [737]		
"任に私財と為し, 三世一身を論ずることなく, 咸悉に永年取ること莫れ"		
ナジミの年号天平15年 [743]		
唐僧鑑真来朝, 東大寺に戒壇		
下野薬師寺・筑紫観世音寺に戒壇		

xi

時代	年	天皇	政 治・社 会・経 済
奈良時代	764	称徳	恵美押勝の乱　称徳天皇(孝謙上皇重祚)
	765		道鏡を太政大臣禅師とする(翌年, 法王)
	769		宇佐八幡神託(道鏡皇位)事件／和気清麻呂, 大隅に配流
	770		称徳没／道鏡, 下野薬師寺に配流
		光仁	光仁即位
	780		伊治呰麻呂の乱
	781	桓武	桓武即位／早良親王立太子
	784		長岡京遷都
	785		藤原種継暗殺事件　早良親王廃太子　安殿親王立太子
	788		征東大使紀古佐美
	792		健児の制　　　　　　　　　　　史料28『類聚三代格』
平安時代	794		**平安京**遷都
	795		雑徭半減
	797		坂上田村麻呂を征夷大将軍とする
			(この頃)勘解由使を設置
	801		畿内の班田を12年1班とする
	802		胆沢城・鎮守府
	803		志波城
	804		最澄・空海・橘逸勢ら遣唐使に同行
	805		平安京造営中止　「徳政相論」　　史料27『日本後紀』
	806	平城	桓武没／平城即位
	809	嵯峨	平城譲位／嵯峨即位
	810		藤原冬嗣・巨勢野足を蔵人頭とする
			平城太上天皇の変(薬子の変)
	814		
	816		(この頃)検非違使を設置
	819		
	822		
	823		大宰府管内に公営田設置
	833	淳和	清原夏野ら『令義解』を撰上(翌年施行)

文 化・史 料・ゴロ覚えなど	中国	朝鮮
ナかまロシす^{7 6 4}	唐	新 羅
ナクニ泣けない郡司の子　"健児を差して以て守衛に充つべし"^{7 9 2}		
ナクヨ鶯平安京，10 年前は長岡京，100 年前は藤原京^{7 9 4}		
田村ナクナ，行ってこい^{7 9 7}		
「続日本紀」撰上（797）		
★9世紀とともに		
"方今天下の苦しむ所，軍事と造作なり"		
最澄帰国，天台宗を開く		
空海帰国，真言宗を開く		
弘仁・貞観文化		
ハットおどろく薬子の変^{8 10}		
『凌雲集』成る		
空海，金剛峰寺創建（816）		
最澄，比叡山に戒壇設立を請う		
最澄没／のち比叡山に大乗戒壇設立許可		

時代	年	天皇	政 治・社 会・経 済
平安時代	833	仁明	仁明即位／恒貞親王立太子
	838		最後の遣唐使　円仁同行
	842		嵯峨上皇没　承和の変／恒貞親王廃太子, 道康親王立太子
	857	文徳	藤原良房を太政大臣とする
	858	清和	文徳没／清和即位　良房, 摂政の実をとる
	866		良房摂政　応天門の変
	872		良房没　藤原基経を摂政とする
	879	陽成	畿内に官田設置
	884	光孝	光孝即位／基経, 事実上の関白となる
	887	宇多	宇多即位／藤原基経を関白とする　⚲◁史料30『政事要略』
	888		阿衡の紛議 (阿衡事件)
	891		基経没　菅原道真を蔵人頭とする
	894		遣唐使の派遣を停止
	897	醍醐	寛平の御遺誡
	899		藤原時平を左大臣に, 道真を右大臣とする
	901		昌泰の変
	902		延喜の荘園整理令／12年1班 (最後の班田)
			⚲◁史料31『類聚三代格』
	905		
	907		「延喜格」完成 (翌年施行)　**唐の滅亡**
	914		「意見封事十二箇条」：三善清行　⚲◁史料32『本朝文粋』
	922		最後の渤海使 (919年説もある)
	926		**渤海の滅亡**
	927		「延喜式」完成 (967施行)
	930	朱雀	朱雀即位／藤原忠平摂政
	935		**新羅の滅亡**
	936		**高麗の半島統一**
	940		藤原秀郷・平貞盛, 平将門を討つ
	941		小野好古ら, 藤原純友を討つ
	947	村上	村上即位
	958		乾元大宝鋳造 (皇朝十二銭の最後)
	960		**宋 (北宋) の建国**

文 化・史 料・ゴロ覚えなど	中国	朝鮮
	唐	新
		羅
ハシニも棒にもかからない承和の変 (842)		
"摂政太政大臣に万機を関白せしむるの詔を賜ふ"		
基経怒ってパッパッパ (888)		
ムサレる夜にげろハクヨ(菅原道真げろハクヨ) (630)(894)(894)		
★10世紀に入って		
『日本三代実録』		
"応に勅旨開田…閑地荒田を占請するを停止すべき事"		
『古今和歌集』(300年後には ➡「新」古今)	907	
	五	
"邇磨の郷の戸口…一人も有ること無し"	代	
	十	
	国	
クニナらない延喜式 (927)		
国風文化		935
		936
		高
		麗
← 250年前は和同開珎	960	
	北宋	

時代	年	天皇	政 治・社 会・経 済
	969	冷泉	**安和の変**／左大臣源高明を大宰権帥に左遷
	977	円融	藤原兼通・兼家兄弟の抗争
	985	花山	
	988	一条	「尾張国郡司百姓等解」　🔍 **史料33**
	995		藤原道長を内覧とする
	1016	後一条	後一条即位／道長を摂政とする
	1017		藤原頼通を摂政とする　藤原道長を太政大臣とする
平安時代	1018		威子立后「望月の歌」　　　　　　🔍 **史料34** 『小右記』
	1019		刀伊の入寇
	1027		道長没
	1028		平忠常の乱(1031年, 源頼信平定)
	1045	後冷泉	寛徳の荘園整理令
	1051		前九年合戦(〜62)
	1052		末法第1年
	1053		平等院鳳凰堂成る
	1062		源頼義, 安倍貞任を討つ(前九年合戦終わる)

文 化・史 料・ゴロ覚えなど	中国	朝鮮
← 999 真ん中を引っ繰り返して	北	高
	宋	麗
源信『往生要集』を著す		
"当国の守藤原朝臣元命"		
"此の世をば我が世とぞ思ふ望月の虧けたる事も無しと思へば"		
1019 トオイクにから女真族　400 年後は　➡「応永の外寇」		
★ 11 世紀後半に入って		

第1回

旧石器時代・縄文時代・弥生時代

1 旧石器時代

 本編解説 p.2 ～ 5 参照

猿人（えんじん）→原人（げんじん）→旧人（きゅうじん）→新人（しんじん）→現代人

更新世（こうしんせい）…氷河時代（ひょうが）（氷期（ひょうき）と間氷期（かんぴょうき）），

└─▶ 大陸と陸つづき（陸橋）

大型動物

　ナウマンゾウ・トウヨウゾウ・マンモス・オオツノジカ・ヘラジカ

人類の渡来…化石人骨　➡「新人」の段階

● 兵庫県…明石人（あかしじん）（？），静岡県…浜北人（はまきた） ｝ すべて「新人」
● 沖縄県…港川人（みなとがわ）（ほぼ完全な形で），山下町洞人（やましたちょうどうじん） ｝ の段階

旧石器文化（先土器文化）

群馬県岩宿遺跡の発見（あいざわただひろ）（相沢忠洋 1946 ➡ 1949 確認）

　➡関東ローム層（赤土の地層）から打製石器を発見。

打製石器の使用

● 楕円形石器（だえん）（握槌（にぎりつち））➡ナイフ形石器 ➡尖頭器（せんとうき）
　　　　　　　　　　　　　　　　　　　└─▶石槍（いしやり）
● 細石器（さいせっき）…組合せ式の石器

狩猟・漁労（ぎょろう）の採集生活…テント式の小屋・洞穴

2 縄文時代

 本編解説 p.6 ～ 14 参照

時代区分…6 期に区分（土器）➡**草創期**・早期・前期・中期・後期・**晩期**

大森貝塚（東京都）の発見…1877（明治 10）年，モース（米人，生物学者）
完新世（かんしんせい）（沖積世（ちゅうせきせい））の日本。

自然環境の変化

- 気候の温暖化（海進）➡ **日本列島**の形成…入江の発達
- 中小型動物（シカ・イノシシなど）の増加…**弓矢の発達**
- 落葉広葉樹林・照葉樹林の形成…木の実

縄文文化

生活…狩猟・漁労技術の発達

磨製石器（打製石器と併用）…石斧・石槍・石錘・石匙・石皿など
- 弓矢の使用……**石鏃**
- 骨角器の使用…釣針・銛

縄文土器の使用…貯蔵・煮炊き

竪穴住居…半地下式，中央に**炉**

貝塚の形成…環状貝塚・馬蹄形貝塚

原始的な農耕…コメ・ムギ・アワ・ヒエ

縄文農耕…佐賀県菜畑遺跡・福岡県板付遺跡から縄文**晩期**の水田発見。
- ➡打製石斧

社会…統率者を中心とする集団生活

貧富・階級の差なし（共同墓地・副葬品なし）➡ 集落の発達，環状集落
↓
青森県三内丸山遺跡

交易の存在

- **黒曜石**…北海道十勝・長野県和田峠など
- ヒスイ（**硬玉**）…新潟県姫川（半径 500km 以上に分布）

信仰…**アニミズム**
- 呪術的風習…土偶
  石棒
  抜歯（成人式・通過儀礼）
  屈葬（葬法）

化石人骨と旧石器・縄文文化遺跡

▲旧石器文化の遺跡
■化石人骨発見地
●縄文文化の遺跡

①北海道・**白滝遺跡**…細石器が多数出土した。黒曜石の産出地でもある。

②青森県・**亀ヶ岡遺跡**…縄文晩期に発達した土器，遮光器土偶などで有名。

③青森県・**三内丸山遺跡**…縄文前期〜中期の大型住居や栗の林など。

④秋田県・**大湯環状列石**…環状列石（配石遺構）。

⑤新潟県・**姫川**…ヒスイ（硬玉）の産出地。

⑥長野県・**野尻湖（底）遺跡**…ナウマンゾウや石器が同一地層から出土。

⑦群馬県・**岩宿遺跡**…1946年に相沢忠洋が発見，1949年に確認。

⑧千葉県・**加曽利貝塚**…馬蹄形貝塚・環状貝塚で有名。

⑨東京都・**大森貝塚**…1877年，モース（米人・生物学者）が発見。

時代区分

前期（B.C.300 ～ 100）➡中期（B.C.100 ～ A.D.100）➡後期（A.D.100 ～ 300）

地域…九州北部から東方へ伝播（東北地方～薩南諸島）

（北海道では続縄文文化，沖縄～南西諸島では貝塚南島文化）

特色

水稲農耕…前期の終わりには青森県まで（**砂沢遺跡**）

┌ **初期農耕**…湿田 ➡ **直播・田植え**

　　　　木製農具の使用 ➡ **田下駄・木臼・竪杵**

　　　　石包丁による**穂首刈り**，貯蔵穴・**高床倉庫**

└ **後期農耕**…乾田（灌漑施設，西日本の一部）➡農業生産性の向上。

　　　　鉄製農具の使用 ➡ 鉄鎌，鉄製刃先鍬・鋤など

金属器の使用

● **青銅器**…**銅矛・銅戈・銅剣，銅鐸，銅鏡**

　　　　　➡権威を示す宝器・祭器として使用，大陸伝来品と国産品（大型化），

　　　　　青銅器文化圏

● **鉄器**……鉄斧・鉄製工具・鉄鎌など，実用具として使用。

弥生土器の使用…機能による分化（壺・甕・高杯・甑など）

低地に定住…竪穴住居

機織…紡錘車・木製織機

階級社会の形成…貧富・身分差の発生，首長の出現，地位強化

　　　　　　　　集落の対立・抗争

➡**集落の形成**

┌ **環濠集落**…板付遺跡（福岡）・唐古・鍵遺跡（奈良）・吉野ヶ里遺跡（佐賀）

└ **高地性集落**…紫雲出山遺跡（香川）

墓制…伸展葬

● **甕棺墓・箱式石棺墓・支石墓**…九州北部に多く分布。

● **墳丘墓**…西日本に多く分布。

● **方形周溝墓**…畿内～東国に広く分布。

● **四隅突出型墳丘墓**…山陰～北陸地方に分布。

青銅製祭器の分布（弥生中期ごろ）

Ⓐ銅　鐸
Ⓑ(広形)銅矛・銅戈
Ⓒ(平形)銅剣

縄文晩期～弥生文化の遺跡

①青森県・砂沢遺跡…弥生前期には水稲耕作が行われていたことがわかった。

②青森県・垂柳遺跡…弥生中期の大規模な水田跡が注目されている。

③東京都・弥生町遺跡…1884年発見の土器がこの時期の土器研究の契機となった。

④静岡県・登呂遺跡…第二次大戦中に発見され，戦後の学際的な調査で水田と竪穴住居・
　　　　　　　　　　高床倉庫などが確認された。

⑤奈良県・纏向遺跡…三輪山の西麓，大型建物と水路，東海地方や中国地方など各地の
　　　　　　　　　　土器も出土。箸墓古墳もその地域内にあり，初期ヤマト政権の根拠地の可
　　　　　　　　　　能性が高い。

⑥奈良県・唐古・鍵遺跡…この時期の畿内を代表する大集落で大規模な環濠をともなう。

⑦大阪府・池上・曽根遺跡…この時期の大環濠集落。年輪年代法でBC52の柱が確認さ
　　　　　　　　　　れた。

⑧島根県・荒神谷遺跡…1984年，整然と埋納された358本の銅剣，さらに銅鐸・銅矛
　　　　　　　　　　も発見された。また，1996年には，同県の「加茂岩倉遺跡」から39個の
　　　　　　　　　　銅鐸が発見されている。

⑨香川県・紫雲出山遺跡…代表的な高地性集落。

⑩福岡県・板付遺跡…縄文晩期の水稲耕作が確認され，弥生時代には環濠集落となる。

⑪福岡県・須玖岡本遺跡…魏志倭人伝の「奴国」の中心と推定されている。

⑫佐賀県・吉野ヶ里遺跡…現在知られている最大規模の環濠集落。

⑬佐賀県・菜畑遺跡…縄文晩期の水稲耕作が確認された。

第 2 回

小国の誕生と邪馬台国

1　小国の分立

本編解説 p.26 〜 30 参照

小国分立〜倭国大乱

B.C. 1 世紀…『漢書』地理志(班固)

史料 1

- 百余国に分立，楽浪(現在の平壌)郡へ遣使。

A.D. 1 世紀〜 2 世紀…『後漢書』東夷伝(范曄)

史料 2

- 奴国王，後漢の洛陽へ遣使・朝貢。
  - ➡ **光武帝**より印綬を受く(57)…印文:「漢委奴国王」
    (福岡県志賀島出土)
- 倭国王，帥升等，生口 160 人献上…安帝 107 年
- **倭国大乱**(2 世紀後半)…桓帝・霊帝

2　邪馬台国

本編解説 p.31 〜 45 参照

大陸の情勢

中国…後漢の滅亡(220) ➡ 三国時代(**魏・呉・蜀**)
朝鮮…馬韓・弁韓・辰韓

A.D. 3 世紀…「魏志」倭人伝(陳寿)

史料 3

倭…邪馬台国を盟主とする **30** 余の小国連合。

- 女王卑弥呼…呪術的権威をもつ首長，「**鬼道**」。
- 「伊都国」に「一大率」が常駐。
- 帯方(現在の漢城)郡を通じて魏に遣使(239)。
  - ➡ 「**親魏倭王**」の称号，金印紫綬。
- 身分の差，階級の区別(王―「**大人**」―「**下戸**」―奴婢)
- 租税・川罰の制度，諸国に市・交易 ← 「**大倭**」が監理。
- 狗奴国との戦争。
- 太占などの占い…「骨を灼きて卜し」

卑弥呼の死後…再び争乱状態となる。

　　➡宗女壱与の擁立，西晋へ遣使（266）➡以後，約150年間，史料欠落。

邪馬台国論争（九州説・近畿説）

　　●注目の遺跡…奈良県・纒向遺跡と箸墓古墳

倭の女王の遣使

　　壱与（台与か），266年に晋（西晋）に遣使（『晋書』）。

第 3 回

ヤマト政権の成立と古墳

1 ヤマト政権の成立

本編解説 p.47 〜 49 参照

前方後円墳の出現

3世紀後半…箸墓古墳(奈良県桜井市・纒向遺跡)，定型化した前方後円墳。

- 相似形の前方後円墳の分布➡ヤマト政権の成立
- 纒向遺跡の大集落…都市的な集落

2 古 墳

本編解説 p.50 〜 58 参照

古墳の時期区分

	3世紀	4世紀	5世紀	6世紀	7世紀
	（出現期）	前期 →	中期 →	後期	（終末期）
墳 形：	前方後円墳	（大型化）前方後円墳		前方後円墳	方墳→八角墳
	円墳・方墳・前方後方墳			円墳　群集墳	
埋葬施設：	竪穴式石室		竪穴式石室	横穴式石室	
副葬品：	銅鏡・剣・玉		馬具・鉄製武器		
被葬者：	司祭者的性格		武人的性格	家族墓	大王(天皇)?
埴 輪：	円筒埴輪				
		形象埴輪(家形・器財)	形象埴輪(人物・動物)		
その他：		葺石・濠		石人・石馬	装飾古墳

時期区分…（出現期）➡ 前期 ➡ 中期 ➡ 後期 ➡（終末期）

形態と構造

形態

- 前方後円墳…埋葬部分＝竪穴式石室 ➡ 個人
- 円墳………埋葬部分＝横穴式石室 ➡ 家族墓＝玄室に追葬が可能
  - ＊群集墳…一定地域に円墳などが多数営まれた。
- 方墳
- 横穴墓
- 八角墳………7世紀中期以降の大王（天皇）の墳墓。

表面

- 葺石
- 埴輪…┌ 円筒埴輪
  　　　└ 形象埴輪 ┌ 家形埴輪・器財埴輪
  　　　　　　　　 └ 動物埴輪・人物埴輪

副葬品

- 前期…銅鏡・剣・玉 ➡ 被葬者：宗教的（司祭者的）な支配者
  - ＊近畿地方を中心に多数の「三角縁神獣鏡」➡ ヤマト政権の支配領域
- 中期…馬具・鉄製武器 ➡ 被葬者：世俗的（軍事的）な権力者
  - ＊高句麗との戦闘などから騎馬の習慣が伝わる ➡ 馬具が副葬される。
- 後期（小規模な円墳など）…須恵器・日常生活品 ➡ 被葬者：有力農民など

中期の巨大前方後円墳

大阪府…┌ 堺市………百舌鳥古墳群：大仙陵古墳（伝 仁徳天皇陵）【No.1】
　　　　└ 羽曳野市…古市古墳群：誉田御廟山古墳（伝 応神天皇陵）【No.2】
　　　　　　　　　　　　　　　＊岡山県・造山古墳【No.4】

後期…竪穴式石室 ➡ 横穴式石室・横穴墓

- 有力農民も古墳を営む

  奈良県・新沢千塚古墳群，和歌山県・岩橋千塚古墳群，埼玉県・吉見百穴

石人・石馬…九州北部の古墳

岩戸山古墳＝筑紫国造 磐井の墓，石人・石馬

装飾古墳…九州各地・茨城県・福島県，石室内部に線刻や彩色の壁画。

終末期の特徴

- 7 世紀以降…東国の首長層 ➡ 大型の方墳・円墳
  千葉県・龍角寺岩屋古墳(方墳)，栃木県・壬生車塚古墳(円墳)
- 7 世紀中頃…**大王**の墓として八角墳。

①栃木県・**壬生車塚古墳**…終末期の円墳。

②千葉県・**龍角寺岩屋古墳**…終末期最大の古墳，方墳。

③京都府・**椿井大塚山古墳**…前期の前方後円墳。32 面の三角縁神獣鏡が出土。

④奈良県・**箸墓古墳**…出現期最大級の前方後円墳。

⑤奈良県・**石舞台古墳**…露出した巨大な横穴式石室。蘇我馬子の墓とする伝えが
　　ある。

⑥大阪府・**誉田御廟山古墳**…第 2 位の巨大前方後円墳。羽曳野市にある古市古墳
　　群の中心。伝 応神天皇陵。

⑦大阪府・**大仙(山)陵古墳**…第 1 位の巨大前方後円墳。堺市にある百舌鳥古墳群
　　の中心。伝 仁徳天皇陵。

⑧岡山県・**造山古墳**…全国第 4 位の規模をもつ前方後円墳。

⑨福岡県・**岩戸山古墳**…筑紫国造磐井の墳墓とされる前方後円墳。石人・石馬に
　　この地域の特色が認められる。

第 4 回

ヤマト政権と古墳文化

1 ヤマト政権

📖 本編解説 p.60 〜 69 参照

ヤマト政権の成立（4世紀）＝謎の4世紀

｜東アジア情勢｜

中国…分裂によって統一王朝が現れない ➡ 周辺地域に統一国家形成。

朝鮮
- 高句麗の強大化，南下…楽浪郡・帯方郡を併合。
- 馬韓→百済…統一国家の形成。　● 辰韓→新羅…統一国家の形成。

｜ヤマト政権の成立…弁韓→加耶（加羅）＝任那（『日本書紀』）｜

ヤマト政権…**大王**を中心とする畿内有力豪族の連合政権。

- 4世紀半ばまでに**九州北部**〜**中部地方**を統一。
- 前方後円墳の出現とその分布からヤマト政権の確立が推定される。

朝鮮半島への進出

- 生産技術の導入，**鉄資源**の確保が目的。
- **伽耶諸国**（加羅，任那）を拠点。
- 朝鮮半島に渡り，高句麗と交戦（391 〜）。「**高句麗広開土王碑文**」　🔍 **史料 4**

ヤマト政権の発展（5世紀）

倭の五王
- 讃・珍・済（＝允恭）・興（＝安康）・武（＝雄略）
- 中国南朝への遣使…朝鮮諸国に対する政治的立場の強化が目的。

　➡ 倭王武の上表文（478）…『**宋書**』倭国伝　🔍 **史料 5**

支配領域の拡大

- 倭王武＝雄略天皇＝ワカタケル大王

┌ 熊本県・江田船山古墳鉄**刀**銘：銀象眼：獲□□□鹵大王　🔍 **史料 6**
└ 埼玉県・稲荷山古墳鉄**剣**銘……金象眼：獲加多支鹵大王　🔍 **史料 7**

2 氏姓制度

本編解説 p.70～72 参照

氏姓制度

- 氏…氏上と氏人で構成される同族集団
- 姓…大王を中心とする政治的身分秩序
  - 中央
    - 臣…ヤマトの有力豪族：葛城・平群・蘇我など(地名)
    - 連…特定の職務で朝廷に仕える豪族：大伴・物部・忌部・中臣など(職掌)
  - 地方
    - 君…地方の有力豪族，筑紫・毛野など
    - 直…一般の地方豪族

支配機構

- 中央
  - (地名)葛城・平群・蘇我…臣 ⇒(代表)大臣
  - (職掌)大伴・物部・中臣…連 ⇒(代表)大連
- 地方
  - (有力)君
  - (一般)直

- ●伴造・品部
  - 韓鍛冶部…鉄
  - 陶作部……須恵器
  - 錦織部……絹織物

経済基盤

- 大王(ヤマト政権)
  - 屯倉(土地)
  - 名代・子代(人)
- 有力豪族
  - 田荘(土地)
  - 部曲(人)

13

```
┌──────┐
│ 国 造 │
└──────┘
```

① 地方支配（自己の支配地）をヤマト政権から認められる。
② 屯倉や名代・子代の管理。
③ （大王のもとに）舎人・采女を出仕させる。
④ 地方の特産物を「貢進」する。
⑤ （大王の）軍事活動に参加。

---

3 古墳文化

📖 本編解説 p.73 ～ 80 参照

渡来人と文字の受容

渡来伝説

- 東西史部 ┌ 王仁………西文氏の祖：論語・千字文を伝える。百済人
         └ 阿知使主…東漢氏の祖：応神朝に来朝。
- 弓月君…秦氏の祖：応神朝に来朝，養蚕・機織を伝える。

漢字・漢文の伝来

- 奈良県・石上神宮七支刀…369年，百済王から倭王へ。百済で作成された漢文。
- 熊本県・江田船山古墳鉄刀銘
- 埼玉県・稲荷山古墳鉄剣銘…オワケ臣・辛亥年(471)・杖刀人
- 和歌山県・隅田八幡神社人物画像鏡銘

仏教・儒教の伝来

仏教の伝来

- 私伝…司馬達等
- 公伝…百済の聖明王 ➡ 欽明天皇
  ┌ 538年(戊午)説…『上宮聖徳法王帝説』・『元興寺縁起』
  └ 552年(壬申)説…『日本書紀』

🔍 史料8
🔍 史料9

儒教の伝来…五経博士来朝 ⬅ 百済

学術の伝来…医・易・暦など

『帝紀』・『旧辞』成立

土器…土師器・須恵器

生活と信仰

住居

- 豪族の居館…一般の集落から分離。
- 一般的な集落…「環濠」は伴わない：竪穴住居・平地住居，高床倉庫

　＊**カマド**（竈）

衣服

- 男性┬衣（ころも）
　　　└袴（はかま）

- 女性┬衣
　　　└裳（も）

信仰

- 農耕儀礼┬春…祈年（の）祭（きねん・としごい）
　　　　　└秋…新嘗（の）祭（しんじょう・にいなめ）

- 穢れの除去（けが）┬禊（みそぎ）
　　　　　　　　　└祓（はらえ）

- 占い…太占の法（ふとまに）　● 神判…**盟神探湯**（くかたち）

おもな神社

①大神神社（奈良県桜井市）　②宗像大社（福岡県宗像市）

③出雲大社（島根県出雲市）　④住吉大社（大阪府大阪市）

⑤伊勢神宮（三重県伊勢市）

第5回

飛鳥の朝廷と蘇我氏

1 ヤマト政権の発展

📖 本編解説 p.82 ～ 87 参照

応神王朝から継体王朝へ

- 武烈天皇没，後継者なし ➡ 大伴金村ら継体天皇擁立。

東アジア情勢の変化

中国…南北朝 ➡ 隋による統一（589）

朝鮮

- 高句麗…勢力拡大 ➡ 百済圧迫
- 新羅…勢力拡大 ➡ 百済圧迫，加羅（任那）を併合（562）
- 百済…日本との関係強化。大伴金村，任那四県を割譲（512）

日本…朝鮮半島における勢力の後退。百済から五経博士，仏教。

地方支配の進展

地方豪族の反乱

- 磐井の乱（527）…筑紫国造磐井が新羅と結び反乱 ⬅ 物部麁鹿火が鎮圧。
- 磐井の墳墓…福岡県・岩戸山古墳（石人・石馬）

有力農民層の台頭…鉄製農具・乾田経営の普及 ➡ 群集墳の発生。

大王による地方支配の強化

屯倉の設置…磐井の子は大王に屯倉を献上。

中央豪族の抗争

大伴金村（大連）失脚 ⬅ 百済による任那四県支配を承認。

物部氏と蘇我氏の台頭

┌物部氏（大連）…軍事担当：麁鹿火・尾輿・守屋
└蘇我氏（大臣）…財政担当（三蔵管理）：稲目・馬子

蘇我氏の政権掌握

- 蘇我稲目（崇仏派）と物部尾輿（排仏派）の対立…崇仏論争
- 蘇我馬子，物部守屋を討滅。崇峻天皇を擁立（587）
- 馬子，崇峻天皇を暗殺（592）➡ 推古天皇を擁立

2　推古朝

本編解説 p.88 〜 95 参照

推古朝の政治

摂政…厩戸王（聖徳太子）

大臣…蘇我馬子　＊石舞台古墳

天皇を中心とする中央集権国家体制を志向

- ●冠位十二階の制（603）…徳・仁・礼・信・義・智（各大小）

  氏ではなく個人をランクづけする。官人の身分秩序・世襲制打破　　➡位階制へ

- ●憲法十七条（604）…儒教・仏教・法家思想　　　　　　　　　　🔍史料10

  政治方針，官人への訓戒，天皇の尊厳

  ＊ 17 × 3 ＝ 51（御成敗式目）

- ●歴史書の編纂（620）…『天皇記』，『国記』など

遣隋使

隋の中国統一…589 年　➡隋と高句麗の戦争

遣隋使の派遣…対等外交を目指す。

- ● 600 年…遣使（『隋書』倭国伝），『日本書紀』には記載なし。　🔍史料11
- ● 607 年…小野妹子派遣，国書を奉呈（隋：煬帝），対等の姿勢　🔍史料11
- ● 608 年…答礼使裴世清来日

    小野妹子（中国名：蘇因高）再渡航

    高向玄理（留学生），旻（学問僧），南淵請安（学問僧）ら渡隋。

    「天皇」➡「皇帝」（日本書紀）　　　　　　　　　　　　　🔍史料12
- ● 614 年…犬上御田鍬の派遣

    ┣━➤630　第 1 回遣唐使
- ● 618 年…隋の滅亡

第6回

律令体制の成立

---

1 大化改新と天智朝

本編解説 p.97～109 参照

大化改新

背景

東アジア情勢

- 隋の滅亡（618）➡唐の建国
- 唐の隆盛…律令制による中央集権体制（7世紀前半：貞観の治）
- 朝鮮三国…中央集権化への動き

国内情勢

- 厩戸王（聖徳太子）没（622）➡蘇我氏の専横（蘇我蝦夷―入鹿）
  ➡山背大兄王の自殺（643）
- 蘇我蝦夷，舒明天皇を擁立（629）
- 第1回遣唐使（630）：犬上御田鍬
- 舒明没➡皇后が即位：皇極天皇（642）
- 留学生・学問僧の帰国と新知識の流入

  ➡旧体制（氏姓制度・部民制）の矛盾克服

乙巳の変…645年のクーデター

中大兄皇子・中臣鎌足らによるクーデター

蘇我入鹿を殺害，父蝦夷自殺 ➡蘇我本宗家の滅亡

大化改新

新人事…孝徳天皇の即位

- 皇太子：中大兄皇子
- 左大臣：阿倍内麻呂　　　右大臣：蘇我倉山田石川麻呂
- 内臣：中臣鎌足　　　　　国博士：高向玄理・旻

年号…大化

遷都…難波長柄豊碕宮

改新の詔(646)　　　　　　　　　　　　　　Q 史料13

- 公地公民制への移行
- 行政組織・軍事制度の整備，国・郡(評)制，駅制の整備
- **戸籍・計帳**の作成と**班田収授法**の施行
- 新税制への移行

東北経営…蝦夷征討
- 淳足柵(647)・磐舟柵(648)の設置：孝徳朝

白村江の戦い

斉明天皇重祚…難波から飛鳥へ遷都
- 阿倍比羅夫の遠征(658 ～ 660：斉明朝)
　　　　　　　└→百済滅亡

白村江の戦い

- 唐・新羅連合軍によって百済滅亡(660)
- 白村江の戦い(663)…日本敗北
　　➡国防強化：防人・烽・水城・古代山城(大野城・基肄城など)
- 唐・新羅連合軍によって高句麗滅亡(668)
- **新羅による朝鮮半島統一(676)**

天智朝の政治
- 近江大津宮遷都(667)，天智天皇即位(668)
- 近江令の制定(668)
- 庚午年籍の作成(670)…初の全国的戸籍
　氏姓を正す根本台帳として永久保存(ただし，現存せず)

2 天武・持統朝の政治　　📖 本編解説 p.110 ～ 115 参照

壬申の乱(672)

天智天皇没後の皇位継承争い
- 大海人皇子(吉野軍)と大友皇子(近江朝廷軍)の対立
- 大海人皇子の勝利 ➡ 飛鳥浄御原宮で即位(天武天皇)

近江朝方の畿内有力豪族の勢力衰退

天皇の政治権力強化　　　　　　　　　　Q 史料14
皇親政治の推進

天武朝の政治

部曲の全廃（675）

律令の編纂事業開始（681）

歴史書の編纂事業開始（681）

八色の姓制定（684）…豪族を天皇中心の新しい身分秩序に再編成
　➡真人・朝臣・宿禰・忌寸・道師・臣・連・稲置

国家仏教の成立…大官大寺・薬師寺

富本銭の発行

持続朝の政治…称制➡即位

飛鳥浄御原令の施行（689）

庚寅年籍の作成（690）

藤原京の造営…日本最初の都城　➡遷都（694）

文武天皇

● 701（大宝元）年…大宝律令

藤原京

第7回

飛鳥文化

飛鳥文化

本編解説 p.117 〜 127 参照

特徴

最初の仏教文化。

飛鳥・斑鳩(法隆寺)が中心。

中国南北朝文化を朝鮮半島経由で受容。 ➡ (北)厳しい　(南)柔和

世界性(西アジア・インド・ギリシアなどの影響)

仏教

渡来僧

- 高句麗・恵慈…厩戸王(聖徳太子)に**仏教**を教えた。
- 高句麗・曇徴…**紙・墨・彩色(絵の具)**などの技術を伝えた。
- 百　済・観勒…**暦法**を伝えた。

仏教の伝来

- 公伝…538年(戊午説), 552年(壬申説)
- 私伝…**司馬達等**

Q 史料15

蘇我馬子・厩戸王(聖徳太子)の庇護

● **仏教興隆の 詔**(594)

● 氏寺建立

蘇我氏…法興寺(**飛鳥寺**)　　聖徳太子…四天王寺・**法隆寺**
舒明天皇…百済大寺　　　　　秦(河勝)氏…広隆寺
(和気氏…神護寺, 藤原氏…興福寺)

● **『三経義疏』**…伝 聖徳太子著:**法華経・勝鬘経・維摩経**の注釈書

歴史書…『天皇記』,『国記』

蘇我氏(馬子)　　➡　飛鳥寺(法興寺)

　　　　　　　　　　596 最初の本格的寺院, 礎石・瓦葺

厩戸王(聖徳太子)➡　四天王寺(大阪府)

　　　　　　　　➡　法隆寺(斑鳩寺)

　　　　　　　　　＊法隆寺再建・非再建論争 ➡ 再建説

　　　　　　　　➡　中宮寺

　　　　　　　　➡　広隆寺(京都府)

舒明天皇　　　　➡　639 百済大寺

飛鳥文化のおもな美術作品

【建築】

○法隆寺金堂・五重塔など…世界最古の木造建築。重厚, どっしりとした

　　安定感。670 年, 焼失(『日本書紀』)。その後再建。

【彫刻】

①法隆寺金堂釈迦三尊像…【金銅像・北魏様式】鞍作鳥(=止利仏師)の作。

　　キビシイ表情。正面観を重視。左右対称。古拙の美。

②法隆寺夢殿救世観音像…【木像・北魏様式】スラッとした立像。両手を前

　　に, タマ(宝珠)を持っている。

③法隆寺百済観音像…【木像・南梁様式】スラッとした立像。片方の手でビ

　　ン(水瓶)を持っている。

④中宮寺半跏思惟像…【木像・南梁様式】足を組み, 頬に指を当てて考えて

　　いる。頭にはタマ(宝珠)2つ。

⑤広隆寺半跏思惟像…【木像・南梁様式】足を組み, 頬に指を当てて考えて

　　いる。頭には帽子(宝冠)。

⑥飛鳥寺釈迦如来像…【金銅像】飛鳥大仏。現存最古の仏像とされる。

【絵画・工芸】

①法隆寺玉虫厨子須弥座絵…仏像を安置する「厨子」を載せる台(須弥座)に

　　描かれた絵。「捨身飼虎図」が有名。

②中宮寺天寿国繍帳(曼荼羅)…現存最古の刺繍。

第8回

律令法

律令法
本編解説 p.129 〜 141 参照

律令法典——律令格式

- **律**…刑法にあたる。律の**五刑** ➡ 笞・杖・徒・流・死
  - 有位者への減刑（贖銅など）➡ 八虐には適用されず。
- **令**…行政法，民法など
- **格**…律令の修正や補足
- **式**…施行細則

近江令…天智天皇

飛鳥浄御原令…天武天皇 ➡ 持統天皇

大宝律令…文武天皇：701 年制定（刑部親王・藤原不比等ら），702 年施行。

養老律令…元正天皇：718 年制定（藤原不比等ら）

孝謙天皇：757 年施行（藤原仲麻呂政権）

天智・668　天智〜持統天皇	文武天皇	元正天皇　　　　孝謙天皇
近江令 ➡ 689 **飛鳥浄御原令** ➡ 701(大宝元年)**大宝律令** ➡ 718 **養老律令**→757 **施行**	刑部親王・藤原不比等	藤原不比等

律令統治機構

中央官制…二官・八省・一台・五衛府

- 非常置の最高官…太政大臣＝則闕（の）官
- 常置の最高官…左大臣
- 文官を統括…式部省➡大学寮
- 武官を統括…兵部省
- ●戸籍・租税…民部省　　●外交・仏事…治部省

律令官制表

中央官制
- 神祇官(じんぎ)
- 太政官(だいじょう)
  - 左大臣
  - 太政大臣 — 大納言(だいなごん) — 少納言
  - 右大臣
    - 左弁官
      - 中務省(なかつかさ)(詔書の作成など)
      - 式部省(しきぶ)(文官の人事など)
      - 治部省(じぶ)(仏事, 外交など)
      - 民部省(みんぶ)(戸籍の管理, 税務など)
    - 右弁官
      - 兵部省(ひょうぶ)(軍事, 武官の人事など)
      - 刑部省(ぎょうぶ)(裁判の管理, 刑罰など)
      - 大蔵省(おおくら)(財政, 貨幣・度量衡など)
      - 宮内省(くない)(宮中の事務など)
- 弾正台(だんじょうだい)(風俗の取り締まり, 官吏の監察)
- 五衛府(ごえふ)
  - 衛門府
  - (左・右)衛士府(えじふ)
  - (左・右)兵衛府(ひょうえふ)　(宮城の警備)

都城制

- 710年(元明天皇), 平城京に遷都。
- 唐の長安城を模倣。都城制…都を羅城(らじょう)で囲む(日本では発達せず)。
- 条坊制…朱雀大路
  - 左京…東市(ひがしのいち)
  - 右京…西市(にしのいち)

平城京

地方制度

- 行政区分…**畿内（きない）・七道（しちどう）**

　┌ 畿内…大和・山城（山背）・摂津・河内・和泉
　└ 七道…東海・東山・北陸・山陰・山陽・南海・西海（道）

畿内・七道

（遠の朝廷）
大宰府 ◎
西海道
山陰道
山陽道
摂津
和泉
河内
南海道
大和
（畿内）
都
山城
越前国
③
近江国
②
美濃国
①
伊勢国
北陸道
③愛発関（あらち）
東山道
②不破関（ふわ）
国（東海道諸国）
東海道
①鈴鹿関（すずか）

＊西海道諸国は大宰府が統括。

＊和泉は 757 年，河内から
　分かれて設置された。

＊**西海道（だざいふ）**は**大宰府**が支配する。
＊**近江（おうみ）国**…東山道諸国に属する。

　　　　┌ 東海道・伊勢国…**鈴鹿関（すずかのせき）**
＊**三関（さんげん）**┼ 東山道・美濃国…**不破関（ふわのせき）**
　　　　└ 北陸道・越前国…**愛発関（あらちのせき）**

　　　　┌ 国司…中央貴族を交代で派遣（任期 6 年，のち 4 年）。
- 地方官 ┼ 郡司…旧国造などの在地豪族から任命（終身官・世襲）。
　　　　└ 里長…里内の有力農民を任命。

国・評・里 ➡ （701）国・郡・里…藤原京跡からの木簡によって確認された。
　　　　　　　（717）国・郡・**郷（ごう）**

　　　　　┌ （左・右）京職（きょうしき）
- 特別地域 ┼ 摂津職（せっつしき）
　　　　　└ **大宰府**…西海道諸国を統括。外交と防衛。
　　　　　　「遠（とお）の朝廷（みかど）」：長官は**帥（そち）**。

第9回

律令税制と農民

1　律令官人制

本編解説 p.143 ～ 147 参照

位階制…正一位から少初位まで 30 階（←冠位十二階：603 年）

　┌貴族…五位以上
　└公卿…三位以上

官位相当制…位階に応じた官職に任命される。

《官位相当表》

官＼位	正一位/従一位	正二位/従二位	正三位	従三位	正四位上	正四位下	従四位上	従四位下	正五位上	正五位下	従五位上	従五位下	正六位上	正六位下	従六位上	従六位下	正七位上	正七位下	従七位上	従七位下	正八位上	正八位下	従八位上	従八位下	大初位上	大初位下	少初位上	少初位下
神祇官								伯					大副	少副	大祐	少祐					大史	少史						
太政官	太政大臣	左大臣・右大臣・内大臣	大納言	中納言		参議	大弁		中弁	少弁		少納言	大史				大外記・少史		少外記									
中務省					卿		大輔		少輔				大丞		少丞		大録						少録					
式部省・治部省・民部省・兵部省・刑部省・大蔵省・宮内省						卿				大輔		少輔		大丞	少丞						大録		少録					
大宰府				帥					大弐			少弐		大監	少監		大典						少典					
国司 大国											守			介				大掾	少掾				大目	少目				
国司 上国												守			介				掾					目				
国司 中国														守									掾			目		
国司 下国																守									掾			目

《表の見方》　神祇官の長官なら，一番上の横の行の神祇官の欄を横に見ていって，最初の「伯」が長官。「伯」の上を見ると「従四位」の「下」なので，神祇伯の官位相当は従四位下となる。

貴族の特権…豪族が大化改新後，特権を与えられ，貴族に成長。

経済収入…位田・位封・位禄・季禄・資人・職田・職封

調・庸・雑徭の免除

刑法上の特典…八虐は除く。

蔭位の制…三位以上の貴族の子と孫，四・五位の貴族の子は 21 歳で位階を与えられる。

四等官制…長官・次官・判官・主典

《四等官制》

四等官＼官庁	神祇官	太政官	省	衛府	大宰府	国	郡
長官	伯	太政大臣 左大臣 右大臣	卿	督	帥	守	大領
次官	大少 副	大納言	大少 輔	佐	大少 弐	介	少領
判官	大少 祐	少納言 左弁官 右弁官	大少 丞	大少 尉	大少 監	大少 掾	主政
主典	大少 史	大少 外記 大少 史	大少 録	大少 志	大少 典	大少 目	主帳

2　律令税制と農民

本編解説 p.148 ～ 154 参照

身分制度

- 良民…貴族・下級官人・公民（一般農民）・品部・雑戸
- 賤民…五色の賤（陵戸・官戸・公奴婢・家人・私奴婢）

戸籍・班田収授

- 戸籍…班田のための台帳，6 年ごとに作成。「五比」＝ 30 年間保存，「庚午年籍」は永久保存。
- 計帳…調・庸徴収のための台帳，**毎年**作成。

史料16

（天智）　　　（持統）　　　（文武）

670 年　　　690 年　　　701 年

庚午年籍　→　庚寅年籍　→　戸令 … 6年1造,「五比」＝30 年間保存

＊現存最古の戸籍 … 702(大宝 2)年

班田収授…唐の均田法を参考

目的…土地・農民を国家の支配下におくことによって徴税の対象を確保する。

内容…6 歳以上の男女に口分田を班給。死者の口分田は次の班田の年に収公。

班給額

- 良民男子…2 段
- 良民女子…男子の 3 分の 2＝1 段 120 歩
- 官有賤民男女…良民と同じ。
- 私有賤民男女…良民男女の各 3 分の 1
  ＊公田(乗田)は賃租。

土地区画…条里制

田地の種類…口分田, 位田・職田・功田・賜田・寺田・神田, 乗田など

3　律令税制

本編解説 p.155 ～ 157 参照

土地税

租	田 1 段につき **2 束 2 把** ＊収穫の約 **3** ％，土地税 ＊**地方の財源**	

人頭税

	正丁 (21～60 歳)	次丁 (老丁) (61～65 歳)	中男 (少丁) (17～20 歳)	備考
庸	布 **2 丈 6 尺** ＊年 10 日の歳役の代わり ＊中央の財源	正丁の 2 分の 1	なし	京・畿内は免除
調	絹・絁 8 尺 5 寸 美濃絁 6 尺 5 寸 ┐ 糸 8 両・綿 1 斤 ├ のうち一種 布 2 丈 6 尺 ┘ その他郷土の産物 ＊中央の財源	正丁の 2 分の 1	正丁の 4 分の 1	京・畿内は各々の 2 分の 1
雑徭	年 **60** 日以内の労役 ＊**国司の権限で使役** ＊地方税	正丁の 2 分の 1	正丁の 4 分の 1	
義倉	備荒貯蓄のため，毎年**粟**などを納める。 　＊上々戸 2 石～下々戸 1 斗			
出挙	稲の強制貸付け。5 割の利子。租税化する。 ＊地方の財源			
仕丁	**50** 戸から **2** 人の割合で徴発し，3 年間中央官庁の雑役に服する。			
運脚	調・庸を各地方より運搬する。			
兵役	正丁 **3** 人に **1** 人の割合で徴発し，各地の**軍団**に配属。 ＊**衛士** (1 年)・**防人** (3 年)			

＊租以外は，皇親 /8 位以上 / 男子 16 歳以下と 66 歳以上 / 蔭子孫 (五位以上の官人の子 / 三位以上の官人の子および孫) / 女子 / 廃疾 / 家人 / 奴婢は不課。

8世紀の政治

1 国域の拡大と経済の発展

📖 本編解説 p.159 ～ 165 参照

国域の拡大

東北…蝦夷征討
- 出羽柵（708）➡出羽国設置（712）
- 多賀城設置（724）➡陸奥国府・鎮守府を置く。
  ┗➡ 802 胆沢城に移る（→第 13 回）

南九州…隼人征討
- （日向国から分立）702 年薩摩国 ➡ 713 年大隅国設置
- 種子島・屋久島・奄美諸島も服属。

経済の発展

- 金（陸奥）・銀（対馬）・銅（周防，武蔵）
- 武蔵国秩父郡から銅（708）➡改元，和銅元年

和同開珎（708）…皇朝（本朝）十二銭の最初。

　　　　　　ただし，天武朝に富本銭が発行されている。

- 蓄銭叙位令（711）

🔍 **史料17**

農業…鉄製農具普及，灌漑技術進歩，開墾事業推進

手工業
- 大陸技術の伝来
- 朝廷や貴族の工房（品部・雑戸），国衙の工房
- 農民の副業 ➡調・庸

商業・流通
- 市 ┏官設市…東市・西市 ➡市司
　　　┗既存の市…海石榴市・軽市など

交通
- 駅制…駅家設置（約 16km ごと）➡駅鈴
- 運脚の労苦 ➡布施屋の設置（行基）

2　奈良時代の政治（8 世紀の政局）

📖 本編解説 p.166 ～ 175 参照

天皇家と藤原氏の関係系図

〈注〉数字はこの系図内の天皇の即位順を示す。○つきは女帝。×は政変，反乱などにより
　　　死亡。

藤原不比等…文武・元明・元正朝

天皇と外戚関係を結ぶ（宮子・光明子）。

大宝律令制定（701）…刑部親王とともに。

　➡養老律令制定（718）…施行は 757 年。

平城京遷都（710）

長屋王…元正・聖武朝

皇親勢力（天武天皇の子・孫）

百万町歩開墾計画（722），三世一身法（723）

31

聖武天皇即位 ➡藤原四子が光明子の立后を計画…長屋王の変(729)⋯⋯

藤原四子…聖武朝

〈南家〉武智麻呂，〈北家〉房前，〈式家〉宇合，〈京家〉麻呂
光明皇后立后(729)◀────────────────────
天然痘で四子病死(737)

橘 諸兄…聖武朝

皇親勢力…吉備真備・玄昉の重用
藤原広嗣の乱(740)
遷都…恭仁(山背)・難波(摂津)・紫香楽(近江)
国分寺建立の詔(741)
盧舎那仏造立(大仏造立)の詔(743)…(近江)紫香楽宮で。
墾田永年私財法(743)

藤原仲麻呂…孝謙・淳仁朝

＊孝謙天皇即位(749)◀光明皇太后の信任。紫微中台(長官・藤原仲麻呂)
大仏開眼会(752)
聖武太上天皇没(756)，橘 諸兄没・**養老律令施行(757)**
橘奈良麻呂の乱(757)…反仲麻呂勢力を弾圧。
淳仁天皇擁立 ➡天皇から恵美押勝の名を賜る。
孝謙上皇・道鏡との対立表面化 ➡恵美押勝の乱(764)

道鏡…称徳朝

称徳天皇(孝謙天皇の重祚)の信任。
太政大臣禅師 ➡法王
宇佐八幡神託事件(道鏡皇位事件)…和気清麻呂の活躍。
称徳天皇没(770) ➡光仁天皇…道鏡を下野薬師寺に左遷。

8世紀の政治

707没	707即位	715即位	724即位	749即位	758即位	764 孝謙重祚 770没
文武➡	元明➡	元正 ➡	聖武 ➡	孝謙 ➡	淳仁 ➡	称徳 ➡ 光仁

藤原不比等 → 長屋王➡藤原四子 → 橘諸兄 ➡ 藤原仲麻呂➡道鏡 → 藤原百川
720没　　　　729没　　737没　　(56失脚)757没　764没

初期荘園・遣唐使

1 初期荘園の形成

本編解説 p.177 〜 185 参照

農民の生活

口分田を耕作，公田(**乗田**)を賃租。

重い税負担…農民の疲弊(山上憶良「貧窮問答歌」)　　　　　　　　　史料 18

浮浪・逃亡

浮浪，逃亡，偽籍(女子の多い戸籍)・私度　　　　　　　　　　　　史料 19

口分田荒廃

政府の開墾奨励

百万町歩の開墾計画(722)

三世一身法(723)　　　　　　　　　　　　　　　　　　　　　　　史料 20

　　┌─三世保有…新たな溝池による開墾
　　└─一身保有…旧溝池を利用した開墾

墾田永年私財法(743)　　　　　　　　　　　　　　　　　　　　　史料 21

● 位階別に開墾面積限定…一位の 500 町〜庶民 10 町

● 国司の許可，3 年以内に開墾終了。

● 加墾禁止令で一時停止(765, **道鏡**政権) ➡ 復活(772, **光仁**朝)，制限なし。

　　　　　　　　　　　　　　　　　　　　　　　　　　　　　　史料 22

初期荘園(8 〜 9 世紀)

成立…中央の貴族や寺院がみずから開墾，農民の開墾地を買得。

特徴…荘園領主(貴族・寺院)の直接経営。

● 班田農民や浮浪人の使用…賃租による経営。

● 律令制に依拠 ➡ 国司・郡司の協力…輸租田

9 世紀以降，律令制の衰え，労働力の不足にともない，衰退。

遣唐使の派遣

開始…犬上御田鍬の派遣（630，舒明朝）

停止…菅原道真の建議（894，宇多朝）

🔍 史料23

航路…北路 ➡（新羅との関係悪化）南路・南島路

渡航者…高向玄理・藤原宇合・山上憶良・阿倍仲麻呂（朝衡）・吉備真備・玄昉・
藤原清河・ 橘 逸勢・最澄・空海・円仁など

〈注意〉(1)天武・持統朝には派遣されず。

(2) 8 世紀以降，南路。「**四つの船**」と呼ばれた。

(3)客死…**高向玄理・阿倍仲麻呂**・藤原清河

(4) 9 世紀の遣唐使は平安仏教をもたらす（→第 17 回）。

《遣唐使一覧》

	年　代	使　節	備　考		年　代	使　節	備　考
1	630（舒明 2）出 632（舒明 4）帰	犬上御田鍬 薬師恵日	(帰) 旻	11	746（天平 18）		中　止
2	653（白雉 4）出 654（白雉 5）帰		道昭入唐	12	752（天平勝宝 4）出 753（天平勝宝 5） 754（天平勝宝 6）帰	藤原清河 吉備真備	鑑真来朝
3	654（白雉 5）出 655（斉明 1）帰	高向玄理 薬師恵日	玄理，客死	13	759（天平宝字 3）出 761（天平宝字 5）帰	（迎入唐大 使の派遣）	
4	659（斉明 5）出 661（斉明 7）帰			14	761（天平宝字 5）	石上宅嗣	中　止
5	665（天智 4）出 667（天智 6）帰			15	762（天平宝字 6）		中　止
6	667（天智 6）出 668（天智 7）帰			16	777（宝亀 8）出 778（宝亀 9）帰		
7	669（天智 8）出 ? 帰			17	779（宝亀 10）出 781（天応 1）帰		
8	702（大宝 2）出 704（慶雲 1）帰	粟田真人	山上憶良 入唐	18	804（延暦 23）出 805（延暦 24）帰		(往) **橘 逸 勢・最澄・ 空海**
9	717（養老 1）出 718（養老 2）帰	藤原馬養 （宇合）	(往)**阿倍仲 麻呂・真備・ 玄昉**	19	838（承和 5）出 839（承和 6）帰	藤原常嗣 小野篁	(往)**円仁** 小野篁の不 服
10	733（天平 5）出 735（天平 7）｝ 737（天平 9）帰		(帰)真備・ 玄昉	20	894（寛平 6）	菅原道真	停　止

3 新羅・渤海との外交関係

📖 本編解説 p.196 〜 197 参照

新羅との交渉（6世紀末〜779）

奈良時代に17回新羅使の来朝…最後の新羅使：779年
しだいに関係悪化 ➡遣唐使の航路変更。

渤海との交渉（727 〜 922）

唐・新羅との対立から日本へ接近 ➡貿易が目的となる。

遣唐使廃止以後の唯一の通交国…最後の渤海使：922年（919年説もあり）
能登客院・松原客院…迎賓施設
（の　と　きゃくいん　まつばら　けいひん）

新羅・渤海との外交

6世紀末	7世紀		8世紀		9世紀	10世紀
	唐618	630 第1回			894 停止	唐907 滅亡
新羅使	(663〜中断)	668 再開	779 最後			935 滅亡
渤海使		698 建国	最初 727		922 最後	926 滅亡
			729 遣渤海使 〜811			
			（外交→貿易）			

遣唐使航路図

国家仏教の展開と白鳳文化・天平文化

1 国家仏教の展開

本編解説 p.199 ～ 204 参照

国家仏教

飛鳥文化		白鳳文化	天平文化
仏教公伝 欽明朝 百済・聖明王	➡ 憲法十七条 「篤く三宝を敬え」	➡ 大官大寺・薬師寺 天武天皇	➡ 東大寺・国分寺 聖武・光明皇后

国家仏教の発展

鎮護国家の法会。

国分寺・国分尼寺 ➡ 盧舎那仏(大仏)造立

南都六宗(三論・成実・**法相**・倶舎・**華厳**・律)…教理研究中心。

僧尼令…僧尼の統制。

史料 24・25

南都六宗・僧侶・寺院

三論宗 ➡ 道慈… 大安寺 の平城京に移転

成実宗

法相宗 ➡ 道昭…玄奘に学ぶ

　　　　　義淵…(弟子に)玄昉・行基・良弁

　　　　　 元興寺 ・ 興福寺 …藤原氏の氏寺として南都仏教

倶舎宗

華厳宗 ➡ 良弁… 東大寺 建立(748 ころ)の中心

律　宗 ➡ 鑑真(754 入京，東大寺に戒壇，聖武太上天皇らに授戒)

　　　　　 唐招提寺

鑑真の来朝

東大寺に**戒壇**設立。

- ●天下の(本朝)三戒壇…東大寺・筑紫観世音寺・下野薬師寺

唐招提寺建立。

社会事業

行基…民間布教と社会事業(布施屋)
光明皇后…**悲田院・施薬院**

神仏習合…神宮寺・神前読経

2　白鳳文化

本編解説 p.205〜210 参照

特徴

国家による仏教事業。

初唐文化の影響 ➡「清新」な(生気のある若々しい)文化。

インド・西域・朝鮮半島の影響。

構成の美。

国家仏教の成立

天武天皇 ➡**大官大寺**・薬師寺
護国の経典…金光明経・仁王経

学問・文芸

歴史書編纂に着手…国家成立の由来，天皇の支配の歴史的説明。
漢詩文…**大津皇子**ほか
和歌…**柿本人麻呂・額田王**ほか

史料26

📖 **白鳳文化のおもな美術作品**

【建築】

○薬師寺東塔…「凍れる音楽」と形容される。構成の美。六層に見えるが実際は三重の塔。**裳階**がついている。

37

【彫刻】

①興福寺仏頭…興福寺に現存するが，もとは山田寺のもの。頭部だけが残存。「清新」さが最もよく表れている。(蘇我倉山田石川麻呂：山田寺)

②薬師寺金堂薬師三尊像…薬師寺金堂の本尊。構成の美。

③薬師寺東院堂聖観音像…薬師寺の東院堂。白鳳期の特徴を示すバランスの美しい立像。

④法隆寺夢違観音像…小像(立像，約87cm)。悪夢を見てもこの像を拝むと現実では逆になるとの伝えがある。

【絵画】

①法隆寺金堂壁画…初唐の仏教壁画の影響。1949年焼損。

②高松塚古墳壁画…奈良県明日香村の終末期の古墳の壁画。青竜・白虎・朱雀・玄武の四神，星宿，人物像。

③キトラ古墳壁画…奈良県明日香村。②の南約1kmのところにある。四神がそろっている。

3 天平文化

本編解説 p.211〜220 参照

特徴

律令国家成立期の文化。

盛唐文化の影響…国際色豊か。

聖武天皇，平城京を中心とする貴族文化。

国家仏教の発展。

学問・教育

- 大学…式部省の管轄，中央の官吏養成機関，五位以上の貴族の子弟
- 国学…地方，郡司の子弟
- ●芸亭…石上宅嗣，私設公開図書館

文学

『万葉集』…20巻，約4500首，万葉がな，東歌・防人歌

『懐風藻』…751成立，最古の漢詩集，淡海三船・石上宅嗣ら

『万葉集』の歌人

第1期	第2期	第3期	第4期
額田王	柿本人麻呂	山上憶良	大伴家持
有間皇子		大伴旅人	
		山部赤人	

史書・地誌

『古事記』…712 成立，(暗誦)稗田阿礼・(筆録)太安万侶

『日本書紀』…720 成立，舎人親王ら，六国史の最初。

```
┌─712 古事記……(暗誦)稗田阿礼　日本語　神代〜推古
│　　　　　　　　　(筆録)太安万侶
└─720 日本書紀…(総裁)舎人親王　漢文　　神代〜持統
```

『風土記』…713 撰上の 詔 。
現存の五風土記(常陸・播磨・出雲・肥前・豊後)

美術

建築…東大寺(法華堂・正倉院)，唐招提寺(金堂・講堂)，法隆寺伝法堂
彫刻…塑像・乾漆像中心
┌─塑像……東大寺法華堂日光・月光菩薩像，執金剛神像など
└─乾漆像…東大寺法華堂不空羂索観音像，興福寺八部衆像(阿修羅像など)
　　　　　興福寺釈迦十大弟子像，唐招提寺鑑真像，唐招提寺金堂盧舎那仏像な
　　　　　ど
絵画…正倉院鳥毛立女屛風，薬師寺吉祥天像
工芸品…正倉院宝物(螺鈿紫檀五絃琵琶・漆胡瓶など)

【建築】

①東大寺法華堂…三月堂と呼ばれる。正堂は天平期，礼堂は鎌倉時代に付け加えられたもの。

②正倉院宝庫…校倉造りの代表。

③唐招提寺金堂…天平期の金堂としてはほとんど唯一のもの。

④唐招提寺講堂…平城京の建物の「朝集殿」を移築。平城京の建物で残っている唯一のもの。

⑤法隆寺夢殿…八角形の建物。

⑥法隆寺伝法堂…貴族の邸宅だった建築物。

【彫刻】

①興福寺阿修羅像（乾漆像）…三面六臂。八部衆像の１。名称はコワイが初々しい，ふっくらした優しい表情。

②東大寺法華堂不空羂索観音像（乾漆像）…三眼（目）八臂。

③東大寺法華堂日光・月光菩薩像（塑像）…法華堂の代表的な塑像。②の両脇に配置。

④東大寺戒壇院四天王像（塑像）…戒壇院の塑像。

⑤唐招提寺鑑真（和上）像（乾漆像）…盲目の高僧の肖像。乾漆像。

⑥唐招提寺金堂盧舎那仏像（乾漆像）

【絵画など】

①正倉院鳥毛立女屏風…中国（盛唐）風の豊満優美な美人画。唐の典型的な世俗画（宗教画ではない）の模倣。

②薬師寺吉祥天像…典型的な唐の美人画。金光明経に関わる仏画。

③過去現在絵因果経…絵巻物の源流と位置づけられることがある。

④百万塔陀羅尼…称徳天皇が恵美押勝（藤原仲麻呂）の乱後，百万個作成した木製の小塔の中に込められた世界最古級の印刷物。

【工芸】

①正倉院螺鈿紫檀五絃琵琶 ｝ 正倉院御物。

②正倉院漆胡瓶

③正倉院白瑠璃碗 ｝ 唐，西アジア，南アジアとの交流を象徴する代表的な工芸品。

④法隆寺金銀鍍龍首水瓶…①～③と同じく盛唐文化を象徴する工芸品。明治時代に皇室に献納された。

4 伽藍配置の変遷

本編解説 p.221〜225 参照

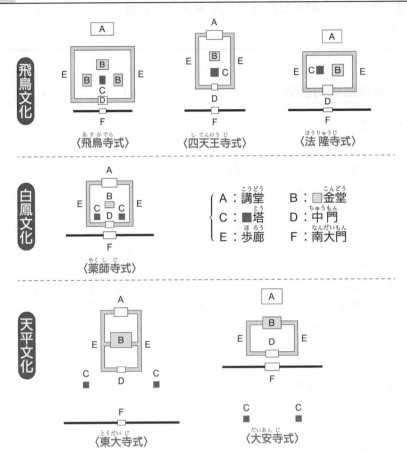

飛鳥文化

〈飛鳥寺式〉 〈四天王寺式〉 〈法隆寺式〉

白鳳文化

〈薬師寺式〉

A：講堂　　　B：金堂
C：塔　　　　D：中門
E：歩廊　　　F：南大門

天平文化

〈東大寺式〉 〈大安寺式〉

藤原北家の台頭

1 律令制の再出発

本編解説 p.227 ～ 239 参照

光仁天皇

天智系の天皇…藤原百川らが擁立。
官吏整理，事務簡素化，財政節約など。

```
┌天智―○―光仁―桓武―平城
└天武―○―文武―聖武
```

桓武天皇

平安京遷都

- 長岡京遷都（784）
  藤原種継暗殺（785）➡ 早良親王廃太子：安殿親王立太子（平城天皇）

- 平安京遷都（794）

蝦夷征討

- 征東大使紀古佐美，阿弖流為に敗北。
- 坂上田村麻呂を征夷大将軍に任命（797）。阿弖流為，降伏。
- 胆沢城（802，鎮守府）…陸奥国国府は多賀城のまま。
- 志波城（803）

徳政相論（805）…藤原緒嗣：「軍事」「造作」の中止。

🔍 史料 27

律令制度の見直し

- 農民負担軽減…┬雑徭半減：60 日 ➡ 30 日
　　　　　　　　└公出挙利息引下げ：5 割 ➡ 3 割
- 班田の励行…6 年 1 班 ➡ 12 年 1 班
- 地方政治強化…**勘解由使**設置。
- 兵制の改革…軍団の廃止：健児の制（792）

🔍 史料 28

平安京

東北経営図

① 淳足柵（ぬたりのさく）
② 磐舟柵（いわふねのさく）
③ 出羽柵（でわのさく）
④ 多賀城（たがじょう）

43

平安初期天皇家系図

嵯峨天皇

平城太上天皇の変（薬子の変）：810 年
- 藤原薬子・仲成が平城上皇の重祚を画策。
- 平城上皇は平城京へ…「**二所朝廷**」

令外官の設置
- 蔵人所（810）…天皇の機密に参与。藤原冬嗣・巨勢野足を蔵人頭に任命。薬子・
  仲成を排除。
- 検非違使………京中の治安維持。

法制の整備
- **格式**の編纂…弘仁格式（820）
- 令の解釈統一…823，弟の淳和天皇に譲位。833，『**令義解**』成立。

養老令の注釈書
- 『令義解』（833 年）………**清原夏野**ら（官撰）
- 『令集解』（9 世紀後半）…**惟宗直本**（私撰）

《令外官》

官職名	設 置 年		おもな職務内容
	天皇	年　　代	
中 納 言	文武	705（慶雲2）	大納言の補佐役。奏上・宣下のことをつかさどり，機密に参与
参　　　議	聖武	731（天平3）	八省・左右弁官の長官で，勅により朝政に参じ，その議にあずかる
内 大 臣	光仁	771（宝亀2）	左右大臣の下で太政官の政務をつかさどる
征夷大将軍	桓武	794（延暦13）	蝦夷征討の最高指揮者。大伴弟麻呂が最初
勘解由使	桓武	（不詳，延暦年間）	国司交替の際発せられる解由状を調べる
蔵 人 頭	嵯峨	810（弘仁1）	天皇の詔勅・宣旨をつかさどり，天皇の機密に参与する
検非違使	嵯峨	（不詳，弘仁年間）	姦民盗賊の検挙逮捕，風俗の取締り，内外の非法の糾弾にあたる
押 領 使	陽成	878（元慶2）	諸国の兵を率いて暴徒を鎮圧する
関　　　白	宇多	888（仁和4）	一切の奏文を天覧以前に確認する

藤原北家と天皇の関係（1）

〈注〉天皇につけた数字は，この系図内の即位の順序。

藤原冬嗣

- 平城太上天皇の変（810）に際して**蔵人頭**に就任…北家台頭

藤原良房

承和の変（842）…伴健岑・橘逸勢の排斥，道康親王立太子。

- 橘逸勢は804年の遣唐使。三筆の1人。

文徳天皇即位（850）…太政大臣に就任（857）。
清和天皇即位（858）…事実上の**摂政**就任。
応天門の変（866）…大納言伴善男・紀豊城の排斥。

良房，正式に**摂政**就任。

🔍**史料29**

＊絵巻物「伴大納言絵巻」は院政期の作品。

藤原基経

陽成天皇を廃して光孝天皇擁立（884）…事実上の**関白**就任。
宇多天皇即位（887）…正式に**関白**就任。

🔍**史料30**

阿衡の紛議（887～888）

基経死去（891）…宇多天皇親政：「寛平の治」。

- 菅原道真を重用（蔵人頭）。

延喜・天暦の治

1 延喜・天暦の治

本編解説 p.248 ～ 253 参照

＊後世，天皇政治の理想とされる。

宇多天皇（寛平の治）

基経死後，菅原道真を登用（蔵人頭）

遣唐使の停止（894）…宇多天皇 ← 菅原道真
寛平の御遺誡（897）

藤原北家と天皇の関係（2）

阿衡の紛議

基経

道真を排斥

寛平の治 → 宇多⁶

穏子

胤子

忠平 時平

延喜の治 → 醍醐⁷

小野宮家

師輔 実頼

天暦の治 → 村上⁹ 朱雀⁸ ← 天慶の乱

＊系図は p.46 のつづき

醍醐天皇（延喜の治）

昌泰の変

● 左大臣藤原時平の策謀。

● 右大臣菅原道真を左遷（901）➡大宰権帥

● 菅原道真を祀る神社…┌（京都）北野天満宮
　　　　　　　　　　　└（九州）太宰府天満宮

　　　　　　　＊道真は学問の神となる…天神信仰

最後の班田(902)

延喜の荘園整理令(902)

🔍 史料31
- ●勅旨開田の停止。
- ●「院宮王臣家」の土地占有を禁止。

延喜格・延喜式編纂

『日本三代実録』編纂…「六国史」の最後：三代＝清和・陽成・光孝天皇

『古今和歌集』編纂…初の勅撰和歌集(紀貫之ら)

朱雀天皇

- ●藤原忠平：天慶の乱

村上天皇(天暦の治)

- ●乾元大宝鋳造(958)…「皇朝(本朝)十二銭」の最後

10世紀は「最初」と「最後」のアラシ

①最後の「六国史」(901) ……………『日本三代実録』		**897**
②最後の班田命令(902)		↑
③最初の荘園整理令(902) …………『延喜の荘園整理令』		
④最初の勅撰和歌集(905) …………『古今和歌集』		
⑤最後の「格」の編纂(907) …………『延喜格』		**延喜の治**
唐の滅亡(907)		**(醍醐)**
⑥最後の渤海使(922)		
渤海滅亡(926)		↓
⑦最後の法典編纂(927) …………『延喜式』		**930**
新羅滅亡(935)，高麗，半島統一(936)		**朱雀天皇**
⑧最初の武士団の反乱 ……………「天慶の乱(939)」		
⑨皇朝(本朝)十二銭の最後(958) …「乾元大宝」		**天暦の治** **(村上)**

2　土地制度・税制の変容　　📖本編解説 p.254〜264 参照

班田制の後退

農民の浮浪・逃亡・偽籍の増加。

班田の不励行。

政府の対応…公営田（823年，**大宰府管内**）・官田などの直営田。

天皇家・有力貴族の対応…勅旨田・賜田 ➡️**院宮王臣家**の勢力拡大。

徴税方法の転換

班田の実施不能…延喜の荘園整理令も効果上がらず。

有力農民の台頭
課丁減少…三善清行の「意見封事十二箇条」（914）　　🔍**史料32**

徴税方法の転換
- ●**人身賦課**（租・調・庸）➡️戸籍制度の崩壊 ➡️**土地賦課**（官物・臨時雑役）
- ●課税単位の土地…**名**（名田）
- ●耕作を請負う有力農民（田堵・負名）が官物・臨時雑役を徴収。

国司制度の変容

10世紀前半，地方政治を国司に委任 ➡️国司の**徴税請負人化**

「国司」職の利権化 ➡️売位・売官の風潮（**成功**・**重任**）

遥任国司と受領
- ●**遥任**…俸禄の取得のみをめざし，国衙（留守所）に目代を派遣。
  ➡️**目代と在庁官人**が実務を行う。
- ●**受領**…任国に赴いた国司の最上級者。徴税を強化し，私利を追求。
  ➡️暴政の例：藤原元命「**尾張国郡司百姓等解**」（988）　　🔍**史料33**

摂関政治

1 摂関常置の体制

📖 本編解説 p.266 ～ 273 参照

藤原氏の全盛

安和の変（969）

　　関白藤原実頼らが 源 満仲の密告により左大臣 源 高明（醍醐天皇の皇子）を大宰権帥として左遷 ➡他氏排斥完了。以後，摂関常置。

氏長者の地位をめぐる争い

　　┌兼通（兄）　vs　兼家（弟）
　　└道長（叔父）　vs　伊周（甥）

藤原家系図

```
                        基
                        経
                   ┌────┴────┐
                   忠        時
                   平        平
              ┌────┴──┐   ┌──┴──┐
              師     輔   実       ○  ○
           ┌──┼────┐      頼          │
           兼  兼   伊              実
           家← 通   尹              資
        ┌──┼──┐                   『小右記』
        道  道  道
        長  兼  隆
     ┌─┼─┼─┐ ┌─┼──┐
     威 彰 頼 定 隆  伊
     子 子 通 子 家  周
```

⟷ は対立関係。

摂関政治全盛

藤原道長…**御堂関白**(内覧・摂政・太政大臣)
- ● 4 人の娘(彰子・威子など)入内。
- ● **法成寺**(御堂)建立，金峰山に経筒を埋納(→第 17 回)。『御堂関白記』

Ｑ 史料 34

┌─1016…摂政
├─　17…(頼通に摂政を譲り)太政大臣
├─　18…威子中宮 ➡「望月の歌」(小右記)
└─　19…刀伊の入寇(大宰権帥藤原隆家らが
　　　　　　　　　　　　　撃退)

藤原頼通…**宇治関白**，摂関在任期間は最長(1017
　　　　　　～ 68)
- ●宇治平等院建立
┌─1051…前九年合戦(～ 62)
├─　52…(永承 7)末法第一年
└─　53…平等院阿弥陀堂(鳳凰堂)完成

```
道　　　　　　　　　道
長　　　　　　　　　隆
├─彰　＝一　＝　├─定
　子　　条　　　　子
　↑　　天　　　　↑
　『　　皇　　　　『
　源　　　　　　　枕
　氏　　　　　　　草
　物　　　　　　　子
　語　　　　　　　』
　』　　　　　　　↑
　↑　　　　　　　清
　紫　　　　　　　少
　式　　　　　　　納
　部　　　　　　　言
```

2　摂関政治の特徴

📖 本編解説 p.274 ～ 275 参照

┌摂政…幼少の天皇の政務を代行。
└関白…成人後の天皇の後見役。
摂関の地位の条件…天皇の外戚。
太政官政治…**陣定**，上卿，宣旨・太政官符による国政。
一族で太政官の要職独占…官吏任免権の掌握。
年中行事の重視。
地方政治…国司に委任。
摂関家の経済基盤…律令官人としての収入。
　　　　　　　　　摂関家領…氏長者の殿下渡領など。

荘園の発達・武士の成長

---

1 荘園の発達

📖 本編解説 p.277 ～ 287 参照

● 土着した国司や地方豪族が未開地を開発。

開発領主…┌ 国衙に納税(公領)
　　　　　└ 皇族・貴族に寄進(私領)

寄進地系荘園の成立

国司(受領)の徴税攻勢に対抗。

開発領主は土地を中央の貴族や寺社に寄進。

開発領主は荘官として実質的な土地支配権を確保。

🔍 史料35

荘園の構造

| 本家・領家 |(本所)…………………………皇族・有力貴族・大寺社

　↑ 〈年貢・公事の一部〉

| 荘　　官 |(預所・公文・下司など)……開発領主

　↑ 〈年貢・公事・夫役〉

| 荘　　官 |(名主・作人)………………一般農民

　　　　下人

荘園・公領制の成立

● 荘園の成立

┌─不輸の権…免租の特権 ➡ 官省符荘
│　　　　　　　　　　　　└──「官」＝太政官(府),「省」＝民部省(符)
│　　　　　　　＊国免荘…国司による免税。
└─不入の権…国衙の検田使などの立入を拒否 ➡ 司法・警察権の不介入。

国衙領の形成

開発領主が公領としての支配を認められる。

国司は開発領主の領域支配を承認。

● 開発領主の支配領域を郡・郷・保などに再編。

● 開発領主は郡司・郷司・保司などに任命され,徴税に応じる。

荘園・公領の同質化

荘園・国衙領の構造

私領〈荘園〉		公領〈国衙領〉

政府
貴族・寺社（荘園領主）
開発領主（在地領主）

私領〈荘園〉: 本家・領家 →（任命／年貢公事）→ 荘官 →（管理／年貢公事夫役）→ 名主 → 農民

公領〈国衙領〉: 受領・国衙 →（任命／年貢公事）→ 郡司・郷司 →（管理／年貢公事夫役）→ 名主 → 農民

2　武士の台頭

本編解説 p.288 〜 290 参照

武士団の形成

地方における治安の悪化…地方行政の弛緩（しかん）。
在地領主（荘官・在庁官人（ざいちょうかんじん）など）の武装化。
　➡武士団（家子（いえのこ）・郎党（ろうとう））の形成。
武家の棟梁（ぶけ とうりょう）（元国司，源氏（げんじ）・平氏（へいし）など）のもとに統合。

地方武士団と中央の関係

朝廷の警護…滝口（たきぐち）の武者（9世紀末，宇多天皇）
貴族の警護…家人（けにん）（侍（さむらい））
諸国の反乱鎮圧…押領使（おうりょうし）・追捕使（ついぶし）
院の警護…北面（ほくめん）の武士（11世紀末，白河上皇）

53

天慶の乱(939 ～ 41)

- 平将門の乱…根拠地：**下総**の猿島

  一族の内紛 ➡ **常陸・下野・上野**の国府襲撃，「**新皇**」。

  平貞盛・藤原秀郷(下野押領使)により鎮圧。

- 藤原純友の乱…根拠地：伊予の日振島

  海賊集団を組織 ➡ 伊予の国府・大宰府襲撃。

  源経基・小野好古(追捕使)により鎮圧。

刀伊の入寇(1019)

- 刀伊(女真族)の襲撃…藤原隆家(大宰権帥)により撃退。

平忠常の乱(1028 ～ 31)

- 前上総介平忠常，**安房・上総・下総**で反乱。
- **源頼信**(甲斐守)により鎮圧 ➡ 源氏の東国進出。

前九年合戦(1051 ～ 62)

- 陸奥の安倍頼時・貞任の反乱…『陸奥話記』
- **源頼義**(陸奥守兼鎮守府将軍)・義家により鎮圧。

  ← **出羽**の豪族清原武則の援助。

1 弘仁・貞観文化

📖 本編解説 p.296 ～ 305 参照

- 弘仁文化…嵯峨朝
- 貞観文化…清和朝

特徴

唐文化の消化吸収

密教の流行…神秘的，一木造

漢文学の隆盛

仏教の新展開

桓武・嵯峨天皇の仏教統制…南都の寺院は平安京に移動せず。

密教の隆盛…加持祈禱による現世利益。

最澄(桓武の庇護)…天台宗 比叡山**延暦寺**

- **大乗戒壇**設立運動…著書：『山家学生式』，『顕戒論』
- 円仁(『入唐求法巡礼行記』)・円珍により密教化 ➡台密

空海(嵯峨の庇護)…真言宗 高野山**金剛峰寺**

- 教王護国寺(東寺)を賜う ➡東密
- 著書：『三教指帰』，『十住心論』，『文鏡秘府論』，『性霊集』
- 書：三筆の一人『風信帖』

神仏習合の進展…仏教と在来信仰の融合。

- 神宮寺，神前読経，八幡神信仰(僧形八幡神像)
- 修験道の成立…密教と山岳信仰の結びつき。

最澄 vs 空海

	天台宗	真言宗
開祖	最澄(**伝教大師**):767〜822	空海(**弘法大師**):774〜835
経歴	※近江出身 804 年入唐→ 805 年…帰朝 　　　　　 806 年…桓武没 　　　　　 822 年…大乗戒壇 　　　　　　　　　勅許(嵯峨)	※讃岐出身 804 年入唐→ 806 年…帰朝 　　　　　 816 年…高野山開創 　　　　　 823 年…東寺を賜る(嵯峨)
著書	『山家学生式』…天台宗独自の大乗戒壇の設立と修行を主張。 『顕戒論』…上の書物に対する南都の批判に反論。	『三教指帰』…儒教・仏教・道教を戯曲風に対比。 『(秘密曼荼羅)十住心論』…真言密教,大日如来について説く。 『文鏡秘府論』…空海編集の漢詩文の評論。 『性霊集』…空海の詩文を集めたもの。 『風信帖』…最澄に送った書状。 　　　　　※空海は三筆の 1 人。
寺院	比叡山延暦寺	高野山金剛峰寺・東寺(教王護国寺)
経典	法華経	大日経
密教	台密(円仁・円珍)	東密

学問・教育・文学

紀伝道（文章道）の流行。
大学別曹…和気氏の弘文院，藤原氏の勧学院，橘氏の学館院，在原氏の奨学院
綜芸種智院…空海の設立，民間教育機関

大学別曹

式部省・大学寮

大学別曹 ── 勧学院…藤原氏
　　　　　── 弘文院…和気氏
　　　　　── 学館院…橘 氏（橘嘉智子）
　　　　　── 奨学院…在原氏

勅撰漢詩集…『凌雲集』，『文華秀麗集』，『経国集』

漢詩集

現存最古：751 懐風藻

	814	818	827
勅撰漢詩集：	凌雲集 ➡	文華秀麗集 ➡	経国集
〈天皇〉	嵯峨天皇	嵯峨天皇	淳和天皇
			（833 令義解）
私家集：	性霊集（空海）		菅家文草（菅原道真）

『性霊集』，『文鏡秘府論』…空海
『日本霊異記』…景戒

建築

●寺院…密教寺院（室生寺：山の斜面に金堂・五重塔）

彫刻

- 仏像…一木造（いちぼくづくり），翻波式

絵画

- 曼荼羅（まんだら）
- 不動明王像（ふどうみょうおうぞう）

書道（しょどう）…三筆（さんぴつ）：嵯峨天皇，空海（『風信帖』），橘 逸勢（たちばなのはやなり）

弘仁・貞観文化のおもな著作物・美術作品

【漢詩文集】凌雲集（りょううんしゅう）（小野岑守ら編（おののみねもり）） / 文華秀麗集（ぶんかしゅうれいしゅう）（藤原冬嗣ら編（ふゆつぐ））
　　　　　経国集（けいこくしゅう）（良岑安世ら編（よしみねのやすよ））
　　　　　性霊集（しょうりょうしゅう）（空海） / 菅家文草（かんけぶんそう）（菅原道真（みちざね））

【詩論】文鏡秘府論（ぶんきょうひふろん）（空海）

【説話集】日本霊異記（にほんりょういき）（景戒（きょうかい））…最古の説話集。

【史書】類聚国史（るいじゅうこくし）（菅原道真）…六国史（りっこくし）を分類し，編纂。

　　　　＊　　　　　　　＊　　　　　　　＊

【建築】〈密教建築〉
①室生寺金堂（むろうじこんどう）…山の傾斜地に建てられた金堂。

②室生寺五重塔…山の傾斜地に建つ五層の小塔。

【彫刻】
①神護寺薬師如来像（じんごじやくしにょらいぞう）（一木造（いちぼくづくり））…檜（ひのき）の一木造りの木像。寺の前身は和気氏（わけ）の
　　氏寺（うじでら）。空海の活動の拠点となり，平安仏教の中心的寺院となった。

②観心寺如意輪観音像（かんしんじにょいりんかんのんぞう）…河内（かわち）。空海が再興（金堂は後醍醐天皇（ごだいご）が再興）。密
　　教彫刻の代表。

③元興寺薬師如来像（がんごうじやくしにょらいぞう）（一木造）…平安初期の代表的な一木造の仏像。蘇我馬（そがのうま）
　　子の飛鳥寺（あすかでら）が平城京に移った。

④室生寺金堂釈迦如来像（しゃかにょらいぞう）

⑤室生寺弥勒堂釈迦如来像（みろくどう）

⑥法華寺十一面観音像（ほっけじじゅういちめんかんのんぞう）（一木造）…藤原不比等（ふひと）の邸宅跡が寺となる。総国分
　　尼寺。平安初期壇像彫刻（だんぞう）の代表。頭部に 10 面の仏頭（ぶっとう）。

⑦薬師寺僧形八幡神像（やくしじそうぎょうはちまんしんぞう）・神功皇后像（じんぐうこうごうぞう）…神仏習合を象徴する彫刻。神功皇后
　　像は応神天皇像（おうじん）とも言う。

58

【絵画】
①神護寺両界曼荼羅…神護寺(京都)にある密教絵画の代表。
②教王護国寺(東寺)両界曼荼羅…平安京内に建立された。嵯峨天皇から空
　　海に与えられた寺にある密教絵画の代表。
③園城寺不動明王像…三井寺とも呼ばれる園城寺(円珍が再興)に伝来，俗
　　に「黄不動」と呼ばれる。
④青蓮院不動明王二童子像…京都の天台宗三門跡の1つ，青蓮院にある。
【書道】風信帖(空海)

---

2 国風文化

本編解説 p.306～317 参照

特徴

日本的な文化…平がな・片かな ➡和歌・物語・随筆

　　寝殿造

浄土教の発達…阿弥陀堂建築，阿弥陀仏

仏教

天台・真言両宗の隆盛…加持祈禱の流行。
神仏習合の進展：本地垂迹説：本地仏 ➡垂迹神
浄土教の流行

● 背景……政変・災厄などの社会不安。
　　　　末法思想…1052年＝永承7年？末法第1年
● 僧侶……空也の布教(10世紀半ば，市聖)
　　　　源信(恵心僧都・横川僧都) ➡『往生要集』(985)　　　🔍史料36
● 往生伝…慶滋保胤『日本往生極楽記』
　　　　三善為康『拾遺往生伝』

天台宗の分裂…┏円仁の門流(**山門派**・延暦寺)
　　　　　　　┗円珍の門流(**寺門派**・園城寺＝三井寺)

　　　　　＊僧兵

御霊信仰

- 最初の御霊会…863年，平安京の神泉苑
- 菅原道真…┌太宰府天満宮
　　　　　　└北野天満宮　➡学問の神
- 疫神を祀る（京都）祇園祭

経塚…藤原道長，金峰山に経筒を埋納。

文学

平がな・片かなの使用

勅撰和歌集（905）の撰集

和歌・物語・日記・随筆

日記文学・物語・随筆

	9世紀	10世紀	11世紀
日記文学：		土佐日記　蜻蛉日記	更級日記
物　語：	竹取物語	伊勢物語	源氏物語
随　筆：			枕草子

国風芸術

- 和様書道…三跡（蹟）：小野道風・藤原佐理・藤原行成（世尊寺流の祖）

貴族の生活

衣…┌男性：束帯・衣冠，直衣・狩衣
　　└女性：女房装束，小袿と袴
　　　　＊庶民：水干・直垂

食…朝夕2回，住…寝殿造

生活

- 儀式…┌男性：元服
　　　　└女性：裳着
- 年中行事…大祓，賀茂祭，灌仏，七夕，相撲
- 物忌・方違，陰陽道

国風文化のおもな著作物・美術作品

【詩歌】古今和歌集(紀貫之ら)／和漢朗詠集(藤原公任)

【物語】竹取物語(未詳)／伊勢物語(未詳)

　　　　宇津保物語(未詳)／落窪物語(未詳)

　　　　源氏物語(紫式部)／栄華(花)物語(赤染衛門？)

【日記・随筆】土佐日記(紀貫之)／蜻蛉日記(藤原道綱の母)

　　　　　　枕草子(清少納言)／和泉式部日記(和泉式部)

　　　　　　紫式部日記(紫式部)／更級日記(菅原孝標の女)

【その他】倭名類聚抄(源 順)

　　　　　本朝文粋・新猿楽記・明衡往来(藤原明衡)

＊　　　　　　　　　＊　　　　　　　　　＊

【建築】

①平等院鳳凰堂…藤原道長の別荘を子の頼通が仏寺とする。その中心の阿弥陀堂。

②法界寺阿弥陀堂…京都郊外「日野」にある。

③醍醐寺五重塔

【彫刻】

①平等院鳳凰堂阿弥陀如来像…定朝の代表作。「寄木造」の完成。

②法界寺阿弥陀如来像

【絵画・書道】

①高野山聖衆来迎図…金剛峰寺所蔵。阿弥陀如来の来迎を絵画化。

②平等院鳳凰堂扉絵

③屏風土代…小野道風

④離洛帖…藤原佐理

⑤白氏詩巻…藤原行成

·· MEMO ··